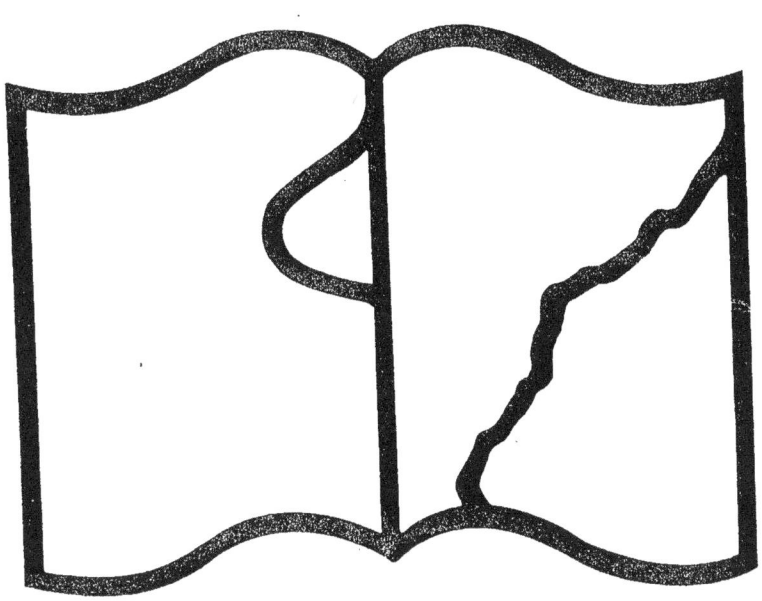

Texte détérioré — reliure défectueuse

NF Z 43-120-11

Reliure serrée

BIBLIOTHÈQUE DES ÉCOLES FRANÇAISES D'ATHÈNES ET DE ROME
PUBLIÉE
SOUS LES AUSPICES DU MINISTÈRE DE L'INSTRUCTION PUBLIQUE

FASCICULE SOIXANTE-QUATORZIÈME

CATALOGUE DES BRONZES
TROUVÉS
SUR L'ACROPOLE D'ATHÈNES

PUBLIÉ SOUS LES AUSPICES
DE L'ACADÉMIE DES INSCRIPTIONS ET BELLES-LETTRES (FONDATION PIOT)

PAR

A. DE RIDDER
ANCIEN MEMBRE DE L'ÉCOLE FRANÇAISE D'ATHÈNES
MAITRE DE CONFÉRENCES A LA FACULTÉ D'AIX

PREMIÈRE PARTIE
Avec deux cent dix figures intercalées dans le texte

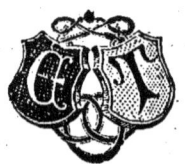

PARIS
LIBRAIRIE THORIN ET FILS
ALBERT FONTEMOING, Successeur
LIBRAIRE DES ÉCOLES FRANÇAISES D'ATHÈNES ET DE ROME
DU COLLÈGE DE FRANCE, DE L'ÉCOLE NORMALE SUPÉRIEURE
ET DE LA SOCIÉTÉ DES ÉTUDES HISTORIQUES
4, RUE LE GOFF, 4

1896

BIBLIOTHÈQUE DES ÉCOLES FRANÇAISES D'ATHÈNES ET DE ROME

FASCICULE I. 1. Etude sur le Liber Pontificalis, par M. l'abbé Duchesne. 2. Recherches sur les manuscrits archéologiques de Jacques Grimaldi, par M. Eugène Müntz. 3. Étude sur le mystère de sainte Agnès, par M. Clédat. 10 fr.
II. Essai sur les monuments grecs et romains relatifs au mythe de Psyché, par M. Maxime Collignon . . . . 5 fr. 50
III. Catalogue des vases peints du Musée de la Société archéologique d'Athènes, par M. Maxime Collignon (avec sept planches gravées). . . . . 10 fr.
IV. Les arts a la cour des papes pendant le XVe et le XVIe siècle, par M. Eugène Müntz, membre de l'Institut. Première partie. (Ouvrage couronné par l'Institut). » »
N. B. — Ce fascicule ne se vend qu'avec le IXe et le XXVIIIe contenant les 2e et 3e parties du travail de l'auteur. Le prix net des 3 vol. déjà publiés est de 45 fr. pris ensemble.
V. Inscriptions inédites du pays des Marses, recueillies par M. E. Fernique, ancien membre de l'Ecole française de Rome. . . . . 1 fr. 50
VI. Notice sur divers manuscrits de la bibliothèque vaticane. Richard le Poitevin, par M. Elie Bergen. 1 vol. (avec une planche en héliogravure). . . . . . 5 fr.
VII. Du rôle historique de Bertrand de Born, par M. Léon Clédat. . . . . 4 fr.
VIII. Recherches archéologiques sur les îles Ioniennes. I. **CORFOU**, par M. Othon Riemann (avec deux planches hors texte, et trois bois intercalés dans le texte). 3 fr.
IX. Les arts a la cour des papes pendant le XVe et le XVIe siècle, par M. Eugène Müntz. Deuxième partie. 1 vol. avec deux planches en héliogravure. . . . 12 fr.
N. B. — Ce fascicule ne se vend qu'avec le XXVIIIe contenant la 3e partie du travail de l'auteur (Voir également ci-dessus, fascicule IV ou 1re partie de cet ouvrage).
X. Recherches pour servir a l'histoire de la peinture et de la sculpture chrétiennes en Orient avant la querelle des iconoclastes, par M. Ch. Bayet. 4 fr. 50
XI. Études sur la langue et la grammaire de Tite-Live, par M. Othon Riemann. 9 fr.
XII. Recherches archéologiques sur les îles Ioniennes. II. **CÉPHALONIE**, par M. Othon Riemann (avec une carte). Voir fasc. VIII et XVIII. . . . . . 3 fr.
XIII. De codicibus mss. græcis Pii II, in Bibliotheca Alexandrino-Vaticana schedas excussit L. Duchesne, gallicæ in Urbe scholæ olim socius. . . . . . . 1 fr. 50
XIV. Notice sur les manuscrits des poésies de saint Paulin de Nole, suivie d'observations sur le texte, par M. E. Chatelain. . . . . 4 fr.
XV. Inscriptions doliaires latines. Marques de briques relatives à une partie de la gens Domitia, recueillies et classées par M. Ch. Descemet (avec figures). 12 fr. 50
XVI. Catalogue des figurines en terre cuite du Musée de la Société archéologique d'Athènes, par M. J. Martha (avec 8 belles planches en héliogravure hors texte, et un bois intercalé dans le texte). . . . . 12 fr. 50
XVII. Etude sur Préneste, ville du Latium, par M. Emmanuel Fernique, avec une grande carte et trois planches en héliogravure. . . . . 7 fr. 50
XVIII. Recherches archéologiques sur les îles Ioniennes. III. **ZANTE**. IV. **CÉRIGO**. V. **APPENDICE**, par M. Othon Riemann (avec deux cartes hors texte). . . 3 fr. 50
XIX. Chartes de terre sainte provenant de l'abbaye de N.-D. de Josaphat, par H.-François Delaborde, avec deux planches en héliogravure. . . . . . . 5 fr.
XX. La Trière athénienne. Etude d'archéologie navale, par M. A. Cartault (avec 99 bois intercalés dans le texte et 5 planches hors texte). . . . . 12 fr.
Ouvrage couronné par l'Association pour l'encouragement des études grecques en France.
XXI. Études d'épigraphie juridique. De quelques inscriptions relatives à l'administration de Dioclétien. I. L'Examinator per Italiam. II. Le Magister sacrarum cognitionum. par M. Edouard Cuq. . . . . 5 fr.
XXII. Étude sur la chronique en prose de Guillaume le Breton, par H.-François Delaborde. . . . . 2 fr.
XXIII. L'Asclépieion d'Athènes d'après de récentes découvertes, par M. Paul Girard (avec une grande carte et 3 planches en héliogravure). . . . . 5 fr. 50
XXIV. Le Manuscrit d'Isocrate Urbinas cxi de la Vaticane. Description et histoire. Recension du panégyrique. par M. Albert Martin. . . . . 4 fr. 50
XXV. Nouvelles recherches sur l'entrée de Spagne, chanson de geste franco-italienne, par M. Antoine Thomas. . . . . 2 fr.
XXVI. Les Sacerdoces athéniens, par M. Jules Martha. . . . . 5 fr.
XXVII. Les Scolies du manuscrit d'Aristophane a Ravenne. Etude et collation, par M. Albert Martin. . . . . 10 fr.
XXVIII. Première section. Les arts a la cour des papes pendant le XVe et le XVIe siècle, par M. Eugène Müntz, membre de l'Institut. Troisième partie. Première section (avec deux planches). Voir fasc. IV et IX. . . . . 12 fr.
XXIX. Les origines du Sénat romain. Recherches sur la formation et la dissolution du Sénat patricien, par M. G. Bloch. . . . . 9 fr.
XXX. Étude sur les lécythes blancs attiques a représentations funéraires, par M. E. Pottier (avec quatre planches en couleurs). . . . . 6 fr.

A suivre.

BRONZES

TROUVÉS

SUR L'ACROPOLE D'ATHÈNES

BIBLIOTHÈQUE

DES

ÉCOLES FRANÇAISES D'ATHÈNES ET DE ROME

FASCICULE SOIXANTE-QUATORZIÈME

CATALOGUE DES BRONZES TROUVÉS SUR L'ACROPOLE D'ATHÈNES

Par A. de Ridder

PARIS. — IMP. A. GAUTHERIN, 131, RUE VAUGIRARD

CATALOGUE DES BRONZES

TROUVÉS

SUR L'ACROPOLE D'ATHÈNES

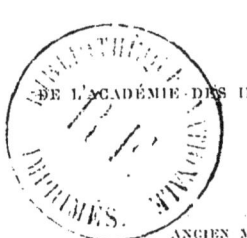

PUBLIÉ SOUS LES AUSPICES
DE L'ACADÉMIE DES INSCRIPTIONS ET BELLES-LETTRES (FONDATION PIOT)

PAR

A. DE RIDDER

ANCIEN MEMBRE DE L'ÉCOLE FRANÇAISE D'ATHÈNES
MAITRE DE CONFÉRENCES A LA FACULTÉ D'AIX

PREMIÈRE PARTIE

Avec deux cent dix figures intercalées dans le texte

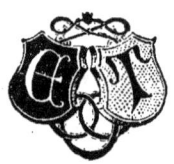

PARIS

LIBRAIRIE THORIN ET FILS

ALBERT FONTEMOING, Successeur

LIBRAIRIE DES ÉCOLES FRANÇAISES D'ATHÈNES ET DE ROME
DU COLLÈGE DE FRANCE, DE L'ÉCOLE NORMALE SUPÉRIEURE
ET DE LA SOCIÉTÉ DES ÉTUDES HISTORIQUES
4, RUE LE GOFF, 4

1896

PRÉFACE [1]

Les fouilles, faites de 1885 à 1889 sur l'Acropole d'Athènes, ont surpris ceux-là même qui les dirigeaient par l'abondance, comme par l'imprévu, de leurs résultats. La compétence d'archéologues, tels que M. Cavvadias et les savants grecs qui l'accompagnaient, ne peut être mise en question. Mais, si active que fût l'éphorie, occupée comme elle l'était par ailleurs, elle ne pouvait suffire à noter les progrès des fouilles. Les Instituts étrangers lui furent dans l'espèce d'un médiocre secours. A vrai dire, les morceaux de choix furent, presque dès l'instant de leur découverte, étudiés et commentés. Quelques rapports partiels furent même publiés. Nul ne fit — et le dommage reste irréparable — le relevé quotidien et complet des fouilles.

Or l'étude minutieuse des couches successives de terrains — détermination nécessaire dans toute fouille scientifique, — prenait ici un intérêt particulier. On sait de reste que l'Acropole, depuis l'époque mycénienne, et, semble-t-il, avant même cette période [2], n'a cessé d'être habitée : non seulement chaque génération y a laissé sa trace, mais certaines ont agrandi son aire. Des remblais successifs [3] ont seuls permis d'y édifier le Parthénon. Connaissant l'endroit où tel objet a

---

[1] Ce catalogue n'aurait pu entièrement paraître sans le secours de l'Académie des Inscriptions. Sur la demande de M. Homolle et après avis favorable de la commission du legs Piot, que présidait M. Perrot, 3,000 fr. ont été votés pour nous permettre d'achever l'œuvre commencée. Nous en exprimons à l'Académie notre très vive et très respectueuse reconnaissance.

[2] *Anzeiger*, 1893, 16 (Botho Græf).

[3] *Ibidem*, p. 15.

été découvert et la profondeur à laquelle il était enfoui, on aurait pu déterminer approximativement, sinon l'âge même de l'objet, du moins le moment où il a été enseveli. On sait quel parti M. Furtwængler a tiré d'observations de ce genre, si imparfaites d'ailleurs (1) et si sommaires qu'elles fussent, pour classer les bronzes trouvés à Olympie.

On allèguerait en vain, pour diminuer nos regrets, qu'un assez grand nombre de bronzes ont été découverts dans des endroits déterminés, à des profondeurs approximativement connues. Le nombre de ces objets serait plus considérable encore que la difficulté resterait la même. A certains égards, pour définir une époque ou une tendance de l'art, les pièces rares sont moins caractéristiques qu'une œuvre moyenne et comme de routine. Il aurait fallu pour que les séries se déterminassent en quelque sorte d'elles-mêmes, que *tous* les bronzes eussent été dès l'abord étudiés et les circonstances de leur découverte exactement notées. A cette condition seule, des conclusions chronologiques certaines auraient pu être rigoureusement déduites de ces prémisses.

Peut-être dira-t-on que les bronzes diffèrent sur ce point des autres monuments figurés. Leur poids plus considérable les ferait échapper à la loi commune des stratifications, et, de fait, il arrive souvent, sans parler des cachettes en usage dès l'antiquité (2), que telle pièce récente se trouve au-dessous d'un objet plus ancien. L'objection perd de sa force quand on se rappelle la nature des bronzes primitifs. Sans doute un certain nombre ont été fondus en fonte pleine, mais ce sont, sauf de rares exceptions, des objets de petites dimensions, de poids bien inférieur aux haches de pierre et aux instruments de l'époque primitive. La plupart d'ailleurs sont des chaudrons à parois minces, des lames gravées ou travaillées au repoussé, des anses ou des plaques servant d'appliques. Les terres cuites sont à peine plus légères et les débris en tuf infiniment plus lourds. Or le remblai formé après l'invasion perse est régulièrement stratifié : les couches tufières se succèdent trois par

---

(1) OLYMPIA, p. 1.
(2) *Deltion*, 1888, p. 30.

trois, sans que leur ordre soit presque jamais interverti. Si les pierres sont restées en place, à plus forte raison les pièces de métal.

Il suit que nous ignorons tout des bronzes trouvés sur l'Acropole, sauf ce fait seul qu'ils y ont été découverts. Rien ne nous prouve qu'ils soient antérieurs à l'an 480 avant Jésus-Christ. Beaucoup sans doute le sont, mais seule la comparaison de ces bronzes avec les monuments datés du vii° et du vi° siècle nous permet d'affirmer qu'ils le sont en effet. Si, dans la suite de cette étude, nous considérons la série entière comme « prépersique », ce sera en vertu d'un postulat et telle pièce isolée *pourra* toujours être postérieure à l'invasion des Perses.

Cette restriction faite, qu'il importait de faire, ces bronzes trouvés sur l'Acropole vont nous servir d'éléments à l'étude des origines de l'art attique, depuis l'époque mycénienne jusque vers le milieu du v° siècle. Beaucoup appartiennent à des écoles encore mal connues, dont il est difficile parfois de dire si elles sont indigènes ou étrangères à l'Attique ; tous, de par leur ensemble et leur cohésion, témoignent de la continuité d'efforts, de la lente et progressive évolution qui caractérise l'art grec.

Sans doute les bronzes remontent moins haut que la céramique. Les vases façonnés à la main, enfumés et grossièrement incisés sont seuls à témoigner que l'Acropole, avant l'époque mycénienne, a connu cette civilisation primitive dont Hissarlik et Thera représentent à l'heure actuelle les centres principaux. L'étain d'Espagne et d'Angleterre n'arrivait pas encore en Grèce et les mines de cuivre de Chalcis et de Thasos n'étaient pas encore exploitées : celles mêmes de Chypre ou du Sinaï devaient être mal connues. Aussi le bronze, même sous sa forme inférieure et primitive, le cuivre, n'existe-t-il dans tout le bassin méditerranéen qu'à l'état d'exception.

A l'époque mycénienne les rapports paraissent avoir été singulièrement plus fréquents entre les diverses parties du monde grec. Les mines de Chypre, exploitées dès ce temps, purent ainsi fournir de cuivre les marchés égéens. Nous ignorons si celles de Chalcis leur faisaient déjà concurrence : les bronzes trouvés en Béotie sont trop rares encore ou d'époque relativement trop récente pour nous permettre de l'affirmer. Pourtant l'antique renom qu'ont toujours eu les armes de Béotie et d'Eubée permet de le supposer. Quant à l'étain, en Égypte dès la dix-huitième dynastie (1), à Tirynthe, dans des objets certainement mycéniens (2), il s'allie au cuivre dans des proportions souvent considérables. Dès ce moment, le bronze, quoique rare encore, est accessible aux peuples égéens.

La peuplade mycénienne, établie et vivant sur l'Acropole, avait avec la mer, comme l'attestent les motifs de sa céramique, des rapports déjà très anciens. Aussi n'a-t-elle pu ignorer ce qui se passait autour d'elle, à Tirynthe, comme à Mycènes.

De fait, des bronzes mycéniens ont été découverts sur l'Acropole. A l'Est du Parthénon des murs en petits matériaux, très analogues à ceux des maisons de Mycènes et d'Orchomène, contenaient une curieuse cachette d'armes et d'instruments. Les n°s 266, 316, 319-328, 333, 336, 346-348, d'autres encore que je n'ai pu déterminer, appartiennent à cette trouvaille.

Comme il est naturel et comme le fait se retrouve d'ailleurs dans toutes les cités mycéniennes, le bronze, à cette époque, semble réservé aux instruments. Il était, en effet, singulièrement plus facile d'étirer ou de marteler une plaque de métal que d'établir un moule, si grossier qu'on le suppose. Aussi les figurines mycéniennes sont-elles très rares en tout lieu (3). Rien d'étonnant qu'il en soit de même sur l'Acropole.

Un certain nombre de statuettes primitives semblent pourtant, sinon remonter aux débuts de la civilisation mycénienne, du moins appartenir encore à cette période, sans doute à cet âge de transition qui précède l'époque dite du Dipylon.

Parmi les figurines féminines, j'en citerai une (n° 771) d'un type tout particulier. La tête embryonnaire, portée par un

---

(1) BERTHELOT, *Collection des alchimistes, Introd.* p. 219.
(2) SCHLIEMANN, *Tirynthe*, p. 160.
(3) PERROT, *H. de l'Art*, VI, fig. 359, 363-4.

cou très élevé, rappelle certaines terres cuites de Tirynthe(1). Mais la pose est toute différente et les bras pendent, les mains plaquées aux cuisses, suivant l'attitude consacrée des « Apollons ». Surtout la figurine est entièrement nue, et ce fait, chose curieuse, n'est pas isolé sur l'Acropole : un demi-cylindre d'ivoire présente en relief une femme nue, les bras levés, la tête malheureusement non conservée (2). Où trouver l'origine de ces statuettes? Rien qui soit plus différent des idoles « phœnico-chaldéennes », rien non plus qui rappelle l'Egypte. Il y aurait peut-être lieu de les rapprocher des statuettes de marbre dites cariennes, mais qui semblent bien égéennes (3). Le type de la femme nue apparaît d'ailleurs en Grèce dans un certain nombre de bronzes du vi° siècle (4). Les deux figurines de l'Acropole servent, avec les ivoires de la maison Sapountzaki, de transition entre ces monuments et les statuettes des Cyclades.

A cette figurine se rattache un curieux buste (n° **798**) qui témoigne d'une tendance nouvelle, éminemment naturaliste. La tête, osseuse et comme chevaline, les seins grêles et tombants, la poitrine plate et étroite, forment un ensemble singulier. Si maladroit que soit encore l'ouvrier, l'on y sent comme une émancipation de l'art, une recherche plus sincère de la réalité.

Plus nombreuses, plus instructives par suite, sont les figurines viriles.

Les plus anciennes semblent ces statuettes à la tête oblique et renversée, au nez crochu, à la taille ridiculement mince, **692-5**, monuments qui procèdent des idoles « cariennes » ou des Cyclades. Des grands sanctuaires de Delphes (5)

---

(1) SCHLIEMANN, *Tirynthe*, pl. XXV, ab.

(2) N° de l'Inventaire, 6532. — Il importe de rapprocher les figurines du Dipylon, trouvées dans les fouilles de la maison Sapountzaki, et que publiera une prochaine livraison du Bulletin.

(3) *Revue archéologique*, 1895, p. 380-1 (S. Reinach). L'une de ces idoles a, comme on sait, été trouvée au sud de l'Acropole.

(4) *Archæologische studien H. Brunn dargebracht*, p. 25-8 (Kœrte). Cf. *ibidem*, pl. 1, la statue d'Orvieto.

(5) Inventaire du Musée central, n° 7415. Nombreuses figurines trouvées dans les dernières fouilles.

et d'Olympie (1) ont connu ces figurines primitives : les régions les plus anciennement habitées de la Grèce, comme l'Arcadie (2), ont passé par la même forme d'art. Les exemplaires découverts sur l'Acropole ressemblent aux monuments déjà connus; mais, d'autre part, ils en diffèrent assez pour qu'un centre unique de fabrication ne puisse être admis pour ces statuettes : nul doute qu'on en fabriquât en Attique, comme l'on en faisait à Delphes et en Elide.

Supérieurs en art, quoique très primitifs encore, sont les n°ˢ 698-700. La tête, de forme très particulière, rappelle, comme nous le signalons plus loin, à la fois la cuirasse d'Olympie et de nombreuses figurines trouvées en Italie (3). D'autre part, les pleureuses figurées sur les vases du Dipylon ont les cheveux coiffés de même (4). Si la silhouette du visage est trop informe sur les amphores pour qu'une comparaison soit possible entre des monuments d'ordre si différent, cet indice n'en permet pas moins de croire que nos trois bronzes sont également de fabrication attique.

Par contre, les étranges poignées ou supports, 696-7, restent isolés dans la série des bronzes primitifs. Je ne connais d'analogue au n° 696 que la curieuse tige de Dodone et des statuettes quelque peu différentes trouvées en Etrurie (5). La forme triangulaire du visage rapproche le n° 697 d'un point opposé du monde grec : front large, menton pointu, perruque tuyautée, élargie vers le bas, tous ces traits se retrouvent dans la figurine 773 et sur une plaque d'or de travail rhodien (6).

Des influences analogues se trahissent dans les statuettes 701-2. Le haut casque dont les guerriers sont revêtus, est, au moins dans un cas (702), franchement conique. Par là, il se distingue des casques mycéniens ou du Dipylon (7),

---

(1) Cf. les bronzes rapprochés au n° 692.

(2) POLYTECHNEION, 795 (7486), p. 143.

(3) MICALI, *Storia*, pl. 14-3, 28-4, 34-9, etc. — *Museo Etrusco Gregoriano*, I, pl. 3, 3-8-9.

(4) *Athen. Mittheil.* 1892, p. 226, fig. 10.

(5) *Anzeiger*, 1889, p. 164 (musée de Dresde).

(6) SALZMANN, *Camiros*, pl. 1.

(7) PERROT, *H. de l'Art*, VI, fig. 497. *Athen. Mittheil.* 1892, p. 211.

comme de la plus ancienne des coiffures d'Athena (1). Il se rapprocherait davantage des casques assyriens, dont les plus anciens étaient dépourvus de couvre-joues (2). Les terres cuites chypriotes, qui développent et perfectionnent le modèle oriental (3), semblent, comme l'exemplaire trouvé à Olympie (4), de date plus récente : aussi ne saurais-je affirmer qu'entre l'Attique et l'Assyrie, Chypre ait servi d'intermédiaire.

La tête de la dernière figurine (**702**) est caractéristique. La forme carrée du visage, la bouche largement fendue, le nez moins saillant et relativement court, les yeux grand'ouverts et figurés le plus souvent par un tiret dans un ovale, ces traits se retrouvent ailleurs dans la série des bronzes. Je signalerai la tête **770** et les exemples que j'ai rapprochés au n° **764** (figurines de Van). Ces oiseaux à tête humaine (**764-766**), se divisent en deux classes différentes (5). L'une, aux traits arrondis, pourrait être chypriote (6). L'autre, à laquelle appartiennent nos exemplaires, forment avec le guerrier **702**, la tête **770** et les monuments que j'ai rappelés, une série nettement définie et séparée de la première. S'il fallait, par conjecture, la rattacher à un centre déterminé, peut-être l'attribuerais-je à l'art rhodien, ou à quelque atelier de la côte d'Asie, à la fois plus rapproché de la Grèce et en communication tout aussi directe avec l'Egypte et l'Assyrie.

De même, la tête casquée **250** n'est pas sûrement chypriote. Il est vrai que des aryballes de même forme, en terre cuite ou en porcelaine égyptienne, ont été découverts à Chypre, mais un vase tout pareil provient d'Olympie et le casque de notre bronze est franchement corinthien. Si le

---

(1) GERHARD, *Auserlesene Vasenb.*, II., CXXII.
(2) OLYMPIA, p. 172.
(3) *Gazette archéologique*, 1880, p. 154.
(4) OLYMPIA, pl. LVII, 1031, p. 172.
(5) OLYMPIA, p. 115-8.
(6) M. Holleaux y voit plutôt l'influence égyptienne (*B. C. H.*, 1888, 380-395), mais sans croire d'ailleurs que les bronzes aient été fabriqués en Egypte.

visage paraît de type oriental, rien ne nous assure qu'il soit de type chypriote.

Pour en finir avec cette première invasion des motifs asiatiques, je citerai les Amazones 815-7, qui décorent les montants obliques de grands trépieds. Non seulement l'invention de ces vierges, prêtresses et guerrières, nous ramène vers les cultes orientaux, mais la forme du casque dont elles sont revêtues (à haut panache et paragnathides rectangulaires) et plus encore les traits du visage, analogues à ceux des figurines 702 et 764-6, témoignent d'une origine certainement asiatique. —

En sens inverse de ces influences orientales, s'exerce l'action de l'art « géométrique ». Je ne voudrais pas rechercher ici, quelle a pu en être l'origine, si les Phéniciens l'ont inventé, si les Doriens l'ont importé en Grèce, ou si les céramistes l'ont emprunté ou non aux procédés des vanniers. Aucune des trois explications ne saurait être suffisante, la première étant mal prouvée par les faits, la deuxième ne tenant nul compte des poteries géométriques de Thrace, de Troade et de Rhodes, la troisième supposant, sans motif, un changement complet des procédés ornementaux. Aussi bien croirais-je volontiers que l'art géométrique n'a ni commencé ni fini. Plus ou moins employé suivant les lieux et les époques, il a précédé l'art mycénien proprement dit (1), a été refoulé, sans disparaître, durant l'apogée de la céramique mycénienne, et s'est ensuite, tout naturellement, substitué à lui. Certains de ses procédés, comme la prédilection des sujets héraldiques et le parallélisme des motifs, n'ont jamais été d'ailleurs étrangers à l'art mycénien. Il n'y a donc pas eu intervention aucune d'une force nouvelle et inconnue dans son principe, mais développement d'un art tombé en désuétude.

Quoiqu'il en soit de ces origines de l'art « géométrique », j'essaie plus loin de montrer, à propos des chevaux et des bœufs dits « géométriques », que, du moins en Attique, il n'a jamais eu l'influence qu'on lui a prêtée. Sans doute, certains

---

(1) Les motifs incisés des vases prémycéniens ne sont autre chose que des motifs géométriques.

pieds de trépieds ont été, sur l'Acropole, comme ailleurs, décorés de ces motifs linéaires. Mais la raison n'en est pas la recherche d'une ornementation déterminée : tout autre décor eût été, dans l'occurrence, déplacé. Les lames, dont ces pieds étaient formés, sont en effet assez épaisses pour ne pouvoir être travaillées au repoussé : y graver une scène, dont le sujet supposerait l'imitation de la nature, eût été s'exposer à ne pas être compris; les contours n'auraient pas apparu sur le fond uniforme de la lame et le résultat eût été singulièrement confus. L'épreuve d'ailleurs a été faite : la plaque 41 est la reproduction, infiniment gauche et peu claire, d'une silhouette peinte en plein. Au contraire, la lame 29, par exemple, est plus mince et tout autrement malléable : les figures y sont par suite en relief sur le champ, et le motif est tout d'abord saisi et compris. Il suit que les pieds de trépieds devaient forcément être gravés. J'ajoute même, gravés assez profondément et suivant des lignes assez simples pour que le décor fût immédiatement aperçu. D'où l'emploi de poinçons résistants et l'adoption des zones uniformes, à divisions nettes et à gravure profonde. Tout autre style que le géométrique n'aurait pu convenir : le cadre était tel qu'il imposait cette forme de décor.

Si j'admets volontiers, avec la restriction que l'on a vue, l'existence sur l'Acropole de vases et d'ustensiles d'art géométrique, par contre j'entends mal ce que peut signifier ce terme lorsqu'on l'emploie à propos d'animaux ou de statuettes. M. Furtwængler a pu tenter de classer, avec une rare subtilité, les innombrables bœufs et chevaux trouvés à Olympie : lorsqu'il est arrivé à la subdivision qu'il dénomme proprement géométrique, à peine si quelques exemplaires lui paraissent mériter d'y prendre part (1). Quant aux figurines, les statuettes qui soutiennent de part et d'autre les anses de trépieds (cf. nos n°ˢ 50-1) pourraient seules prétendre à être « géométriques ». Le petit nombre de ces monuments serait, à lui seul, déjà surprenant, mais j'avoue ne pas voir ce qu'ils ont de « géométrique », ni en quoi ils méritent mieux ce

(1) OLYMPIA, p. 34-5.

terme que les statuettes des Cyclades ou que les bronzes primitifs que nous avons énumérés. Si géométrique ne signifie pas autre chose que schématique, certes ces figurines le sont, pour cette raison simple qu'elles sont primitives, mais il n'y a pas là d'art nouveau, ni le moindre changement de style. De fait, cette rudesse d'aspect qu'on a pu relever dans ces idoles, comme leurs formes massives et carrées et les angles trop brusques et trop droits de leur charpente, tous ces signes que l'on dit caractéristiques, tiennent à l'inexpérience de l'artisan, à la difficulté qu'il éprouvait à creuser et pétrir son moule. Il n'y faut voir rien de voulu, ni de prémédité. —

La série de ces bronzes primitifs nous a montré, à côté de produits indigènes et très probablement attiques, d'autres monuments de facture et sans doute de provenance orientale. Dès ce moment, que nous pouvons fixer au commencement du VIIe siècle, l'art grec est constitué dans ses parties essentielles, un noyau primitif, certainement autochthone, et un élément adventif ou dérivé, emprunté de plus ou moins près à des motifs orientaux, mais transcrit en langue et en style grecs. L'archaïsme qui commence vers cette époque, suivra par suite des traditions déjà anciennes, établies dès la période primitive de l'art.

Ici trouve sa place un phénomène historique, dont l'importance n'a pu être niée, et serait difficilement exagérée, si obscures qu'en restent les causes et le caractère véritable, l'influence et la diffusion en Grèce de la civilisation, comme de l'art ioniens.

J'éprouve, à dire vrai, quelque scrupule à prononcer le mot d'ionisme, tant on a fait abus du terme, soit en l'étendant outre mesure, soit, le plus souvent, en le restreignant plus qu'il n'aurait convenu. Peut-être serait-il vain de prétendre à faire mieux, mais, cette détermination étant nécessaire à notre objet, je tenterai, sinon de résoudre le problème, du moins de le poser à nouveaux frais.

Il faudrait, à mon sens, se garder de borner ce terme aux colonies proprement ioniennes. Sans doute, les villes ioniennes d'Asie Mineure étaient de beaucoup les plus importantes. Des douze comptoirs de Naucratis, la moitié leur appartenait, et Mytilène, Halicarnasse, Cnide et Rhodes pouvaient seules leur être comparées. Mais nous sommes aujourd'hui hors d'état de distinguer, d'une manière utile, l'art de ces divers centres. Peut-être des fouilles approfondies permettront-elles, au siècle prochain, de formuler des conclusions différentes et moins générales. Jusqu'ici, rien de tel n'a pu être sérieusement tenté. Aussi serait-il puéril d'accumuler les conjectures. Dans l'état, l'art *ionien* est, aux viie et vi^e siècles, celui des colonies grecques d'Asie Mineure, tant continentales qu'insulaires. Chypre seule est exceptée, dont l'art, tout différent, est, à tout prendre, moins créateur qu'arriéré.

D'où vient l'éclosion de cette civilisation supérieure? La réponse à cette question est liée au problème difficile de l'arrivée des Grecs en Asie Mineure. Sauf en Troade, et peut-être en des points isolés de la côte, il semble que les Hellènes aient pénétré tard en Asie. Sans doute les dates officielles, adoptées pour la fondation des colonies, ne sauraient marquer les débuts de l'influence grecque. Causée ou non par l'invasion dorienne, l'infiltration fut lente et dut commencer dès l'époque mycénienne : quand elle fut constatée aux débuts du viie siècle, elle devait déjà être terminée. L'art qu'elle apporta en Asie, était l'art mycénien, mais parvenu déjà à son dernier période, et qui achevait de dépérir en Europe. Dans cette terre nouvelle, il devait retrouver une nouvelle vie.

Le moment en effet était singulièrement bien choisi. Le viiie et le viie siècles commençaient pour la partie orientale du bassin méditerranéen, une ère d'incessantes transformations. L'Egypte venait de passer sous le joug assyrien : elle allait, avec Psammétique (660-645), s'en libérer à l'aide des Hellènes. L'Assyrie sous Sargon (722-705), Sanhérib (705-681) et Assourbanipal (668-626), bâtissait Khorsabad, Koujoundjik et Ninive. Les Mermnades de Lydie (687-546) étendaient leur domination vers l'Est et servaient d'intermédiaires entre la côte et le bassin du Tigre. Les Phéniciens enfin, dont M. Beloch lui-même ne peut nier le commerce au viiie siècle, tenaient au Sud le rôle que les Lydiens jouaient au Nord, et, par leurs pacotilles, introduisaient de nouveaux motifs d'art.

A la faveur de ces circonstances, on comprend qu'une civilisation originale ait pu se former sur la côte asiatique. Le fond de l'art était mycénien, c'est-à-dire purement grec. Mais ce contact incessant avec l'Assyrie et l'Egypte l'enrichit de motifs nouveaux. Les Ioniens surent, avec une merveilleuse et subtile habileté, profiter de tous les perfectionnements inventés à l'étranger. Mais jamais ils ne les acceptèrent sans les traduire, sans leur imposer des formes et un moule grecs. Dans ces conditions, rien ne fut plus fécond pour l'art hellénique que les relations ininterrompues avec l'Orient : avec la souplesse la plus admirable et la plus singulière, il sut se transformer sans cesse, sans jamais rien perdre de son caractère national.

Telles sont, et nous ne dissimulerons pas ce qu'elles ont encore de vague, les conditions où s'est formé l'art ionien. Toute détermination géographique et topographique étant, nous l'avons vu, actuellement impossible, nous distinguerons, d'après les seuls caractères d'art, trois formes diverses d'ionisme.

Une première école, de style sévère, serait plus spécialement naxienne ou samienne (1). La sobriété de l'ajustement et la simplicité du modelé y sont poussées jusqu'à l'excès. La tête est rectangulaire, à peine arrondie aux angles ; les yeux sont d'aplomb et triangulaires, les narines basses, la bouche droite ; la lèvre supérieure est souvent, comme les paupières, creusée d'une ligne parallèle au contour de la bouche ou de l'orbite — tous détails qui rendent plus sensible encore l'impression d'un art sobre et comme schématique.

Une deuxième tendance, antérieure peut-être à la précédente, s'en distingue par la forme triangulaire qu'elle donne au visage. Les yeux y sont très relevés, le menton pointu, la

---

(1) *Athen. Mittheil.*, 1892, p. 37-79 (Bruno Sauer). — Cf., sur l'Acropole, le torse, Ἐφημ. Ἀρχαιολ., 1888, pl. 6 ; la ronde, *Athen. Mittheil.*, 1832, pl. 7, et, parmi les sculptures apparentées, le cavalier, Ἐφημ. Ἀρχαιολ. 1887, pl. 2, les statues Ἐφημ. Ἀρχαιολ., 1884, pl. 8 ; *ibidem*, 1891, pl. 11, 12, 15 ; *Musées d'Athènes*, pl. 10. — Ajouter, en dehors de l'Acropole, la tête du sphinx des Naxiens, récemment découverte à Delphes.

chevelure généralement striée d'ondulations horizontales. Rhodes paraît l'un des centres de cette école (1).

Tout différent est le troisième de ces styles, le seul que d'ordinaire on considère comme ionien. Les formes du visage et du corps sont molles et arrondies, les traits forts et peu réguliers, les vêtements drapés et plissés, souvent brodés. L'aspect général est singulièrement vivant, tout différent de l'abstraite régularité des statues naxiennes.

L'école, dite chiotique, nésiotique, ou parienne, ne fait que développer cette forme d'ionisme (2). La tête, plus allongée, est modelée avec un art plus brillant, comme plus caressant. Les yeux sont obliques et bridés, la glande lacrymale bien marquée, le nez mince, entre des pommettes peu saillantes. La bouche, infléchie, se relève aux commissures, et un menton de forme arrondie termine cet ensemble factice que couronne une coiffure compliquée, serrée d'une stéphané. Le costume est, comme le modelé du visage, plus raffiné : les tuniques ioniennes, étoilées et brodées, se relèvent et se plissent, avec une recherche toute nouvelle de l'élégance. Le sculpteur a le souci visible, non seulement de la vie et de l'expression, mais de la parure et comme du décor.

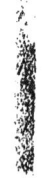

Cette dernière tendance de l'art ne saurait pas plus que les deux premières, mériter ce nom d'ionienne, si l'on entendait réserver ce terme à l'art des seules colonies ioniennes. A Rhodes et dans les villes doriennes de Sicile, ces œuvres *ioniennes* abondent. Nouvelle preuve de la valeur purement artistique et toute conventionnelle, qu'il faut attribuer à ces formes de l'ionisme.

Telles quelles, ces trois variétés d'art ont influé sur la formation du style attique. Comment et par l'intermédiaire de quels centres de fabrication, c'est ce que la plupart du temps nous avons grand peine à connaître. Mais, si les détails de l'évolution nous échappent, sa marche générale peut être reconstituée d'une manière assez précise. —

---

(1) Cf., outre certaines pinakes, le centaure SALZMANN, *Camiros*, pl. 1.

(2) Cf., entre beaucoup d'exemples, les planches 2, 3, 5, 7, 13, des *Musées d'Athènes*.

L'école naxienne, ou prétendue telle, n'a peut-être pas seule influé sur la sculpture attique primitive, mais bien des caractères sont communs aux deux formes d'art. Les statues de tuf (1), en marbre de l'Hymette (2) ou du Pentélique (3), trouvées sur l'Acropole et de travail certainement indigène, se ramènent aisément à un type déterminé. Les vêtements, très simples, tombent à pans droits. Le corps, traité par larges plans, est robuste, les épaules généralement tombantes. La tête, forte et pleine, est vivante, les narines haut placées, les pommettes saillantes, le menton fort, la bouche droite et bien dégagée, les lèvres rarement arquées et jamais détaillées. Les yeux, droits ou très légèrement obliques, sont grands et bien ouverts, souvent triangulaires, le coin extérieur seul parfois prolongé. La coiffure simple, rarement retenue par une stéphané ne dépare pas ce corps vigoureux ni cette fermeté et cette franchise de modelé. Changez quelques détails et la description conviendra aux statues naxiennes : c'est par là même montrer l'influence de ces dernières.

Certains bronzes se rattachent à cette sculpture attique primitive. J'y rangerais la grande Gorgone **451**, les Nikes **798-805**, les Sphinx et Sirènes **441-2, 445-7**. —

L'école rhodienne (ce terme ne saurait pas plus que celui de naxien, impliquer une provenance exclusive), a, comme nous l'avons vu plus haut, laissé de ses produits sur l'Acropole. Les figurines **770, 764, 250** sont, à n'en pas douter, des bronzes d'importation, et leur origine étrangère me semble indéniable. —

La troisième des tendances que nous avons signalées, serait, s'il fallait risquer une conjecture, représentée sur l'Acropole par les bronzes de style chalcidien. Chalcis, dont le nom seul

---

(1) *Antike Denkmæler*, I. pl. 30. — *Revue Archéologique*, 1891, pl. XI. — *Athen. Mittheil.*, XIV, pl. 3. — Ἐφημ. Ἀρχαιολ., 1891, pl. 14.

(2) Brunn, *Denkmæler*, 6.

(3) Overbeck, *Gesch. der Plastik*, 4º éd., p. 189 (671). — Cf., en autres matériaux, la statue d'Anténor — la tête de Gorgone (Collignon, *H. de la Sculpture*, fig. 101) — le buste, *Athen. Mittheil.*, XV, p. 4 — la tête, *Athen. Mittheil.*, XIII, p. 120.

est significatif, est en Grèce la seule ville qui dans son territoire ait possédé des mines de cuivre (1). Aussi n'est-ce pas sans raison qu'on vantait ses fabriques d'armes, comme celles de Thèbes, de tout temps sa tributaire. Des faits précis, l'invention de l'étalon monétaire, qu'elle aurait, semble-t-il, emprunté à Samos (2), la mettent en contact avec la patrie des Rhœkos, des Glaukos et des Theodoros. D'autre part elle joue du VIII° au V° siècle le premier rôle commercial et économique, envoyant de toutes parts en Thrace, dans les Iles, en Sicile, dans la grande Grèce ses florissantes colonies, imposant à une moitié de la Grèce son étalon monétaire, transportant en tous lieux ses vases et ses bronzes. Comment n'aurait-elle pas exercé sur l'art attique une influence profonde, alors qu'Athènes lui avait emprunté ses monnaies et peut-être ses premiers types monétaires ?

Sans doute on n'a pas découvert sur l'Acropole de vase qui soit certainement chalcidien (3), mais la céramique chalcidienne *inscrite* est relativement récente et ne saurait être la seule qu'on ait fabriquée à Chalcis. Le défaut de fouilles faites dans cette ville empêche sur ce point toute réponse précise, mais les bronzes de Cumes et d'Érétrie, les monnaies de Chalcis même, d'Érétrie, de Lete, de Mende, enfin ces peintures que nous avons signalées nous donnent une idée concise, mais exacte de l'art chalcidien. Carrure puissante du corps, tête pleine et massive, enfoncée dans de fortes épaules, élargie encore par la barbe courte et taillée en coin, vêtements brodés, mais de formes simples, prédilection marquée pour les motifs ioniens, les banquets et les cavaliers, les scènes dionysiaques et les Gorgones, les Silènes et les Centaures, recherche d'une vie animale et grossière, tous ces caractères se retrouvent dans certains de

---

(1) La présence d'ouvriers mineurs sur deux pinakes de Corinthe (FURTWÆNGLER, *Beschreib. d. Vasens.*, I, 871-2) ne prouve pas qu'il s'agisse de mines de cuivre et ne saurait en aucune manière prévaloir contre le texte formel de Pausanias, 2, 3, 3.

(2) *Revue Numismatique*, 1894, p. 149-163, 253-285, pl. III, X (Babelon). Cf. Barclay Head, *Numismatic Chronicle*, 1894, p. 340.

(3) Je dois ce renseignement à l'obligeance de M. Lœschcke.

nos bronzes. Or, si nulle inscription ne prouve qu'ils sont chalcidiens, toute présomption d'art est pour qu'ils le soient en effet.

Parmi ces monuments, je citerai le groupe de trépied 760, les Silènes 761-2, l'idole 772, qu'on dirait copiée sur les femmes à chiton brodé qui font cortège sur les vases chalcidiens.

L'un de ces bronzes, le groupe 760, rappelle à première vue les monuments étrusques. La ressemblance est de loin si frappante que M. Furtwængler n'a pas hésité à déclarer le bronze italiote. Mais il suffit de l'examiner avec quelque soin pour se convaincre de son origine ionienne : les corps y sont tout différents des bronzes étrusques et les têtes surtout sont à la fois et plus carrées et plus vivantes. Les rapports s'expliquent si l'on songe que l'art étrusque s'est inspiré de très près de l'art chalcidien, que les Étrusques, en 600, ont fondé Capoue (1) et que jusqu'à la défaite de leur flotte à Kyme en 474 (2), ils sont restés en rapports constants de commerce et d'art avec la première des colonies chalcidiennes, la puissante et florissante Kyme. Loin d'infirmer nos conclusions, cette ressemblance, au contraire, les confirme. Des deux parts nous remontons à une source unique, Chalcis.

Est-il possible d'aller plus loin et d'expliquer de même les rapports que certains de nos bronzes primitifs (696-700) ont avec les figurines étrusques? Je le croirais pour ma part volontiers. Mais ici les documents certains font défaut, et nous sommes réduits à la conjecture. De même le symposion 758, le Silène 763, d'autres bronzes encore, dont il serait aisé de grossir la liste, peuvent être chalcidiens. Provisoirement, nous nous devons à nous-mêmes de ne pas l'affirmer. Je serais seulement heureux si l'on pouvait un jour, par des fouilles à Chalcis, contrôler ces prémisses. Il n'y a pas dans l'histoire des bronzes grecs de question plus brûlante, ni d'importance plus capitale. —

---

(1) Beloch, *Die Stædte Kampaniens*, 2ᵉ éd., p. 296-7, 445-6.
(2) *Ibidem*, p. 150.

L'école « insulaire (1) » ne fait autre chose, nous l'avons vu, que développer l'une des tendances familières à l'ionisme, et que l'art chalcidien nous a paru surtout représenter. Les Apollons **771** et **705**, les figurines **774-6**, très primitives encore, montrent le même effort évident vers l'élégance et comme l'expression. Non seulement les vêtements sont décorés d'ornements plus variés, mais le visage, de forme plus arrondie, cherche à plaire par son sourire. La gaucherie de l'artisan est rachetée par une grâce nouvelle et qui donne un grand prix à ces essais trop imparfaits. —

On le voit, par ses trois tendances et ses trois écoles d'art, l'ionisme influe profondément sur les origines de l'art attique. Il y aurait certes lieu d'établir des distinctions nouvelles, d'étudier les plaques de trépied (**29-38**), les reliefs « argivo-corinthiens » **349-368**, les animaux ioniens (**512**, etc.) — toutes ces questions discutées, sur lesquelles nous nous réservons de revenir, sont, à tout prendre, questions de détail. Nous n'avons ici d'autre prétention que de fixer d'une manière sommaire les tendances principales de l'art.

Ces trois écoles ainsi représentées sur l'Acropole vont, comme il est naturel, réagir les unes sur les autres. Les artisans attiques ne se soumettront pas sans réserve à leur discipline, mais emprunteront partout des modèles : ainsi, par une lente évolution, se formera peu à peu l'art classique.

L'alliance des Pisistratides avec Lygdamis de Naxos et Polycrate de Samos devait avoir son contre-coup sur l'art attique. Celui-ci, dès son origine, et quoique travaillant à peine le marbre, avait déjà, nous l'avons vu, subi l'influence de l'ionisme. Mais c'était l'ionisme « primitif », aux formes anguleuses et raides. L'école des Iles va l'assouplir et l'égayer, sans qu'elle perde entièrement de sa rudesse. Un certain nombre de statues (2) témoigne sur l'Acropole de cet effort

---

(1) J'entends ce terme dans le sens où le comprennent d'ordinaire les archéologues. Il y aurait, je crois, fort à dire sur son exactitude.

(2) Cf. l'Athena Ἐφημ. Ἀρχαιολ., 1883, pl. 4 (*Athen. Mittheil.*, XI, p. 187) les Sphinx Ἐφημ. Ἀρχαιολ., 1883, pl. 12.

nouveau. Parmi les bronzes, je citerai les « Apollons » 707-715, et, au terme de l'évolution, les nos 717-8. Une série de signes caractéristiques, comme la coiffure plus savante et plus recherchée, les yeux obliques, la bouche relevée aux commissures, les inscriptions indiquées d'une manière plus exacte, attestent la transformation de l'art. Aux exemples cités, je joindrai les cavaliers 753-4, les « Apollons » 734-5, le lutteur 748, les bustes 820-2, les Athenas 778-781.

Une fois le principe introduit d'un art séduisant et facile, les Attiques le poussent aux extrêmes conséquences. Le costume ionien, par la variété des tuniques superposées, par l'agencement divers des plis et le jeu des draperies, prêtait à de multiples et savantes combinaisons : loin d'y rien retrancher, les Athéniens en augmentent à plaisir la complexité. Par le même souci d'une élégance raffinée, ils allongent la tête, émacient la figure, affinent les traits, recherchent les mouvements gracieux et rares, et, sans toujours éviter la sécheresse, prêtent à leurs chefs-d'œuvre je ne sais quelle distinction délicate et précieuse. La suite des monnaies d'Athènes et celle des vases peints nous montrerait cette tendance se formant et progressant peu à peu. Les exemplaires en marbre ne sont ni moins nombreux, ni moins connus. Parmi nos bronzes, je citerai les bustes 823-6 et 832-4, les Athenas 792-3, et surtout les plaques minces, si curieusement fouillées et ciselées, 794-5.

Nous arrivons ainsi jusqu'aux dernières années du vi^e siècle sans trouver trace de l'influence des écoles péloponnésiaques. La conclusion naturelle de ce fait serait de nier l'existence de ces écoles, tout au moins à une date antérieure au ve siècle. Sans nous dissimuler que la solution est radicale et sans pouvoir ici la justifier comme il conviendrait, peut-être est-il pourtant nécessaire d'y insister.

Brunn, dont l'esprit était parfois singulièrement audacieux, avait tiré, de l'examen d'une tête de bronze trouvée à Cythère (1), cette étrange conséquence qu'elle était péloponnésia-

(1) *Archæologische Zeitung*, 34 (1876), p. 20, sqq.

nésienne, et il était parti de là pour définir les caractères de l'art « péloponnésien ». A l'appui de cette entité nouvelle, les considérations de toute sorte ne manquèrent pas, tant historiques qu'ethnographiques et morales : toute autre forme d'art, moins logique et comme moins mathématique, eût-elle pu convenir à l'austère génie de la race dorienne ? Dès lors la théorie était formée et très généralement suivie.

En fait, rien n'est plus étranger à la question de race que la notion d'art. A supposer que dorien soit synonyme de péloponnésien, rien ne prouverait qu'au viie et au vi^e siècles, le Péloponnèse ait — on ne sait trop en quel lieu — eu un style et une école qui lui fussent particuliers. Le soutenir, serait oublier les conditions de l'art à cette époque : partout des essais informes sont faits pour conquérir les premiers rudiments de l'artisan, pour dompter et s'assimiler la matière rebelle. Comment parler à cette époque d'un style qui soit formé et qui s'assujettisse à des principes déterminés ? Mais il ne manque pas d'arguments plus directs.

J'ai rappelé (1) que la plupart des œuvres mémorables, édifiées ou modelées dans le Péloponnèse vers cette époque, l'avaient été par des artistes ioniens. Si le coffre de Kypselos fait exception, je ne saurais le concevoir que comme tout semblable au trône d'Amyclées. Corinthe, l'alliée fidèle de Chalcis, n'est-elle pas d'ailleurs située entre la péninsule et le continent : de quel droit, comme on le fait trop souvent, traiterions-nous son art de « péloponnésien ? »

Mais ce sont là monuments sur lesquels on pourra longtemps disserter : d'autres sont plus précis et leur étude entraînerait des conclusions moins conjecturales. Prenons les célèbres bas-reliefs de Sparte (2). La tête (3) est, autant qu'il dépendait de l'artiste, allongée et affinée, les yeux sont obliques et amandiformes, la bouche souriante, le menton arrondi. Les cheveux tombent de même en masse élargie vers le bas, et les vêtements, simplement et gauchement plissés,

---

(1) POLYTECHNEION, p. 136.
(2) *Athen. Mittheil.*, 1883, pl. XX-XXV.
(3) *Ibidem*, pl. XXI.

trahissent parfois une recherche visible de l'élégance (1). Ailleurs la forme du crâne (2) est celle des statuettes ioniennes (3). Si l'ensemble paraît fruste et comme schématique, la faute en est à l'inexpérience de l'artiste, dont le ciseau n'a su que découper la silhouette et tailler les contours à angle droit. Mais l'effort est visible pour copier un modèle ionien. De même, sur la base à plusieurs faces du musée de Sparte (4), les personnages ont les membres robustes, la tête forte et carrée, les draperies simples des bronzes chalcidiens. De même encore la femme assise de Tégée (5) ne trouverait d'analogue que dans une stèle de Paros (6), et l'élégante et maniérée Laconienne, représentée sur un relief du Magne (7), a toute la recherche des ex-voto de l'Acropole (8). Enfin l'Apollon de Ténéa est non seulement en marbre pentélique, mais proche parent d'œuvres notoirement ioniennes (9).

On objectera les écoles argivo-sicyonienne et éginétique. Mais deux ou trois bronzes ou statues, trouvés sur l'Acropole dans les couches prépersiques, pourraient seules être dites argivo-sicyoniennes. Encore serait-ce, comme nous le verrons, une question de savoir si elles le sont en effet. Hors d'Athènes, il en serait de même. A moins de recourir aux renseignements postérieurs et confus que Pline a laissés, je ne connais pas d'œuvre argienne que l'on puisse dire antérieure au v° siècle. Non qu'il n'y ait eu des artistes ou des artisans à Sicyone ou à Argos : mais il n'y avait pas de *style* argivo-sicyonien. Tout se bornait à des imitations, plus ou moins habiles, de modèles ioniens. La statuette de Ligourio (10)

---

(1) *Ibidem*, pl. XXIV.
(2) *Ibidem*, pl. XXV, B.
(3) Cf., p. e., le n° 7546 du Musée Central.
(4) *Annali*, 1861, pl. 6.
(5) *Athen. Mittheil.*, 1879, pl. VII.
(6) *Arch. Epigr. Mittheil. aus Œsterreich*, 1887, pl. V.
(7) *Athen. Mittheil.*, 1883, pl. XVI.
(8) Collignon, *H. de la Sculpture*, p. 379, fig. 196.
(9) Cf. les exemples énumérés au n° **46**.
(10) *50° Programme de Winckelmann*, pl. I., p. 125-152 (Furtwængler). Au Musée de Berlin (8095).

est peut-être la seule œuvre, antérieure à Polyclète, où l'on puisse, en partie, reconnaître les caractères de l'école argienne. Encore daterait-elle tout au plus des premières années du vᵉ siècle.

Restent les Éginètes, mais si l'on examine leur situation géographique, ils ne sauraient pas plus que les Corinthiens prétendre au titre de « péloponnésiens ». Et leur histoire le leur permettrait moins encore. Seuls en effet, de toute l'Hellade occidentale, ils avaient un comptoir à Naucralis, ce foyer si curieux d'ionisme. Quant à leurs rapports avec Athènes, le nombre de vases de style attique, trouvés dans l'île, dirait à lui seul quelle fut leur importance. Et si l'on objecte que, pour l'exactitude des détails anatomiques, en particulier des muscles intercostaux et des inscriptions épigastriques, les statues éginétiques se rapprochent de certains vases à figures rouges — est-il nécessaire de rappeler qu'il est peut-être plus facile de dessiner que de modeler, de peindre que de figurer en plein relief? Les céramistes attiques ont, à n'en pas douter, précédé les bronziers d'Égine dans cette voie d'exactitude : même on pourrait admettre, et, pour ma part, je tiendrais pour certain, que leurs peintures ont servi d'exemples aux Éginètes. Je n'insisterai pas davantage sur cette sécheresse de formes qu'on reproche à leurs artistes. Outre qu'il n'y a rien de plus attique, par conséquent de plus ionien, qu'une précision, parfois outrée, dans le détail — les Éginètes ont été d'abord et surtout des bronziers. Les statues de leurs frontons sont traduites dans une matière étrangère, aussi gardent-elles quelque chose de la dureté du métal. Il y a là moins tradition d'école, que conséquence forcée d'une habitude d'atelier.

J'ai donné ailleurs, à l'occasion d'une statuette récemment découverte à Égine, une série de bronzes et de statues éginétiques (1). Si l'on se reporte à cette liste, on verra qu'aux débuts même de cette fabrique locale, l'influence de l'ionisme est prépondérante. L'Aphrodite que j'ai publiée a la forme carrée de la tête naxienne, mais le corps est singulièrement

---

(1) Ἐφημ. Ἀρχαιολ., 1895.

plus élancé et le fondeur a recherché l'élégance dans la gracilité, raffinant ainsi sur son modèle ionien.

L'école éginétique n'est donc pour nous qu'une fabrique ionienne dont les progrès sont parallèles à ceux de la céramique athénienne. Aussi ne ferons-nous aucune difficulté de reconnaître que certains des bronzes trouvés sur l'Acropole sont de provenance éginétique. Je ne veux pas dire par là — et c'est la restriction qu'il faut toujours apporter à ces sortes d'affirmations — qu'ils n'aient pu être modelés à Athènes, mais à l'imitation d'un modèle éginétique. Il s'en faut de beaucoup que nous soyons capables de faire la preuve sur cette délicate question de fabrication véritable. Dans l'état de la science, l'important est de distinguer les écoles et comme les courants de l'art.

Comme exemples de ces bronzes éginétiques, je citerai la statuette 703, le sauteur 750, les n°⁵ 704, 745, le géant 749, la Promachos 796, et, peut-être, la grande tête 768, quoique cette dernière semble plutôt de travail athénien.

Par contre, les figurines suivantes ont été certainement fabriquées à Athènes, bien qu'on y sente quelque influence éginétique, ou, pour parler plus exactement, qu'elles aient certains rapports avec les œuvres éginétiques. (Athenas 782-7, 788-791, et Nikes 806-810). De même, certains Apollons semblent copiés sur quelque modèle éginétique, mais, comme une statue du Ptoïon (1), par une main étrangère qui aurait gardé le faire mou et lâché des œuvres ioniennes (n°⁵ 722-9).

La tête 767, dont le regard est à demi voilé sous les paupières, la bouche abaissée aux coins, l'expression sérieuse et presque austère, semble déceler une origine étrangère. De fait, j'ai cherché vainement dans la série des terres cuites trouvées sur l'Acropole des têtes que l'on pût lui comparer. Pourtant le sphinx 444 est d'un type analogue et deux belles têtes de marbre, l'une masculine (2) et l'autre fémi-

---

(1) *B. C. H.*, 1887, pl. XIII-XIV.
(2) Ἐφημ. Ἀρχαιολ., 1888, pl. 2.

nine (1), ont pu en être rapprochées. Un sphinx ionien de l'île de Chypre contracte de même la bouche et abaisse les lèvres (2), il n'y a donc là rien à quoi l'ionisme n'ait pu de lui-même arriver. Et, plutôt que de voir dans cette tête une œuvre argienne ou sicyonienne, je la rattacherais, par une transition qu'il suffit d'indiquer, aux sculptures naxiotes, ses pareilles par tant de points et dont il serait difficile de nier l'origine ionienne.

Aux approches des guerres médiques, peut-être même dans les premières décades qui suivirent l'invasion, l'art attique est, ou il s'en faut de peu, complètement émancipé. Quelques bronzes ont tout le charme et la sobre élégance des silhouettes tracées par les peintres à figures rouges. Je citerai seulement les Nikes **811-4**, les bustes **827-30**, les figurines **732, 736, 738, 740**. Parvenu à ce point de perfection, l'art attique n'a que peu de progrès à faire pour être digne d'un Myron et bientôt d'un Phidias.

Après les guerres médiques, sauf d'insignifiantes exceptions, comme la figurine polyclétéenne **746**, les bronzes dédiés sur l'Acropole ne nous ont pas été conservés. N'étant plus protégés par une épaisse couche de débris, ils se sont trouvés à la merci des invasions et ont par suite disparu. Ne suffit-il pas que jusque-là nos bronzes résument en traits rapides toute l'histoire de l'art attique? Depuis les origines mycéniennes jusqu'à la première partie du ve siècle, toutes les influences qui ont agi sur l'Acropole se trouvent représentées dans la série de nos statuettes. L'ionisme, encore si mal connu, y apparaît dès ses débuts et sous toutes les formes qu'il a revêtues. Les ateliers indigènes, encore mal expérimentés et peu adroits à copier, s'assimilent peu à peu ses modèles. Et, quand le ve siècle se lève, alors seulement peuvent se former de véritables écoles nationales, maîtresses de leur art et de leurs procédés. Jusque-là, dans toute l'Hellade, des essais avaient pu être tentés : le style, au sens propre du mot, n'apparaît qu'au ve siècle.

A. DE RIDDER.

(1) COLLIGNON, *H. de la Sculpture*, pl. VI.2.
(2) *B. C. H.*, 1894, pl. VII (Couve).

AVANT-PROPOS

J'ai, sur le conseil de M. Homolle, commencé en 1892-3 l'étude des bronzes trouvés sur l'Acropole d'Athènes (1). M. Bather, alors membre de l'École anglaise, terminait cette même année son ingrat et méritoire travail de nettoyage (2). Il m'a, pendant cette première partie de ma tâche, communiqué avec la plus grande complaisance les bronzes inédits qu'il avait découverts.

L'étude que j'ai pu faire alors ne comprenait guère que les figurines. Il restait à la fois à compléter la tâche commencée, et à réviser ma première enquête. A cet effet, M. le Ministre de l'Instruction Publique a bien voulu me confier

---

(1) M. Perrot a rendu compte de ce mémoire dans le *Rapport de la Commission des Écoles de Rome et d'Athènes,* 1894, p. 18-9.
(2) Il en a depuis publié les résultats dans le *Journal of Hellenic Studies,* 1892-3, p. 124-130 et 232-271, pl. VI-IX.

une mission : aux mois de mars et d'avril de cette même année, j'ai pu ainsi terminer l'étude de la collection.

Je n'aurais pas réussi à le faire, si M. Cavvadias, Directeur Général des Antiquités, MM. les Ephores Staïs et Leonardos, n'avaient de toute matière facilité mon travail. Je leur en exprime ici ma très vive reconnaissance.

Pas plus que dans mon précédent catalogue, je ne m'attarderai à justifier l'ordre que j'ai adopté. Qui veut se rendre compte de la difficulté de procéder en pareille matière n'a qu'à jeter les yeux sur nos plus célèbres collections européennes : pas plus à l'Antiquarium de Berlin qu'au Louvre ou au British Museum, il ne rencontrera d'arrangement qui le satisfasse. Le seul ordre logique et strictement scientifique serait celui qui procéderait par styles et par écoles. Mais le classement chronologique, déjà délicat pour les figurines, serait impossible pour la majeure partie des instruments.

Nous n'avons même pas la ressource des grandes divisions que la différence des terres, des couvertes, des procédés décoratifs impose aux céramistes. Force nous est de recourir à l'arbitraire. — Pour en diminuer la part, la table des matières sera aussi complète que possible et la préface présentera un bref essai de classification scientifique.

L'illustration relativement complète (1) de ce fascicule m'a permis de restreindre la part faite à la bibliographie. J'ai eu d'autant moins de scrupule à le faire que mon premier catalogue, auquel j'ai souvent renvoyé, donnera sur ce chapitre des indications suffisantes.

---

(1) Je dois à l'obligeance de M. Convert, les nombreux clichés, à l'aide desquels ont été obtenues les simili-gravures de M. Petit.

Je terminerai en signalant un certain nombre d'inscriptions sur bronze que j'ai dû simplement indiquer. M. Lolling a en effet laissé une étude complète de ces documents, et je n'aurais pas voulu empiéter sur ses droits. Du moins, aurais-je souhaité de pouvoir renvoyer à son travail. Je regrette que, malgré les efforts de M. Cavvadias, cette permission m'ait été refusée.

Aix, le 30 novembre 1895.

A. DE RIDDER.

ABRÉVIATIONS (1)

Carapanos. — *Dodone et ses ruines*, 1878, 2 vol. in-4°, pp. 1-242, pl. 1-63.

Friederichs. — *Kleinere Kunst und Industrie*, t. II, *Geræthe und Bronzen*. Düsseldorf, 1871, pp. 1-521.

Gréau. — *Catalogue des bronzes antiques de la collection* —, par Frœhner, 1885, pp. 1-281.

Karlsruhe. — *Beschreibung der Sammlung antiker Bronzen*, par Schumacher, 1890, pp. 1-231, pl. 1-28.

Longpérier. — *Notice des bronzes antiques du Louvre*, 1re partie, 1868, pp. 1-224.

Médailles. — *Catalogue des bronzes antiques de la Bibliothèque Nationale*, par Babelon et Blanchet, 1895, pp. I-XLV, 1-764.

Polytechneion (2). — *Catalogue des bronzes du* —, par A. de Ridder, 1894, pp. I-XVI, 1-221, pl. I-V.

Olympia. — *Olympia, Textband IV, die Bronzen*, par Furtwængler, pp. 1-220, pl. 1-81.

Sacken. — *Die Antiken Bronzen des K. Münz- u. Antiken-Cabinetes in Wien*, 1871, pp. 1-129, pl. 1-54.

---

(1) Les dimensions sont exprimées en *centimètres*.

(2) En juin 1895, j'ai complété mon catalogue par un appendice de 16 pages, pp. 215-221, où l'on trouvera une table de concordances avec les n^{os} du Musée central. La table était devenue nécessaire depuis le transfert des collections de Polytechneion au Musée Central. — Dans la plupart de mes références à ce catalogue, j'ai d'ailleurs pris soin d'indiquer à côté du n° de classement, celui du nouvel inventaire.

PREMIÈRE PARTIE
———

INSTRUMENTS

I

VASES (1-235)

1. — GRANDS TRÉPIEDS (1-59)

PIEDS A DÉCOR GÉOMÉTRIQUE

Les pieds suivants appartiennent à la seconde catégorie distinguée par Furtwængler (Olympia, p. 81-90). Ils ne sont pas massifs, mais composés de lames relativement épaisses et à décor géométrique *gravé*. D'après le compte fait par M. Bather (*J. of Hellen. Stud.*, p. 233) environ neuf lames sur dix sont ainsi décorées. — La largeur du pied va jusqu'à 0^m·22, ce qui donne pour la hauteur du trépied au moins 2^m·20 (*ibidem*, p. 234).

Le décor ne permet pas toujours, là où les trous d'attache ne sont pas conservés, de reconnaître si telle bande fait partie d'un piédroit ou seulement de son contrefort (Polytechneion, 4). Car les bandes étroites, servant de contreforts, étaient le plus souvent découpées dans une large feuille de destination indéterminée : par suite la décoration n'en est pas organique et les zones sont parfois coupées au milieu de leur largeur (Olympia, p. 84).

(sans n°). — *J. of Hellen. Stud.*, 1892-3, p. 235, fig. 3. — Larg. 3·2 (du champ, 2·4). Long., 5·3.

Pied de trépied (?), le champ divisé en 5 zones, la 2ᵉ et la 3ᵉ seules décorées, la 2ᵉ de carrés, alternativement nus et semés d'un pointillé, la 3ᵉ d'un motif (égyptien?) de feuilles horizontales, cernées d'un double trait et formant une série indéfinie.

Cf., pour la série des feuilles lancéolées, OLYMPIA, pl. XXXII, 620, p. 90.

2 (sans n°). — Plusieurs fragments semblables, d'une longueur totale de 30.

3 (sans n°). — *J. of Hellen. Stud.*, 1892-3, p. 234-5, fig. 2. — Larg., 9 (du champ, 7). Ep., 0·1.

Semblable, le champ compris entre 2 zones de postes et orné, sur les bords, de demi-cercles en série continue, au milieu, d'une décoration compliquée avec virgules et cercles jetés dans le champ.

M. Bather remarque avec raison que les cercles ainsi reliés par des tangentes remplacent les spirales, si fréquentes dans le champ des vases primitifs.

Cf., pour les demi-cercles, OLYMPIA, pl. XVIII, 308, p. 47; pl. XXI, 593, p. 83.

4 (sans n°). — Plusieurs fragments semblables.

5 (sans n°). — Larg., 4·8 (du champ, 3·9, de la zone médiane, 2·1). Long., 10. à 11. Ep., 0·3.

Semblable, le champ divisé en 3 zones, celle du milieu ornée de cercles pointés, à triple circonférence, les deux autres de postes.

Cf. OLYMPIA, pl. XXXII, 597, p. 84.

6 (sans n°). — Long., 12. — Semblable.

7 (sans n°). — Long., 11, 12, 19, 22. Larg. du champ, 4·2.

Quatre fragments semblables.

8 (sans n°). — Long., 26. Larg. du champ, 5·1.

Semblable, la gravure plus fine et les postes cernés d'un double contour.

9 (sans n°). — *J. of Hellen. Stud.*, 1892-3, p. 234, fig. 1. — Long., 16. Larg., 4·2 (du champ, 3·4, de la zone médiane, 2).

Semblable, la zone médiane ornée de cercles reliés par des tangentes, les deux autres de zigzags.

10 (sans n°). — Long., 15 et 17·5. Larg., 6·8 (du champ, 6·1, de la zone, 3·2).

Deux fragments semblables, avec double bande de zigzags.

11 (sans n°). — Long., 3. Larg., 8·2 (des champs, 1·6 à 3·2).

Semblable, à 4 zones, les deux extrêmes non décorées, les médianes avec cercles reliés par des tangentes.

12 (sans n°). — Long., 12. Larg., 6 (du champ, 5·7). Ep., 0·2.

Semblable, à 5 zones, la 1re, la 3e et la 5e ornées de postes, la 2e et la 4e de cercles reliés par des tangentes.

13 (sans n°). — Long., 17. — Semblable.

14 (sans n°). — Long., 50. Larg., 6·3 (des zones, 0·3 à 2·1). Ep., 0·5.

Semblable, à 6 zones, la 2ᵉ et la 5ᵉ ornées de cercles reliés par des tangentes, la 3ᵉ de zigzags parallèles, les 3 autres de postes.

15 (sans n°). — Long., 7.

Semblable.

16 (sans n°). — Long., 7. Larg., 3·5. — Cassé de tous côtés.

Semblable, les zones 2 à 4 seules conservées.

17 (sans n°). — Long., 11·8. Larg., 10 (des champs, 0·9 à 2·5).

Semblable, à 7 zones, la 1ʳᵉ, la 4ᵉ et la 7ᵉ ornées de postes, la 2ᵉ et la 5ᵉ de 2 à 4 lignes de zigzags, la 3ᵉ et la 6ᵉ de cercles reliés par des tangentes.

18 (sans n°). — Long., 5. — Semblable.

19 (sans n°). Long., 9. Larg., 6. — Cassé de tous côtés.

Semblable, les zones 4 à 7 seules conservées.

20 (sans n°). — Long., 9.

Semblable, les zones 3 à 6 conservées.

21 (sans n°). — Larg., 11·5 (du champ, 10·9, des zones, 1·1 à 0·8). Long., 13·5. Ep., 0·1.

Neuf zones, la 1re, la 3e, la 5e, la 6e et la 9e ornées de postes, la 4e et la 7e de cercles reliés par des tangentes, la 2e et la 5e d'une double ligne de zigzags.

La largeur augmente près de la cassure jusqu'à 13·5. Nous avons donc là le haut d'un support de trépied (cf. nos **26-8**.)

22 (sans n°). — Long., 10. — Semblable.

23 (sans n°).

Plusieurs fragments semblables, mais les cercles non reliés les uns aux autres.

24 (sans n°). — Larg., 8·2.

Semblable, les 5 zones extrêmes seules conservées, la médiane avec deux séries de cercles reliés par des tangentes de sens opposé, la 6e ornée de zigzags, la 7e et la 9e de postes, la 8e de cercles reliés par des tangentes.

25 (6952). — Larg., 10. Long., 15. Ep., 0·2. — Brisé à dr. et à g.

Lame semblable, ornée de 2 zones opposées de palmettes surmontant un triple chevron. Entre elles, bande de cercles reliés par des tangentes. A droite, série de cercles non reliés les uns aux autres.

La lame est doublée d'une seconde (larg., 9·5) fixée par trois clous à grosses têtes, et divisée en 5 zones, la médiane ornée d'une double rangée de postes, les quatre extrêmes de cercles reliés par des tangentes, le sens des tangentes variant dans deux champs contigus.

La plaque n'étant pas courbe, on ne peut penser ici aux pièces rajoutées qui fixaient l'anse des trépieds. (OLYMPIA, pl. XXXIII, 610, p. 86-7).

26 (sans n°). — Haut., 10. Larg., 8·6 (de la bande de gauche, 2). — Cassé à gauche.

Haut de pied (de trépied). Parallèlement au bord gauche, cercles reliés par des tangentes. Quatre zones horizontales, de zigzags, de cercles (2e et 4e) et de postes. — Ces bandes horizontales étaient toujours les plus proches de l'attache, comme on le voit nettement dans OLYMPIA, pl. XXXI, 585-6, p. 82.

27 (sans n°). — Haut., 6·4. Larg., 4·9. Ep., 0·2. — Cassé, sauf en haut.

Semblable, le bord droit orné de chevrons et de postes. Au milieu, bandes étagées de cercles reliés par des tangentes, de postes, de zigzags et (en haut) de postes.

28 (sans n°). — Haut., 5·8. — Cassé de tous côtés.

Fragment d'une lame semblable.

PIEDS DÉCORÉS DE RELIEFS

Les pieds à décor géométrique n'étaient pas les seuls sur l'Acropole. Les n^{os} suivants proviennent d'autres pieds, plus ornés et dont M. Bather a justement rapproché la technique du célèbre support que Glaukos avait fait pour le Mermnade Alyatte.

De droite et de gauche, deux montants décorés d'une torsade servent de cadre au pied. Derrière est fixée la plaque décorée. Une troisième lame, de largeur inégale, assujettie à chaque montant, double la plaque et lui donne l'épaisseur nécessaire. — Le pied ainsi formé, très solide sur les bords, était au milieu plus mince et par suite plus fragile. Aussi, la partie médiane du décor est-elle rarement conservée.

Le relief des sujets est très faible, le contour cerné d'un trait net et profondément gravé, les incisions internes manquant presque totalement. Le champ est, à la différence des vases corinthiens, sobrement décoré. Par cette remarquable clarté de composition, comme d'ailleurs par la coïncidence des détails intérieurs, les pièces les plus anciennes (n° **46**) se relient aux plus récentes. Si différente que soit l'exécution, l'unité de style est réelle et ces reliefs sont œuvres d'une même école, que je crois indigène. —

Si ces plaques sont toutes de travail attique, il est moins sûr que toutes aient décoré des piédroits de trépieds. Seuls les n°s **29-38** proviennent certainement de ces supports. Les autres ont été rangés à la suite par pure analogie de forme. Parmi est une lame gravée (**41**), imitation évidente d'un travail au repoussé.

29 (6955). — *J. of Hellen. Stud.*, 1892-3, p. 264-7, fig. 30. — Haut., 43·9 (du champ supérieur, 8·5, des oves, 2·2, du champ central, 17·1, des oves, 1·1, de la bande avec torsade, 2·4, des grands oves 10·5, du champ inférieur, 2). Larg., 21·6 (du champ, 19).

Décor divisé en plusieurs champs superposés, A, B, C, et bordé de deux torsades à gros clous.

Depuis le haut : A (le coin supérieur de droite et un fragment à gauche seuls conservés). — Lions affrontés.

B (cassé au milieu). Bordure d'oves entre A et B. — Lutte autour d'un trépied, dont le piédroit et l'anse verticale paraissent à droite. A gauche, un homme, aux muscles robustes, marchant vers le trépied.

C (cassé en bas). — Entre B et C, deux zones d'oves te de torsade; semblable à celle des montants. — Par dessous, filet horizontal et grands oves côtelés, sous lesquels la plaque continuait.

Il est possible, bien que le motif soit très fréquent au vi[e] siècle, que le champ principal représente la lutte d'Héraklès et d'Apollon (cf. OLYMPIA, pl. XXXIX, 704, p. 104 ; CARAPANOS, pl. XVI-1, p. 188).

30 (sans n°). — *J. of. Hellen. Stud.*, 1892-3, p. 265-7, fig. 31. — Haut., 29. Larg., 6·5 (de la bordure, 1·2). — Cassé, sauf à droite.

Plaque semblable avec un montant décoré de même.

Décor gravé de palmettes formant panache et reliées à des spirales à triple trait. Dessous, buste d'un homme à gauche, la tête diadémée, la barbe indiquée par des points et deux tresses tombant sur les épaules.

31 (sans n°). — Haut., 7·5. Larg., 15. Ep., 1·1.

Lame décorée de volutes semblables.

32 (sans n°). — Haut., 43 (du champ A, 1·3, du champ B, 4·7, de la bande, 0·85, du champ C, 12·55, des oves, 2·15). Larg., 6 (de la torsade, 1·2). — Cassé en haut, en bas, à droite.

Plaque semblable divisée en champs superposés, A, B, C, D, le montant de gauche décoré de même. — Depuis le haut :

A (le coin inférieur gauche conservé). — Fragment de rosette entourée d'un grènetis et d'où pendrait un fil (?).

B. — Décors et feuilles rubanées spiraliformes. — Entre B et C, zone ornée d'une ligne spiraliforme.

C. — Pattes de derrière d'un lion allant à droite. — Entre C et D, grands oves.

D. (cassé en bas). — Même motif (?).

33 (sans nº). — Long., 8·5 (brisé sur les côtés). Larg., 7·5. Larg. des rebords, 0·7.

Lame, enfermée haut et bas entre deux rebords découpés (motif d'oves séparés par des dards).
A l'intérieur, grande palmette gravée.

34 (sans nº). — Long., 11. Haut., 6·5 (des chevrons, 1·8), Ep., 0·5. — Cassé en bas et sur les côtés.

En haut bande de zigzags. Au-dessous, motif de spirales, cernées d'un triple trait et reliées deux à deux.

Cf. un motif analogue, nº **32**, et OLYMPIA, pl. XLII, 742, p. 110.

35 (sans nº). — Long. des oves, 0·5. — Cassé de même.

En haut, zone de croisillé. — Au-dessous, boutons réunis deux à deux, d'où partent trois pistils verticaux.

36 (sans nº). — Haut., 7 (du champ, 5, de la bordure, 1). Larg., 7·2 et 10. Deux fragments.

Semblable. — Haut et bas, bordure de chevrons. Dans le champ oves enlacés, réunis par d'étroites bandes horizontales semées d'un pointillé et d'où partent les pistils verticaux.

37 (sans nº). — Haut., 7·5. Larg., 12. Ep., 0·5. — Cassé, sauf en haut.

Feuilles rubanées entrecroisées.

38 (sans nº). — Haut., 15. Larg., 10. — Semblable.

39 (sans n°). — *J. of Hellen. Stud.*, 1892-3, p. 261, fig. 27. — Larg., 11·7. Haut., 6·7. — Cassé de tous côtés.

Sanglier à droite, le dos bordé de soies hérissées. — Le relief est celui des n°ˢ suivants.

40 (6963). — *J. of Hellen. Stud.*, 1892-3, p. 268-9, fig. 32. — Haut., 16·5. Larg., 10·5. Ep., 0·05. — Brisé de tous côtés.

Lame divisée en trois (?) champs superposés, A, B, C. — Depuis le bas :

A (cassé, sauf en haut). — Haut., 5·5. Larg., 7·5. — Guerrier à droite, la tête coiffée du casque corinthien à bords pointillés et gravés, le panache bas et à queue retombante. Trois tresses gravées sur la poitrine. Sur l'épaule gauche, attache du baudrier. La tête, de style attique et à gros traits, est légèrement inclinée, le bras gauche baissé, le droit plié au coude et tenant une épée (cf. n° **44**).

B. — Haut., 2·7. Diam. des rosettes, 2·4 (des boutons, 0·6). — Bande décorée de rosettes à douze pétales.

C. — (cassé de tous côtés). — Haut. du champ, 4·5. — Au-dessus de la bande B, champ à double bordure, avec motif de deux palmettes opposées, réunies par un grènetis. En haut du champ, objet indistinct. — A droite, *transversalement* au sens de la lame. Héraklès à droite, vêtu de peau (semée de points), la ceinture ornée de postes, les bras tendus comme s'il tirait de l'arc. Derrière le dos, carquois non attaché. La figure, barbue, le nez épaté comme celui d'un nègre, est de même type que celle du guerrier. — Le mouvement de l'Héraklès est difficile à expliquer. S'il est agenouillé, comme il le semble bien, le bas du corps devait empiéter sur la bande B.

41 (6957). — *J. of Hellen. Stud.*, 1892-3, p. 24, 4 - 6, fig. 17. — Haut., 24 (du champ supérieur A, 8·6, du champ B, 7·7, inférieure, 7·7). Larg. maxima, 11·8 (du champ, 8·2 à 9·8, de la bordure, 0·8 à 1). Ep., 0·15.

Plaque gravée losangiforme, s'élargissant vers le haut et divisée en deux champs A, B. — A droite et à gauche, bordure de postes.

Au-dessus des champs, grandes rosettes, à pétales arrondis. — Sous les rosettes, zone de cercles pointés reliés par des tangentes.

A. — Léopard allant à gauche, la peau semée de cercles gravés, le mufle pointillé, la tête retournée de face. — Entre A et B, chevrons.

B. Sanglier allant à gauche.

Sous le champ B, demi-cercles en série indéfinie. —

Sanglier et panthère sont de style ionien. — Cf. *Naucratis*, II, pl. VIII et OLYMPIA, pl. LVIII, p. 154.

42 (sans n°). — *J. of Hellen. Stud.*, 1892-3, p. 246-7. fig. 18. — Haut., 5·7 (de la bande, 2·7). Larg., 6·8. Diam. des rosettes, 2·4. — Cassé de tous côtés.

Semblable, mais en relief comme le n° **40**. — Deux personnages à droite chaussés de souliers à bouts relevés, vêtus d'une robe finissant en pointe, bordée d'une bande de points ou de cercles réunis par des tangentes. — En bas, zone de rosettes, analogue au champ B du n° **40**.

Cf., pour la forme du chiton et des souliers, B. C. H., 1892, pl. XV et la cuirasse OLYMPIA, pl. LIX, p. 154-7.

43 (sans n°). — *J. of Hellen. Stud.*, 1892-3, p. 269, fig. 23. — Haut., 6. Larg., 5. Ep., 0·5. — Cassé de tous côtés.

Bras gauche plié au coude, la main tenant un objet indistinct, semble-t-il, le bois d'un arc. Un justaucorps, avec semis de points, serre le corps jusqu'à l'aisselle et le pan d'un manteau apparaît par derrière.

44 (sans n°). — *J. of Hellen. Stud.*, 1892-3, p. 261-3, fig. 29. — Haut., 13 (de la bande, 2·95). Larg., 7·7. — Cassé de tous côtés.

Lame divisée en plusieurs champs, A, B, C. — Depuis le haut :

A. — Pied nu marchant à gauche, l'extrémité des doigts relevés.

Entre B et C, bande de cœurs mycéniens, sans chevrons, mais avec palmettes à 5 pétales à l'intersection de deux motifs contigus.

C. — Dans le champ, la garde d'une épée, une main saisissant l'aigrette d'un casque (?) et à gauche un objet indistinct.

45 (sans n°). — *J. of Hellen. Stud.*, 1892-3, p. 261-2, fig. 28. — Haut., 16 (de la bande, 2·45). Larg., 11. Diam., 7·2. — Brisé, sauf en haut.

Lame bordée à la partie supérieure d'une bande semblable avec chevrons dans l'intervalle des « cœurs », les palmettes seulement à 3 pétales. — Dans le champ, grande rosette à pétales doubles. Plus bas, pouce et partie d'un avant-bras.

46 (sans n°). — *J. of Hellen. Stud.*, 1892-3, p. 259-26, fig. 26. — Haut., 34 (du champ, 23·5, de la bande, 2·8). Larg., 24·7 (du champ, 21.3). Ep., 0·1. — Brisé en treize morceaux, complet à droite.

Champ rectangulaire bordé de tous côtés, sauf à gauche, de cœurs semblables, (*à la partie supérieure*, comme sur les côtés).

A l'intérieur, homme nu, ailé, marchant à gauche et tenant à droite et à gauche deux oies dressées. — La tête, par la forme, la courte barbiche, les cheveux réunis à la hauteur des oreilles, et tombant en tresses, sauf une boucle sur la poitrine, rappelle d'assez près la cuirasse OLYMPIA, pl. LIX. Le buste étranglé porté par les jambes très longues est franchement ionien (1). Enfin, les ailes presque horizontales n'ont pas la courbe des ailes corinthiennes.

Le motif de l'homme tenant les oies se retrouve dans la céramique rhodienne. Il est d'origine évidemment orientale.

47 (sans nº). — Larg., 14·5. Long., 9. Ep., 0.25 (du relief, 0·6). — Cassé, sauf en bas.

a) Motif de cœurs semblables entrelacés, les contours en fort relief, des palmettes à 3 ou 5 pétales à l'intersection des motifs, et de grosses têtes de clous à l'intérieur des cœurs. — *b*) Larg., 5.

Semblable, avec lame brisée soudée sur la plaque.

COURONNES DE TRÉPIEDS

48 (sans nº). — Larg., 8·1 (du champ, 7·7, des zones, 0·9 à 2·1). Long., 30. Ep. 0·5 (au rebord intérieur, 0·4).

Fragment de couronne de trépied, la ligne de suture conservée, ainsi qu'une partie de la lame verticale qui reliait l'anse à la panse du chaudron.

Cinq zones, la 1re décorée de zigzags, la 3e de trois lignes de zigzags, la 5e de postes, la 2e et la 4e de cercles reliés par des tangentes.

Cf. POLYTECHNEION, 5-6 (7483, 7842).

49 (sans nº). — Larg., 8·9 (du champ, 7·5, des zones, 0,9 à 2·5). Long., 14. Ep., 0·25.

Semblable, la 5e zone décorée comme la première. — Cf. OLYMPIA, pl. XXXIII, 607, p. 85-6.

---

(1) Cf. Le vase estampé (à bucchero), *Gaz. Arch.*, 1880, pl. 27 et les coffres en t. c. de Capoue, *Monumenti*, XI, pl. VI. 1; *Anzeiger*, 1890, p. 92-5.

Un fragment dont la décoration est analogue est reproduit *J. of Hellen. Stud.*, 1892-3, p. 234, fig. 1. Larg., 9·5.

Ces anses étaient supportées par des figurines dont deux ont été retrouvées sur l'Acropole (**50, 51**). Elles sont respectivement semblables, le n° **50** à deux statuettes trouvées en Grèce (Olympia, pl. XXVII, 616-7, p. 87-9), le n° **51** à un bronze du Louvre (Longpérier, 430 = *Annali*, 1885, pl. B. 1, p. 167). — Pour les chevaux fixés à la partie supérieure de ces couronnes, cf. les n°ˢ **500-1**.

50 (6628) [1451]. — Haut., 9·8 (de la tête, 2·9). Larg. de la gaîne, 1·2 à 1·8. — Cassé en bas, les bras dès l'attache. — Fig. 1.

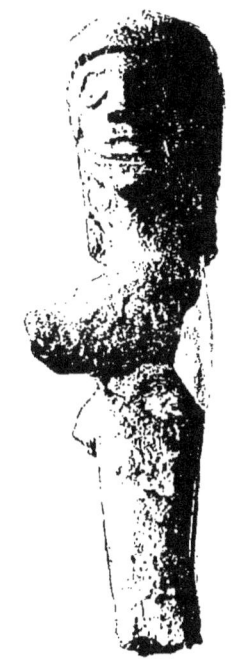

Fig. 1 (**50**).

Gaîne rectangulaire, s'élargissant à la partie supérieure où elle est terminée par un buste viril, la tête tournée vers la droite. Celle-ci, barbue, rappelle par le style les n^{bs} 815-7 (v. pl. 1.); elle est encadrée de cheveux longs et tombant comme un voile (1). Le bronze paraît plus récent que les répliques d'Olympie.

51 (6678) [1438]. — Haut., 8·1 (de la tête, 3·1). — Les cornes, la gaîne, les bras cassés. — Fig. 2.

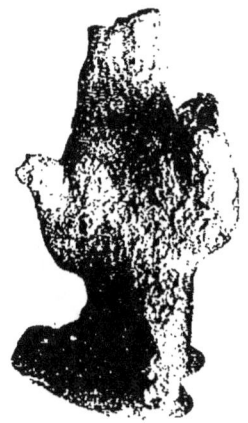

Fig. 2 (51).

Gaîne semblable, terminée par un buste de Minotaure, la tête tournée vers la droite. — L'attache des bras montre qu'ils avaient même direction que les statuettes d'Olympie et du Louvre. Les mains étaient donc bien occupées à tenir les anses du trépied. La gaîne figure le buste, très échancré dans ces figurines. —

Les n°s 50 et 51 ont la tête tournée de même côté. Il ne se font donc pas pendant et peut-être n'appartiennent pas au même trépied. Furtwængler a montré, contre Purgold, qu'il en était de même à Olympie. Il faut donc se garder de voir dans ces figurines le contraste, singulier à cette époque, de Thésée opposé au Minotaure.

(1) Il ne semble pas qu'il faille y voir un casque.

TRÉPIEDS FONDUS

Les n°ˢ suivants ont des pieds cylindriques et en fonte pleine. Ils sont plus récents que les précédents.

52 (6988). — Haut., 5·7. Long., 4·8 à 8·7. Ep., 4. à 3·7. Diam. des manchons, 2. (des tiges, 1·2). — Les tiges brisées, l'une des supérieures à l'attache. — Fig. 3.

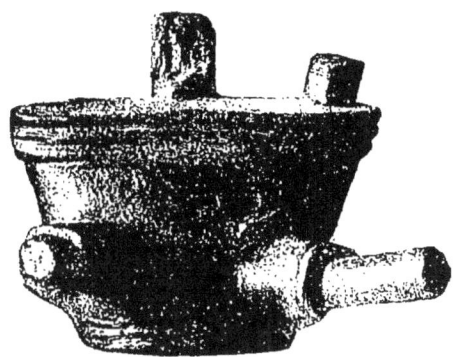

Fig. 3 (52).

Pied de trépied de forme ovale, s'élargissant de bas en haut. Du sommet partent, l'une verticale, les deux autres obliques, les trois tiges qui soutiennent la couronne supérieure du trépied. Deux manchons latéraux détachent deux contreforts horizontaux qui se réunissaient à un cercle inférieur et maintenaient les pieds. Trois moulures simples décorent la base haut et bas.

Cf. le trépied POLYTECHNEION, 1 — les pieds CARAPANOS, pl. XLI, 5, p. 84 et OLYMPIA, pl. XLVIII, 812-3, p. 126-8.

53 (6894). — Haut., 8. Diam., 6. (des tiges, 1·1) Larg. maxima, 15.

GRANDS TRÉPIEDS

Base, de trépied (?), très grossière et mal conservée, d'où rayonnent huit tiges divergentes et brisées.

54 (6893). — Haut., 40. (de la tête, 7·6). Diam. des volutes, 2·5. — Cassé haut et bas. — Fig. 4.

Tige heptagonale, d'où se détachent, à mi-hauteur, deux branches divergentes. En haut, moulure au-dessus de laquelle deux volutes s'enroulent en spirales. Dans la douille supérieure s'encastrait une tige de fer.

On peut y voir un sceptre (GERHARD, *Auserles. Vasenb.*, pl. 7; 128) ou un pied de trépied. La tige de fer serait le tenon d'attache de la couronne supérieure et les spirales remplaceraient les volutes. Cf. OLYMPIA, pl. XLVIII, 824, p. 130-1 et POLYTECHNEION, 1 (7940).

VASES DE TRÉPIEDS

55 (6974). — *J. of Hellen. Stud.*, 1892-3, pl. VII, 64 *ab*, p. 129, 233.

Deux fragments brisés de tous côtés. Bord de grand vase, non décoré, percé d'un clou de plomb à grosse tête, avec traces d'une anse en fer et rajoutée.

Deux inscriptions gravées, la 1re en grosses lettres près du bord, la 2e en autres caractères et plus bas. Celle-ci, postérieure (?),

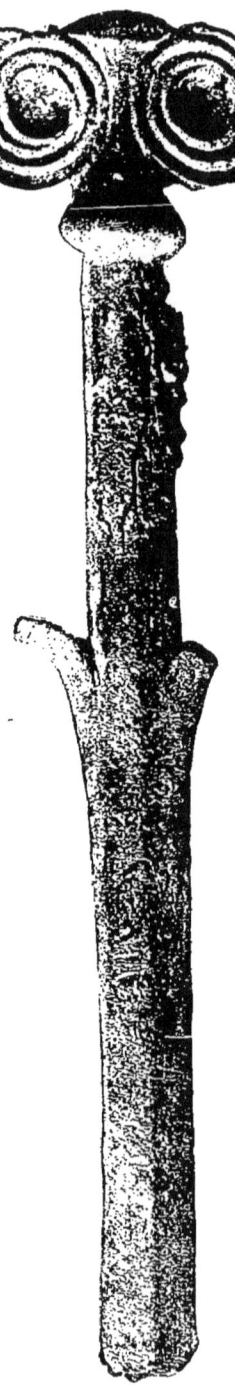

Fig. 4 (**54**).

semble être en dialecte béotien, tandis que la 1ʳᵉ pourrait être chalcidienne (?).

TONEͰIͰEⱠAI   OΓIΔEΣIIEIMI

IPAYƐIADYIIIΙΦIOͶME   ꓶͶPⱤ:DOƐΦÊͶIDAI

Τῶν ἐκ…λελα [...   Πελ] οπίδης εἰμι

ἐπὶ Ραχσιάδαι Πυθιων με[…   ] ..σειδου Σθενίδαι

56-9 (sans nº). — Fragments de vases semblables.

---

2. — TRÉPIEDS BAS (60-108)

TRÉPIEDS

Les trépieds bas (τριποδίσκοι) (1), qui supportaient des vases de toute sorte, depuis les chaudrons jusqu'aux bassins à peine creusés, reposaient le plus souvent sur des griffes de lion (λεοντοβάσεις) (3), plus rarement sur des pieds de cheval (**62, 71**). Les supports en pieds de sphinx (4) étaient différents : si imparfait que soit parfois le modelé des griffes, il n'y a pas de doute que les Grecs n'aient voulu figurer des pattes de lions.

Une partie de la couronne du trépied est parfois encore jointe au pied. Pour ce détail, Cf. POLYTECHNEION, 10 (8168).

---

(1) CARAPANOS, pl. XXIII, 2, 2 bis, p. 40. — OLYMPIA, pl. LI, 853, p. 136. — POLYTECHNEION, 9-10, p. 3, 9.

(2) Exemples, Cf., OLYMPIA, p. 131, 136.

(3) Le terme est connu par un inventaire d'Eleusis, Ἐφημ. Ἀρχαιολ. 1888, p 43. — Cf. OLYMPIA, p. 136.

(4) Lits σφιγγόποδες dans *Athénée*, V, 197ª, v. CARAPANOS, p. 229 (Heuzey). — Pour ces supports, Cf. *Annali*, 1880, pl. V, 2 — OLYMPIA, pl. LI. 858. p. 137 — 8 CONZE. *Attisch. Grabreliefs*, pl. XXXV. 3, etc...

60 (7023). — Haut., 4. (de la couronne, 1·1). Diam., 8·7 13·3. Ep., 0·3. — Fig. 5.

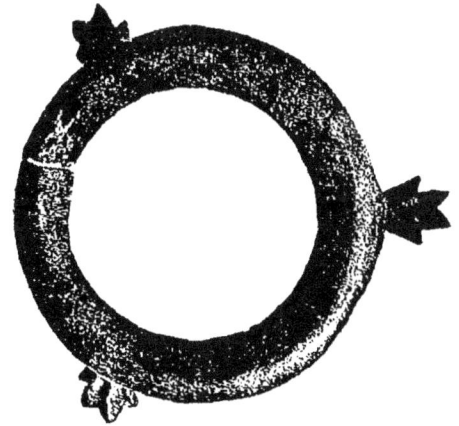

Fig. 5 (60).

Couronne basse, portée par trois pieds en forme de griffes. Ceux-ci s'écartent jusqu'à 2 c. du cercle supérieur.

61 (7024). — Haut., 1·7. Diam., 8·5 à 10. Ep., 0·1 à 0·3.

Semblable, tordue, ornée d'une torsade gravée, dont les volutes sont marquées à mi-hauteur d'une ligne de points (220).

PIEDS DE TRÉPIEDS

Beaucoup de ces pieds supportent, sans l'intermédiaire d'une couronne, un vase à panse profonde.

62 (7196). — Haut., 14·8 (du pied 2·5). Larg., 2·3. Ep., 0·35. — Cassé en haut. — Fig. 6.

Pied de cheval, que surmonte une longue et mince lame verticale, légèrement courbe, décorée haut et bas d'un croi-

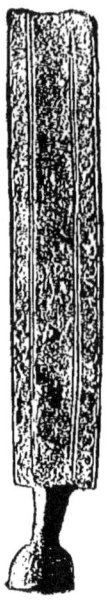

Fig. 6 (**62**).

sillé, sur les côtés de demi-cercles adjacents, demi-cercles et croisillé compris entre deux lignes gravées parallèles aux côtés. — Un contre-fort en fer, part par derrière à 4 c. du bas.

Cf. CARAPANOS, pl. XLI, 3, 3 bis, p. 84, et, avec l'ajout d'un masque humain, OLYMPIA, pl. LI, 857, p. 137.

63 (7088). — Haut., 13·8 (du pied, 1·4). Larg., 2·2. Ep., 0·3 à 0·5.

Semblable, le sabot remplacé par des griffes de lion. — La lame courbe, d'où part, à la partie supérieure, une palmette horizontale, est, sur la tranche, décorée d'oves, sur l'avers, de cercles reliés par des tangentes, le motif central encadré entre deux bords saillants.

64 (7086). — Haut., 9 (du pied, 2·2). Larg., 1·7 à 2·4. Ep., 1·5.

Semblable, les griffes posées sur une base ronde. — La lame est remplacée par une tige de section triangulaire, s'élargissant depuis le bas et coupée obliquement à la partie supérieure. A la base, décor de zigzags et de grènetis, bordure de points sur les côtés.

65 (7087). — Haut., 11·8 (du pied, 1·5). Larg., 1·4 à 3·8. Ep., **1·7 à 2·5**.

Semblable, avec les mêmes points sur les bords. — En bas, deux zones de zigzags et de cercles pointés; en haut, zigzags et champs divisés par deux traits parallèles (1).

66 (7081). — Haut., 8 (de la base, 1, de l'attache, 3·3). Bases, 3·45 sur 3·1, et diam., 3. Larg. de l'attache, 8 à 9. Ep., 0·3. — Fig. 7.

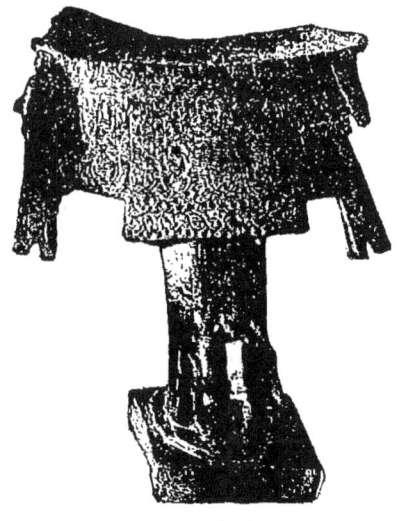

. 7 (66).

(1) Pour ce motif, cf. les plaques « argivo-corinthiennes », 349 et suiv.

Pied de lion, porté sur une base ronde, elle-même sur une base rectangulaire. — L'attache, très échancrée, semble cassée de tous côtés. Elle est ornée de deux rangs d'oves verticaux, séparés par un grènetis; la partie médiane est décorée d'une torsade entre deux rangs de perles, et l'attache du pied d'un rang d'oves.

Le pied est de la forme archaïque qu'on observe p. e. dans OLYMPIA, pl. LI, 853, p. 136.

67 (7082). — Haut., 7·5 (de la base, 1, de l'attache, 3·5). Larg., 5·5. Base, 3·7 sur 3·7.

Semblable, sur simple base carrée, la partie centrale seule conservée. — Le haut du pied est orné de chevrons, l'attache de trois bandes verticales, d'un grènetis horizontal et d'une rangée d'oves. La direction des motifs est oblique.

68 (7084). — Haut., 5·7 (de l'attache, 1·5). Larg. de l'attache, 4·2 (de la couronne, 12·5).

Griffes de lion surmontées directement de deux volutes ioniques qui supportent une couronne de trépied. Celle-ci, échancrée vers le bas, est décorée de longs oves verticaux, séparés par des pointes de dards.

Cf., pour le pied, CARAPANOS, pl. XXIII, 2, 2 *bis*, p. 40 (*C. I. G. A.*, 502). — OLYMPIA, pl. LI, 856, p. 137. — POLYTECHNEION, 9.

69 (7083). — Haut., 5·1 (de l'attache, 1). Larg. de l'attache, 4 (de la couronne, 9).

Semblable, l'échine entre les volutes divisée en champs d'oves (n° **65**), la couronne simplement bordée d'un grènetis.

70 (7073). — Haut., 5·3 (de l'attache, 2). Larg., 3·2. Ep., 0·4. — Cassé à droite.

Semblable, l'échine non décorée. — Le fragment conservé de la couronne est orné d'un grènetis avec moulure sur le bord.

71 (7095). — Haut., 4·5 (de la couronne, 1·5).

Pied de cheval supportant directement un fragment de couronne, décorée d'oves verticaux.

72 (7094). — Haut., 6·4 (de l'attache, 1·6). Larg., 6·8. Ep., 0·6.

Pied semblable s'élargissant à la partie supérieure, où deux volutes ioniques supportent la couronne. Le fragment conservé est décoré d'un rectangle coupé de deux diagonales et de traits parallèles verticaux.

73 (6987). — Haut., 8. (du motif central, 4). Larg., 14. (du motif central, 4·2). Ep., 1·6. — Cassé en bas.

Fragment de couronne de trépied (?), de hauteur indéterminée.
A la partie supérieure, deux plates-formes basses limitent de droite et de gauche le fragment conservé : au centre, une demi-rosette supporte un bouton vertical. — Décor de chevrons sur les plates-formes, d'oves en haut de la couronne, d'écailles et d'oves allongés, séparés par des lignes de pointillé à la partie inférieure.

74 (7089). — Haut., 6·7 (du sabot, 2·5). Attache, 3. sur 2·8. Ep., 0·65.

Pied de cheval, supportant directement une attache courbe et de forme rectangulaire.

75 (7089). — Haut., 6·7. Attache, 7·5 sur 2·8. Vase, 2·5 sur 2·7.

Semblable, un morceau du vase est collé à l'attache et décoré de spirales réunies deux à deux. (Cf., pour ce motif fréquent, une amphore de Milo, Εφημ. Ἀρχαιολ., 1894, pl. 12-4).

76 (7092). — Haut., 6·2. Larg., 6 sur 3. Ep., 0·5,

Semblable, le sabot rond et non fendu.

77 (7091). — Haut., 8. Larg., 10 sur 4·2. Ep., 0·6.

Semblable, le sabot fendu.

78 (7090). — Haut., 6. Larg., 3·5 sur 2·5.

Semblable, l'attache relevée et tordue.

79 (7093). — Haut., 5·7. Larg., 6 sur 3·2.

Semblable.

80 (7085). — Haut., 8 (de la base, 0·5). Larg., 4·7 sur 5·3. — Fig. 8.

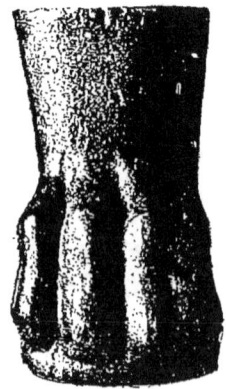

Fig. 8 (**80**).

Pied de lion, de forme archaïque, plus primitive encore que le n° 66, les griffes non exprimées, les doigts posant sur une base arrondie. La jambe rigide est coupée par une section plane et percée de cinq trous dans lesquels entraient les tenons.

Peut-être, malgré le nombre et le peu de diamètre des goujons, faut-il voir là un pied de grand trépied, comme notre n° 52 et OLYMPIA, pl. XLVIII, 812, p. 126. Dans ce cas, deux des tiges montantes auraient une base double.

81 (7063). — Haut., 6·3 (du pied, 1).

Pied et jambe de lion, terminés à la partie supérieure par une simple palmette, une seconde lame d'attache partant par derrière au-dessus du genou.

Cf. CARAPANOS, pl. XLI, 4, p. 84.

82 (7057). — Haut., 10 (de la palmette, 2·8). Larg., 6 (de la palmette, 4).

Semblable, la jambe plus musclée, la palmette encadrée par une double volute ionique.

83-4 (7060-1). — 2 exemplaires. — Haut., 8·2 (de la palmette, 2·5). Larg., 5·7 (de la palmette, 2·8). Semblables.

85 (7062). — Haut., 7·1. Larg. 2·5.

Semblable, une barre transversale reliant les centres des volutes.

86 (7051). — Haut., 11 (de la palmette, 3). Larg., 6·3 (de la palmette, 3·3).

Semblable, les volutes en forme d'ailettes.

87 (7052). — Haut., 11 (de la palmette, 3). Larg., 6·3. — Un des côtés tordu.

Semblable, la palmette mieux gravée et une seconde, plus petite, opposée vers le bas. Les volutes sont reliées par une barre et se recoquillent en spirales de droite et de gauche.

88 (7053). — Haut., 9·8 (de la palmette, 3). Larg., 7 (de la palmette, 3·5). — Un des côtés cassé.

Semblable, la barre croisillée.

89 (7054). — Haut., 11 (de la palmette, 3). Larg., 8·2 (de la palmette, 3·2).

Semblable, la barre simple, les griffes plus aiguës.

90 (7055). — Haut., 10·4 (de la palmette, 2·6). Larg., 6·2.

Semblable, la barre croisillée.

91 (7056). — Haut., 10·3 (de la palmette, 3·1). Larg., 6·3 (de la palmette, 3·6).

Semblable.

92 (7058). — Haut., 9·8 (de la palmette, 3·7). Larg., 6·7 (de la palmette, 3·6).

Semblable.

93 (7059). — Haut., 12 (de la palmette, 3·1). Larg., 6 (de la palmette, 3·1). Diam. de la base, 1·8. — Fig. 9.

Semblable, la barre simple, mais l'exemplaire plus orné,

des têtes de clous saillant au milieu des spirales et de courts

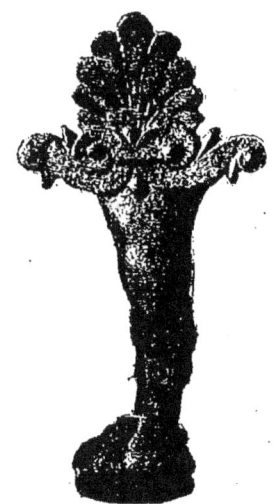

Fig. 9 (93).

éperons se détachant haut et bas des volutes. — Les griffes posent sur une base ronde

94 (7071). — Haut., 4·5. Larg., 5·5. — L'attache cassée.

Griffes simples surmontées de deux volutes ioniques (n° 68).

95 (7076). — Haut., 6·5 (de la palmette, 4·5). Larg. 5·5.

Semblable, avec un croisillé au-dessus de l'échine, l'attache en forme de palmette.

96 (7070). — Haut., 6·5 (de la palmette, 2·5). Larg., 5·5.

Semblable, sans barre transversale, l'échine ornée d'oves séparés par des dards (n° 68).

97 (7077). — Haut., 12·6 (de l'attache, 2·6). Larg., 9·3 (de l'attache, 8·6). — Fig. 10.

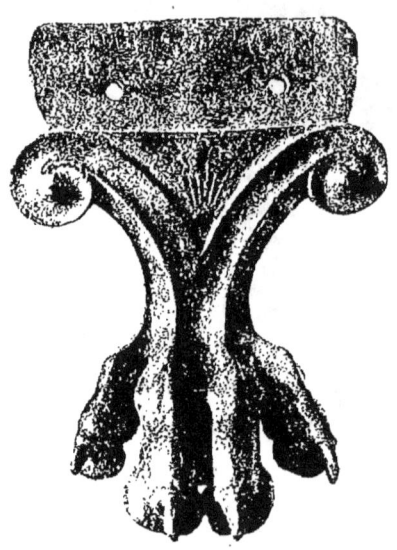

Fig. 10 (**97**).

Semblable, les spirales des volutes prolongées vers le bas et se croisant à l'attache des griffes, une palmette étant gravée dans le triangle ainsi formé. — La lame d'attache, rectangulaire, est percée de deux trous.

98 (7075). — Haut., 3·5 (de l'attache, 2·2). Larg., 3·7.

Semblable, deux demi-palmettes éployées horizontalement au-dessus des volutes. — L'attache est de forme rectangulaire (n° **97**).

99 (7064). — Haut., 5·7 (de la palmette, 2·5). Larg., 7·5 (de la palmette, 5). — La palmette d'attache cassée.

Semblable.

100 (7065). — Haut., 4·5. Larg., 7·2. — L'attache cassée de même.

Semblable, lourd et à inscriptions irrégulières.

101 (7074). — Haut., 7·5 (de l'attache, 2·5). Larg., 5·5 (de l'attache, 3·8). — Fig. 11.

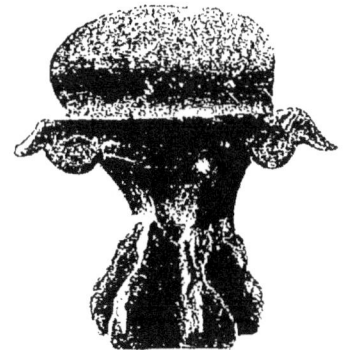

Fig. 11 (**101**).

Semblable, les demi-palmettes remplacées par deux éperons divergents. — L'attache est de forme arrondie.

102 (7069). — Haut., 6 (de la palmette d'attache, 4·7). Larg., 6·7 (de la palmette, 3·2). — Les pointes cassées.

Semblable.

103 (7067) — Haut., 6·8. Larg., 10·2. — La palmette et les éperons cassés. — Semblable.

104 (7072). — Haut., 5·1 (de la palmette, 3·5). Larg., 7·7 (de la palmette, 5·5).

Semblable.

105 (7066). — Haut., 4·5 (de la palmette, 3·2). Larg., 7·6 (de la palmette, 5·5).

Semblable.

106 (7079). — Haut., 11. Larg., 3·5 (de l'attache, 7.). — Les éperons et l'attache cassés.

Semblable, sur base carrée, de proportions plus élancées.

107 (7068). — Haut., 7. Larg., 2·5 à 3·7. Ep., 1. — Cassé avant l'attache.

Griffes surmontées de bandes horizontales.

108 (7078). — Haut., 4·5. Larg., 4·4.
Cassé de même, sur base mince.

3. VASES A PANSE PROFONDE (109-177)

VASES DE SUBSTITUTION

109 (7044). — Haut., 4·4 (du pied, 0·2). Diam., 6·4 (du pied, 2·2). Ep., 0·3. — Une anse cassée. — Fig. 12.

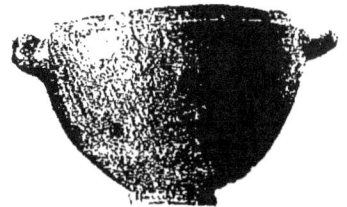

Fig. 12 **(109)**.

Skyphos de substitution, à pied bas et à anses horizontales, le rebord en retrait. Le pied est fixé à la panse par un clou conservé.

110 (7046). — Haut., 4·4. Diam., 6 (au bord, 4·7). — Le pied cassé.

Bol semblable, plus renflé, et terminé en pointe vers le bas où un clou le fixait. Oves gravés sous le rebord.

111 (7050). — Haut., 4·7 (du rebord, 1·4). Diam., 5·2.

Semblable, non terminé en pointe et surmonté d'une épaule concave (fixé comme les n⁰ˢ 109, 110).
Peut-être faut-il voir dans ces vases des godets de candélabres.

112 (7049). — Haut., 5·6 (du goulot, 1·4). Diam., 5 (du col, 2·5). — Une des anses cassée.

Sorte de gourde ronde, à goulot évasé, le col muni de deux petites anses de suspension, l'orifice bouché par un clou.

113 (7047). — *J. of Hellen. Stud.*, 1892-3, pl. VII, 56, p. 128. — Haut., 5·5 (du goulot, 1). Diam., 5·5 (du goulot, 2·3.

Semblable, avec tenon inférieur. — Une inscription est gravée en spirale sur la panse.

   ΙΓΟΦΟΝΜ

  ϽΟΙΙΑΙ ΟΡΕΙ ΟͰ

    ΟΧΟ Ͱ ΙΙ Ν

La restitution de M. Bather (]όφῶν μ'[ἀνέθηκε Διὸς γλαυ]κώπιδι [κ]ούρηι) est singulièrement hypothétique.

114 (7048). — Haut., 6 (de la panse, 4·7). Diam., 4·1 (du col, 1). — Fig. 13.

Vase en forme de grenade porté sur un pied bas et surmonté d'un orifice étroit.

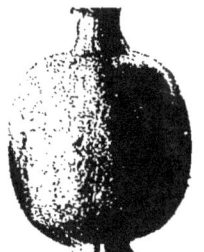

Fig. 13 (114).

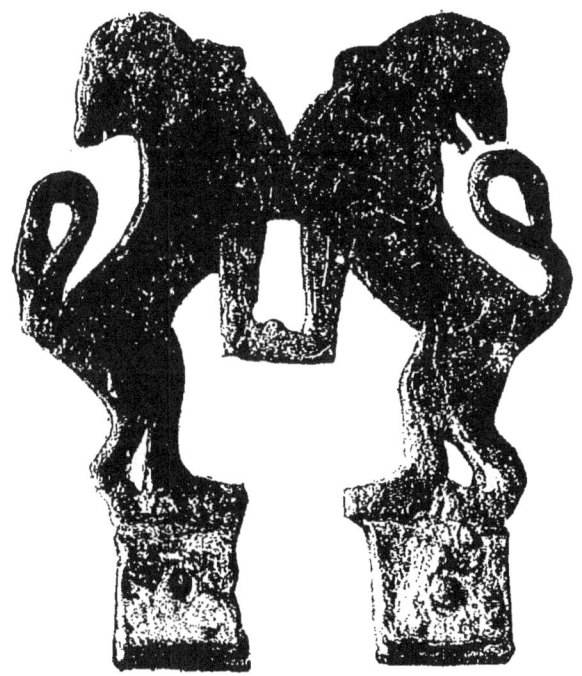

Fig. 14 (115).

VASES A PANSE PROFONDE

D'innombrables fragments de grands vases ont été trouvés sur l'Acropole. La plupart sont aisés à reconstituer d'après les anses qui suivent.

ANSES VERTICALES

115 (6648) [1489]. — Polytechneion, 797. — Haut, 8·7. Larg., 9·5. Bases, 2·3 sur 1·9. Ep., 0·4. — Fig. 14.

Plaque découpée servant d'anse. — Deux lions dressés, la tête retournée en arrière, les pattes de devant, dont l'une seule est figurée, réunies par les griffes. Deux plaques carrées, percées d'un trou rond, servaient d'attache.

Des traits gravés et des cercles estampés marquent les muscles et les détails du corps. — La tête, canine et frisée, rappelle certains vases corinthiens.

116 (7159). — Haut., 5·7 (de la palmette, 4·4, de la tête, 3·7). Larg., 8·5. — Cassé à droite, la palmette à demi conservée.

Anse verticale, en forme de cadre rectangulaire, dont la partie gauche est seule conservée. La barre supérieure du rectangle se termine par une tête de bélier primitive et regardant vers l'extérieur. La tige verticale s'attachait à la panse par une palmette.

Pour cette sorte d'anse, cf. Olympia, pl. XXXV, 644, p. 93.

117 (sans n°). — Haut., 8·2 (de la tête, 3.). Diam., 1. — Cassé en bas et à droite. — Fig. 15.

Fragment d'une anse semblable. La tête, de lion (?), très primitive, regarde de même à gauche, le long côté du cadre partant seulement en bas du col. Sur le corps cylindrique, excroissances en forme de mamelons.

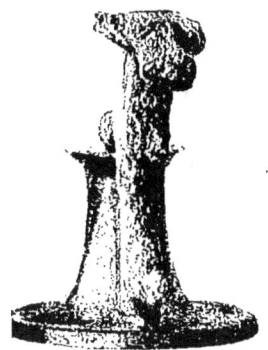

Fig. 15 (117).

118 (7121). — Larg., 7·6 (intérieure, 6). Haut., 8·2 (de la palmette, 5). Diam. des rondelles, 1·6 (des demi-rondelles, 2·1).

Poignée rectangulaire, fixée par une palmette. Des quatre rondelles, placées près des angles du cadre, deux sont entières à la partie mobile (supérieure) de la poignée. Les deux inférieures, de section mi-circulaire, sont en forme de têtes de serpents.

Cf. OLYMPIA, pl. L, 827, p. 132. Le type des rondelles se rapproche d'OLYMPIA, pl. LV, 916, p. 146.

119 (7139). — Haut., 9·5 (de la palmette, 5·5). Larg., 9·8 (entre les rondelles, 5·8). Ep., 2·3. — L'anse cassée.

L'épaisseur et le style de la palmette la rapprochent du n° précédent.

120 (7197). — Haut., 5·7 (du corps, 2·8). Diam., 3·4. — L'anse cassée, ainsi que la moitié de la barre horizontale. — Fig. 16.

Attache d'anse, faite d'un corps de lion enroulé en demi-cercle, la tête allongée sur les pattes de devant. Le même

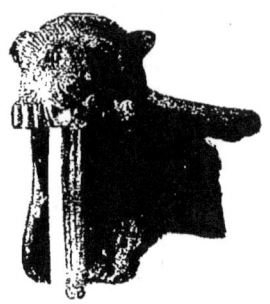

Fig. 16 (**120**).

motif se répétait à l'extrémité non conservée de la barre transversale et une palmette pendait au milieu.

Cf. l'anse toute pareille d'OLYMPIA, pl. L, 831, p. 132 et *Bronzi Cretesi*, pl. XII, 4 (*Museo Italiano*, II, 725).

121 (7123). — Haut., 8 (de la palmette, 4). Larg. de l'anse, 7·1 (de la palmette, 2·7). Ep., 0·25 à 0·65.

Anse ovale à deux rondelles, dont les bouts entrent à la partie supérieure d'une palmette.
Inscription en pointillé :

ᎪΝ ἀν[έθηκεν]

L'applique se rapproche d'OLYMPIA, pl. L, 840, p. 133. — Cf., pour ces anses sur l'Acropole, *J. of Hellen. Stud.*, 1892-3, p. 236,4.

122 (7120). — Haut., 9·4 (de la palmette, 4·2). Larg. de l'anse, 9·6 (de l'attache, 5·6). Ep., 0·3 à 1·5.

Semblable, plus ornée, la demi-bobine d'applique plus distincte de la palmette, avec spirales à jour à la naissance des feuilles. Une barre avec croisillé relie horizontalement les volutes.

123 (7110). — Haut., 6 (de la palmette, 4·7). Larg., 6·2 (de la palmette, 4·5). Ep., 0·4 à 1·2. — L'anse cassée.

Semblable, de forme simple.

124 (7109). — Haut., 6·4 (de la palmette, 5·3). Larg., 3·5. Ep., 0·4 à 1.

Semblable, les centres des volutes reliés par une barre transversale.

125 (7108). — Haut., 8·7 (de la palmette, 6). Larg., 5 à 6. Ep., 0·45 à 1·4. — Fig. 17.

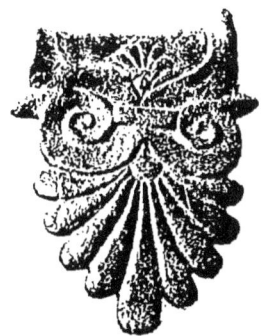

Fig. 17 (**125**).

Semblable, les volutes détachant de droite et de gauche deux éperons, avec palmette gravée au-dessus de la barre transversale.

126 (sans n°). — Larg., 5·7. Haut., 2·9. — L'applique entièrement cassée. — Semblable.

127 (sans n°). — Larg., 5·5. Haut., 4·3. Diam., 0·6. — Semblable.

128 (sans n°). — Haut., 5. Larg., 4·7. Ep., 0·3. — Le bas de la palmette seul conservé.

Comme le n° **124**.

129 (7122). — Haut., 11 (de la palmette, 4·5). Larg., 8·5 (de l'attache, 4·5.) — Deux exemplaires.

Semblable, légèrement échancrée, avec une seule rondelle médiane, la bobine d'attache ornée de trois lignes transversales de grènetis et la palmette de forme simple.

Cf., pour la forme de l'anse, OLYMPIA, pl. L, 835, p. 133, pour la demi-bobine, *ibidem*, 848, p. 135.

130 (7118). — Haut., 8·1. Larg., 5·2 (de l'attache, 4·6). — La palmette cassée.

Semblable, franchement ovale, l'attache simplement striée de traits transversaux.

131 (7115). — Haut., 7·2 (de la tête, 3·8). Larg. de l'anneau, 5·4 (de la tête, 3·1). Ep., 0·5 à 1.

Semblable, à deux rondelles, l'applique en palmette remplacée par une tête de lion, les pattes pendantes. — Type très primitif, presque de félin, le museau triangulaire, les yeux ronds et les oreilles à peine visibles, les pattes embryonnaires.

Cf. CARAPANOS, pl. XLV, 7, p. 88, 223. — OLYMPIA, pl. L, 839, p. 133. — POLYTECHNEION, 36-8. — Le type se retrouve sur les vases ioniens primitifs, cf. l'hydrie de Vulci (Polledrara), *J. of Hellen. Stud.*, 1894, pl. VII, p. 208.

132 (7114). — Haut., 7·8 (de la tête, 4). Larg. de l'anneau, 6·8 (de la tête, 3·1). Ep., 0·4 à 0·8.

Semblable, le museau plus arrondi.

133 (7106). — Haut., 3·6. Larg., 3·5. Ep., 0·5 à 0·9. — L'anneau non conservé.

Semblable, le mufle très aplati à la partie inférieure.

134 (7097). — Haut., 4·6. Larg., 4·1. Ep., 0·3.

Semblable, avec double bélière à la partie supérieure, les contours du mufle arrondis.

L'anse devait venir d'une situle, comme les n^{os} **150-1**, cf. POLYTECHNEION, 39 (8196).

135 (7112). — Haut., 9·3 (de la tête, 5·5). Larg., 8·2 (de la tête, 3·8). Ep., 0·7 à 1·2.

Comme le n° **131**, mais de style plus développé, le mufle caractéristique et les pattes pendantes. — Cf. les exemplaires d'Olympie et de Dodone cités plus haut (n° **131**).

136 (7113). — Haut., 9 (de la tête, 5·5). Larg. 7·2 (de la tête, 4·8). Ep., 0·7 à 1·1.

Semblable, de style développé, la demi-bobine d'attache séparée de la tête et striée de traits transversaux.

137 (7102). — Haut., 4·3. Larg., 4. Ep., 0·5 à 1. — L'anse non conservée.

Semblable.

138 (7100). — Haut., 5·2 (de la tête, 4·3). Larg., 5. Ep., 0·5 à 1. — Fig. 18.

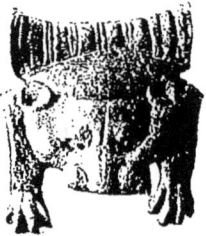

Fig. 18 (138).

Semblable.

139 (7098). — Haut., 4. Larg., 3·6. Ep., 0·6 à 1. — Semblable.

140 (7099) — Haut., 5·5 (de la tête, 5). Larg., 4·2. Ep., 0·6 à 1. — Les pattes non conservées.

Semblable, la crinière figurée, encadrant le mufle de droite et de gauche, avec touffes hérissées de sens contraire en haut du front.

Cf. CARAPANOS, pl. XLV, 8, p. 88.

141 (7105). — Haut., 5·8. Larg., 5·2. Ep., 0·7 à 1·2. — La patte gauche cassée.

Semblable, la bobine d'attache non décorée, la crinière simplement figurée par des traits parallèles, comme dans CARAPANOS, pl. XLV, 7, p. 88.

142 (7104). — Haut., 6 (de la tête, 4·2). Larg., 4·7. Ep., 0·6 à 1·4.

Semblable, la crinière traitée en haut du front par touffes triangulaires juxtaposées.

143 (7103). — Haut., 5·3. Larg., 4·4. Ep., 0·5 à 1·2.

Semblable, les touffes emmêlées (n° **140**).

144 (7101). — Haut., 5·1. Larg., 4·5. Ep., 0·5 à 1.

Semblable, la crinière de forme arrondie.

145 (6672). — Long., 8·2 (de la tête, 3·8). Larg. du demi-cercle, 2·4. — Cassé aux jambes. — Fig. 19.

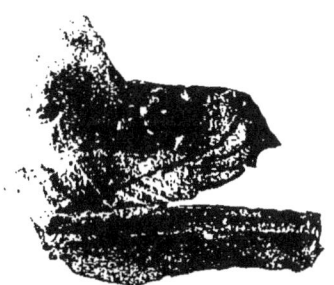

Fig. 19 (**145**).

Fragment d'anse, ornée d'oves entre grènetis, fixée par une protome de cheval ailé, à gauche, la tête en avant et presque de face, le rebord du chaudron en partie conservé.

146 (6673). — Long., 15·5 (de la tête, 5·8, de la patte, 10·8). Haut., 14 (de la patte, 6). Larg. de la couronne, 3·4. — La jambe cassée au canon. — Fig. 20.

Semblable, la partie inférieure, en patte d'enveloppe, fixée par trois clous sur la panse mince, en partie conservée. — La tête du cheval est de profil à gauche et l'anse, au lieu de commencer à l'aile, part de la droite de l'attache. Même style, avec bordure inférieure de zigzags.

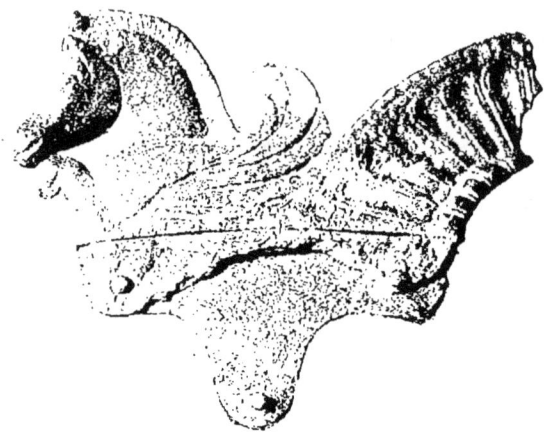

Fig. 20 (**146**).

147 (6674). — Larg., 5·3. Haut., 5. Ep., 0·6 à 1. — Cassé à droite, l'anse non conservée. — Fig. 21.

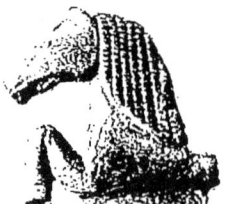

Fig. 21 (**147**).

Protome semblable, non ailée, la tête plus fruste, la crinière tombant en tresses tuyautées.

148 (6674) [1488]. — Larg., 10·5 (de la patte, 7·5, de la couronne, 2·4). Haut., 7·7 (de la patte, 3). Ep., 0·45.

Attache *droite* d'une anse comme celle du n° **146**. Le cheval n'est pas ailé, mais les deux pattes sont figurées, toutes deux ployées au genou, la droite repliée sous le corps.

149 (6647) [1490]. — Trouvé au Sud du Parthénon. *Deltion*, 1888, p. 154. — *B. C. H.*, 1889, 149. — Haut., 12. Larg., 17. (de l'attache, 6.). Diam. des rosettes, 2·6. — L'attache de gauche et les griffes du lion cassées. — Fig. 22.

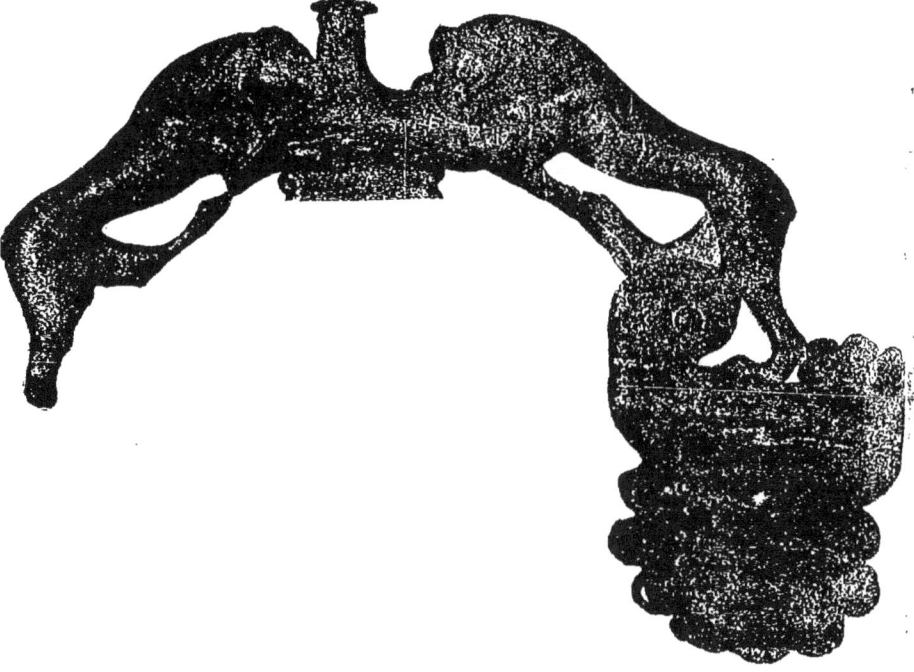

Fig. 22 **(149)**.

Anse formée par deux lions dévorant une antilope. L'attache était de part et d'autre une palmette, surmontée d'une rosette et d'une volute en coquille. Les lions sont de beau style, la tête petite, la crinière courte.

Le motif, très ancien, décore un chapiteau trouvé à Delphes. (*B. C. H.*, 1894, p. 185).

ANSES DE SITULES

150 (7144). — Haut., 5. Larg., 6. Diam. des bélières, 1. — Les ailes, surtout la droite, mal conservées. — Fig. 23.

VASES A PANSE PROFONDE

Applique en forme de cygne, les ailes éployées, le bec baissé et servant de crochet. Deux bélières à la partie supérieure servaient à suspendre la situle.

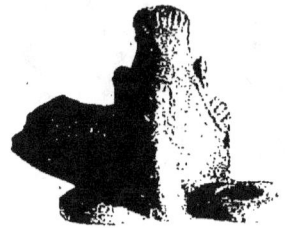

Fig. 23 (**150**).

Pour la forme du vase, cf. POLYTECHNEION, 39 (8196). — Pour ces anses sur l'Acropole, cf. le n° **134** et *J. of Hellen. Stud.*, 1892-3, p. 236, 2°.

151 (7438). — Haut., 10·8 (de l'applique, 7.). Larg., 8. Ep., 1·5.

Applique semblable, demi-circulaire, suspendue à une tige horizontale, avec bélière au milieu et deux arrêts de part et d'autre. Décor gravé d'oves et de pétales, avec semis de points.

Cf. OLYMPIA, 868, p. 139.

ANSES DE COUPES

152 (7432). — Long., 8·3. Haut., 3.

Anse très simple, faite d'un bouton, d'où partent deux tiges rectangulaires, soudées au col ou à la patère par leurs extrémités renforcées (très nombreux exemples sur l'Acropole).

Pour cette forme très ancienne, déjà usitée dans la poterie mycénienne et rhodienne, cf. OLYMPIA, pl. LV, 926, p. 147-8 et une coupe profonde et sans pieds d'Ergotimos, *Wiener Vorlegeblætter*, 1888, pl. IV, 2°.

ANSES HORIZONTALES

De ces anses, quelques-unes, comme le n° 155, sont trop fortes et trop massives pour avoir simplement servi à soulever un vase : elles peuvent être des poignées de meuble ou de porte. D'autres, comme le n° 156, ressemblent aux anses horizontales d'hydries : mais, comme elles peuvent aussi bien s'appliquer à la panse de grands chaudrons ou de kalpès, je ne les ai pas réunies aux n°ˢ 162 et suivants.

153 (7131). — Long., 13·4 (des mains, 3·4). Larg. maxima, 1·5. Diam. du bouton, 2·1. Haut., 2. — Une des mains cassée au bout.

Anse à bouton central, fixée à la panse par deux mains aplaties et percées d'un clou.

154 (7158). — Long., 21 (des mains, 7). Larg., 3·5. — Fig. 24.

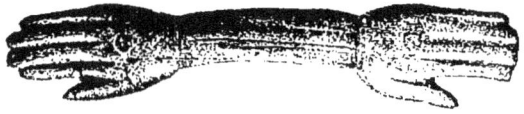

Fig. 24 (154).

Semblable, sans bouton central, striée de cannelures longitudinales avec bande décorée au poignet.

155 (7147). — Long., 15·5 (entre les attaches, 6·5. Larg. des attaches, 6. et 10. (de l'anse, 6·8 et 8·3). Ép., 0·4.

Poignée fixée par deux solides attaches trapézoïdes avec trou de forme rectangulaire où entraient les tenons. L'anse même, entourée d'un rebord, s'élève à 6. au-dessus de la base des attaches et s'élargit singulièrement en son milieu.

156 (7148). — Larg., 14 (entre les palmettes, 8). Haut. des palmettes, 4·5. — Fig. 25.

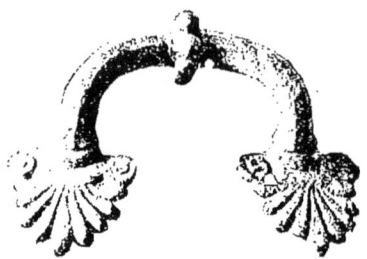

Fig. 25 **(156)**.

Anse horizontale s'appliquant de droite et de gauche par une palmette ionienne à pétales saillants. Au milieu de la poignée, rondelle à huit boules saillantes.

Cf. OLYMPIA, pl. LV, 919, p. 147.

157 (7149). — Larg., 18·4 (entre les palmettes, 5·8.) Haut. des palmettes, 6·5.

Semblable.

158 (7150). — Mêmes dimensions.

Semblable, une des palmettes non conservée.

159 (sans n°). — Larg., 5·6. Haut., 2. — Une des palmettes brisée.

Semblable, striée en torsade.

160 (7136). — Larg., 12·5. Diam. des rondelles, 5·5.

Anse semblable, non striée, s'appliquant par deux sortes de rosettes. — Cf. OLYMPIA, pl. LV, 919, p. 147.

161 (7137). — Long., 14. Diam. des disques, 5·5.

Anse différente, dont la partie supérieure, échancrée, s'applique au bord supérieur d'un vase profond.

Cf. Friedericus, 1394-6. — Olympia, 922, p. 147.

HYDRIES DE SUBSTITUTION

Les hydries, cruches, amphores, œnochoés, se distinguent par l'embouchure des chaudrons et situles.

Aussi ai-je réuni non seulement les modèles réduits, mais les anses des vases à grand col.

162 (7039). — Haut., 6·3 (du vase, 5·2). Diam., 3·4 (du bord, 3·1). — Fig. 26.

Hydrie de substitution, ornée de traits parallèles au col, d'oves allongés à l'épaule, de chevrons et de doubles traits parallèles sur la panse. — Motif de palmettes sur les poignées horizontales, de champs décorés d'oves sur l'anse verticale.

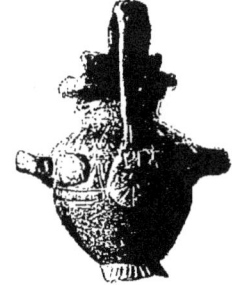
Fig. 26 (**162**).

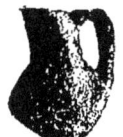
Fig. 27 (**163**).

163 (7041). — Haut., 3·3. Diam., 1·3 (de l'anse, 2·5). — Fig. 27.

Cruche de substitution, à une anse verticale.

164 (7040). — Haut., 4·2 (de la panse, 3.). Diam., 3·1 (de l'orifice, 1·9). — Fig. 28.

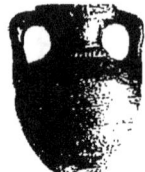

Fig. 28 **(164)**.

Amphore de substitution, striée de trois bandes horizontales.

Il ne serait pas impossible que ce vase servît de pendeloque.

Cf. OLYMPIA, p. 62. — GOZZADINI, *Marzabotto*, p. 59.

ANSES VERTICALES D'HYDRIES

165 (7135). — Larg., 11·4 à 9·3. Haut. à la tête, 4·5. Diam. des rondelles, 3. — Fig. 29.

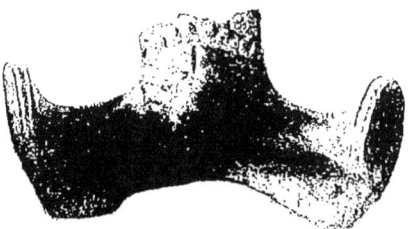

Fig. 29 **(165)**.

Attache supérieure d'une anse verticale d'hydrie, échancrée de manière à être fixée sur le rebord, et terminée de droite et de gauche par deux rondelles dressées, ornées d'oves sur la tranche et de rosettes sur le plat. Au milieu, tête de lion de style archaïque, regardant vers l'intérieur du vase.

OLYMPIA, pl. LIV, 898, p. 144. — Cf., pour ces anses sur l'Acropole, *J. of Hellen. Stud.*, 1892-3, p. 236.

166 (7140). — Haut., 9 (de la tête, 4·7). Larg., 7·7. Diam. des disques, 2·9. — L'anse cassée à mi-hauteur. — Fig. 30.

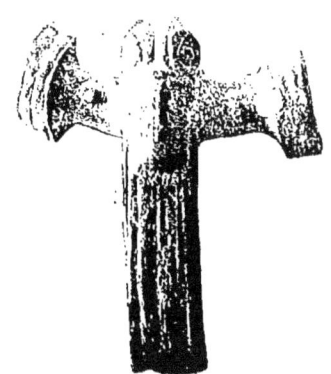

Fig. 30 (**166**).

Semblable, avec une tête de cygne au milieu, les rondelles remplacées par des demi-disques, l'anse verticale simplement décorée de cannelures parallèles. — Il ne semble pas que l'anse ait affleuré au bord du vase : une poignée mobile paraît avoir passé par l'attache supérieure.

Pour la tête, cf. OLYMPIA, pl. LIV, 897, p. 144.

167 (7134). — Larg. actuelle, 15·5. Haut., 6. Ep., 0·6. — La moitié de l'attache supérieure conservée.

Semblable, la tête de lion à l'extrémité et non plus au milieu de l'attache supérieure. La tête, la gueule ouverte, est de style plus libre que le n° **165**.

Cf. OLYMPIA, pl. LIV, 895, p. 144.

168 (6584). — *J. of Hellen. Stud.*, 1892-3, p. 238, fig. 9. — Long. de la corde, 8·5 (des Apollons, 6·5, des têtes, 1·4). Larg., 2·2. Ep., 0·3 à 1·8. — Les deux figurines cassées aux genoux. — Fig. 31 et 32.

Deux « Apollons », opposés par la tête, les bras pendants,

les mains aux cuisses, décorent la surface visible de l'anse verticale (supprimée sur l'une des figures). — La tête, coiffée d'une sorte de diadème est de type curieux, encadrée

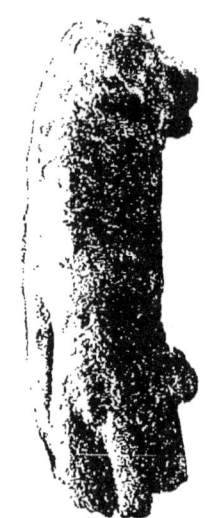

Fig. 31 (**168**).

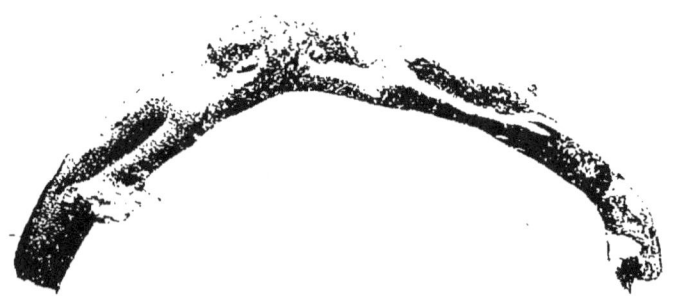

Fig. 32 (**168**).

par la masse tuyautée des cheveux. La bouche en arc, les yeux triangulaires rappellent les Sphinx de l'Acropole (Ἐφημ. Ἀρχαιολ., 1883, pl. 2). — Deux contreforts, saillants à chaque extrémité, assuraient la solidité de l'anse.

M. Bather rapproche un vase du Musée de Naples (73144).

169 (6781). — Larg., 12 (de la palmette, 8·1). Haut., 6 (de la palmette, 4·2). — Cassé de tout côté. — Fig. 33.

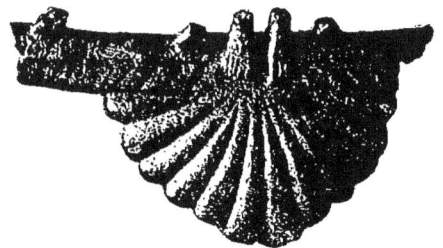

Fig. 33 (169).

Lame horizontale, dont la moitié inférieure est striée de traits obliques, et d'où part une palmette à pétales saillants. — Deux pieds d'homme, cassés aux chevilles, sont soudés sur la lame d'attache. A droite et à gauche, des pieds d'animal (de lion?) s'éloignent du motif central.

Cf. l'applique de l'hydrie de Græchwyl (*Archæol. Zeit.*, 1854, pl. 63-1) et celle de la *raccolta cumana* (*Annali*, 1880, pl. IV, 2). — La figurine devait, d'après la position des pieds, être analogue aux « Apollons ».

170 (7144). — Long., 11·5. Larg., 4·8. Ep., 0·6. — Cassé haut et bas.

Fragment d'anse verticale cannelée.

171 (sans n°). — Haut., 8. Larg., 3 (de l'anse, 2·8). — Cassé en haut.

Attache d'une anse semblable, striée de trois cannelures avec grènetis, l'applique faite d'une palmette. — Cf. OLYMPIA, pl. LIV, 899, p. 144.

172 (sans n°). — Larg., 6·5 (de la palmette, 3·8). Haut., 5. Ep., 0·25. — L'anse cassée dès l'attache.

VASES A PANSE PROFONDE 59

Semblable, la palmette comme dans le n° suivant.

173 (sans n°). — Haut., 7·5. Larg., 6. — Cassé en haut. — Fig. 34.

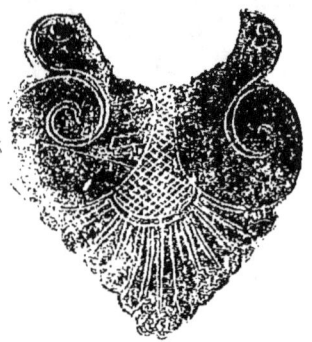

Fig. 34 (173).

Semblable, la palmette en forme de cœur et seule en partie conservée.

Cf., pour la palmette gravée et les ornements treillissés entre les volutes, les deux appliques OLYMPIA, pl. LIV, 901-2, p. 145.

174 (7111). — Haut., 4·5. Larg., 6·5. Ep., 0·3. — Cassé en haut.

Bas de palmette semblable, les pétales en relief.

175 (sans n°) [1917]. — Haut., 9·3. Larg., 7·5. — Cassé à gauche et en haut.

Palmette, surmontée de deux spirales reliées par une barre transversale et qui enserrent une nouvelle palmette, plus petite, opposée à la première. Volutes horizontales de part et d'autre de l'attache.

Cf. OLYMPIA, pl. LV, 925, p. 147.

ANSES D'ŒNOCHOÉS

176 (7142). — Haut., 4·5. Larg., 4·5. Ep., 2·9. — La patte gauche cassée. — Fig. 35.

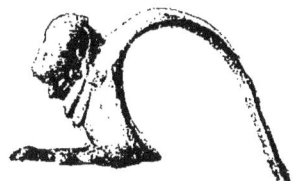

Fig. 35 (**176**).

Protome de bouc, les pattes écartées et soudées sur le bord supérieur d'une œnochoé à embouchure oblique. L'anse arrondie par derrière descend vers la panse où un clou la fixait. — La tête est stylisée. Boucle en spirale à l'attache du cou.

Cf., pour ces embouchures, POLYTECHNEION, 31 (7587). — MÉDAILLES, 1390.

177 (7143). — Haut., 6. Larg., 2·7. Ep., 0·7.

Fragment d'une anse semblable, mais large et cannelée, s'appliquant sur la panse par un boudin horizontal strié de traits transversaux. A la partie supérieure était accroupi un lion qui regardait vers l'intérieur.

4. — BASSINS PLATS ET PATÈRES (178-235)

BASSINS PLATS

Les anses qui suivent sont très fréquentes sur l'Acropole. Elles sont généralement formées d'une lame découpée et s'appliquent aux bords de bassins plats, suivant un plan parallèle à ses bords. Elles forment ainsi des oreilles par lesquelles on tenait le vase, et, comme elles sont d'ordinaire traversées d'une fente, elles servaient aussi à le suspendre.

178 (7178). — *J. of Hellen. Stud.*, 1892-3, pl. VI, 17, p. 126. — Long., 8·2 et 10·5. Larg., 4·2. Ep., 0·35.

Anse plate, en fragment de couronne, avec deux profondes échancrures à la partie supérieure, entre lesquelles est la découpure d'un triangle. L'attache, dans cet exemplaire et dans les suivants, est ménagée par une lame souvent brisée, oblique au plan de l'oreille, et fixée par des clous sur la tranche du vase.

Inscription :

ΠΟΛΥΚΛΕΣΑΝΕΘΕΚΕΝ   ΗΟΚΥΑΘΕΥΣΤΑΘΕΝΑΙΑΙ

Πολυκλῆς ἀνέθηκεν ὁ κυαθεὺς τἀθηναία

179 (7167). — Long., 9 et 10·2. Larg., 4.

Semblable, les deux côtés longs bordés d'oves gravés et pointés, les deux autres cernés d'un grènetis.

180 (7161). — Long., 9·5 et 12·1. Larg., 3·8.

Semblable, les échancrures moins profondes et plus rondes, avec un trou rond au milieu. — Zone de longs oves ornant l'attache et surmontée d'une ligne de grènetis.

181 (sans n°). — Long., 6·5. Larg., 4·5. Ep., 0·2. — Cassé à droite.

Semblable. — Rectangles et oves sur les bords, avec palmette gravée au milieu.

182 (7177). — *J. of Hellen. Stud.*, 1892-3, pl. VI, 18, p. 126-7. — Long., 9·7 à 11·3. Larg., 5·5.

Semblable, le bord extérieur renflé en son milieu, avec trois longues fentes intérieures en forme de bouton. — Sur les bords, l'inscription pentamétrique :

VXSAMEMEΛEKODAI

ε]ὐξαμένη δὲ κόραι

183 (7175). — *J. of Hellen. Stud.*, 1892-3, pl. VI, 20, p. 127. — Long., 11·3 et 14·8. Larg., 5.

Semblable, le trou du milieu circulaire.

Inscription :

ϟΠΜ VKVΕΙΔΕSΑΜΕΘΕϟ

[ϑ]ρα[σ]υκλείδης ἀνέθη[κε.

184 (7172). — Long., 10 et 11·3. Larg., 6·7.

Semblable, la fente du milieu oblongue, mais de sens inverse. — Pointillé autour des trois fentes et grènetis sur les petits côtés, l'attache cernée de trois zones superposées de zigzags, de demi-cercles et de grènetis.

185 (7176). — Long., 10·3 et 11·6. Larg., 5·7. Ep., 0·3.

Semblable, les coins extérieurs échancrés, avec fente oblongue au milieu.

Inscription :

ΤΙΜΑΛΟΡι ιᛈ

$Τιμαγόρ[ας]$ ἀθηναία

186 (7171). — Long., 10·8 et 14·8. Larg., 5·5. Ep., 0·2.

Semblable, sans la fente médiane, les échancrures des coins profondes et obliques, les contours bornés d'oves.
La forme des échancrures permettait à l'aide de clous de fixer le bassin et suppléait à la fente médiane des nos 178-185.

187 (7169). — Long., 7·6 et 9·7. Larg., 4·5. Ep., 0·2.

Semblable, sans échancrures, avec un simple trou triangulaire. — L'attache est bordée d'oves, les coins extérieurs et le trou cernés de volutes en forme de palmettes.

188 (7163). — Long., 15·4. Larg., 4·3. Ep., 0·3.

Semblable, plus large et percée de trois fentes. Double zone superposée d'oves alternant avec des dards en pointillé, les zones séparées par un grènetis.

189 (7151). — Long., 9·5 et 11·5. Larg., 3·7. Ep., 0·35.

Oreille semblable aux précédentes, mais plus large et plus découpée. — Au milieu, bouton de lotus épanoui, sur lequel s'appuient à droite et à gauche deux palmettes ioniennes reliées au bouton par des volutes, de nombreuses fentes soulignant les spirales.

190 (7152). — Long., 10 et 11·5. Larg., 4·5. Ep., 0·3. — Fig. 36.

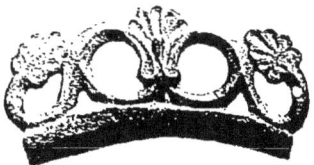

Fig. 36 (**190**).

Semblable, le bouton de forme différente et les pétales des palmettes en relief.

191 (7153). — Long., 13 et 14. Larg., 5·5. Ep., 0·15. — Cassé à droite. — Fig. 37.

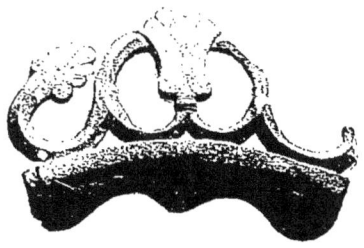

Fig. 37 (**191**).

Semblable, les palmettes gravées.

192 (7162). — Long., 13·5. Larg., 12·4.

Semblable, avec une palmette renversée au milieu.

193 (7165). — Long., 10·4. Larg., 6·5. — Un des boutons cassé (à gauche).

Semblable, le motif central formé d'une palmette renversée et flanquée de deux boutons de lotus, découpés et gravés.

194 (7170). — Long., 11 et 15·5. Larg., 4·5.

Semblable, formée de trois boutons épanouis et juxtaposés, séparés par des fentes oblongues.

195 (7164). — Long., 15·8. Larg., 5·5 à 6·2. Ep., 0·4.

Semblable, avec palmette centrale reliée par des volutes à deux boutons de lotus (n° 189, etc.), mais le tout gravé et l'anse non découpée.

196 (7166). — Long., 12·5. Larg., 4·5 à 6·8. Ep., 0·3.

Anse découpée faite d'une palmette centrale s'épanouissant à droite et à gauche en volutes.

197 (7173). — *J. of Hellen. Stud.*, 1892-3, p. 237, fig. 8. — Long., 14·6 et 15. Larg., 5·2. — Fig. 38.

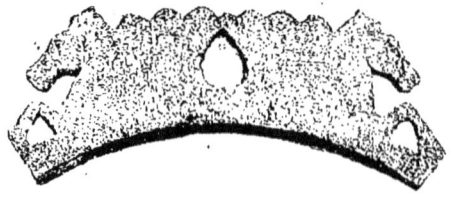

Fig. 38 (**197**).

Anse semblable, avec fente triangulaire au milieu, le bord supérieur découpé, les extrémités finissant de droite et de gauche en protomes de cheval, une patte pliée au genou (**145-8**). — Double zone d'oves séparés par des dards (**188**) et détails gravés dans les protomes.

198 (7168). — Long., 10·4 et 11. Larg., 4·4. Ep., 0·5.

Anse grossière, en demi-cercle à jour, accosté de deux tiges droites.

199 (7174). — *J. of Hellen. Stud.*, p. 237, fig. 7. — Long., 8·4 et 10·6. Larg., 5·5. Ep., 0·3.

Anse plate, composée de deux cols de cygne retournés en sens inverse et laissant entre eux une échancrure qui permettait de suspendre le vase.

200 (sans n°). — Long., 8. Ep., 0·7.

Fragment d'arc semblable.

201 (7130). — Long., 18·5 (entre les attaches, 6·5; des têtes, 2·7). Diam. du bouton, 2·1.

Longue anse horizontale arquée, surmontée d'un bouton central. Les extrémités se recourbent en volutes que terminent deux crochets en tête de serpent. Les volutes, dont la section est demi-circulaire, étaient de part et d'autre soudées sur la panse, les têtes de serpent regardaient à l'intérieur, et le bouton servait à soulever le vase.

Cf. OLYMPIA, pl. LV, 318, p. 146-7.

202 (7157). — Long., 21·5 (entre les volutes, 8·5). Diam. du bouton, 1·7.

Semblable, le bouton conique.

203 (7156). — Long., 18·8 (entre les volutes, 7·5). Diam. du bouton, 5·5. — Fig. 30.

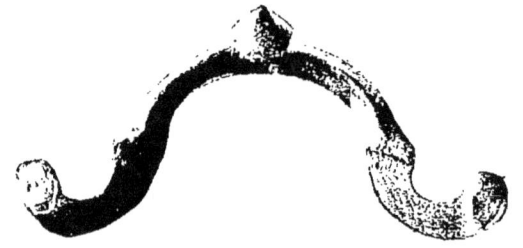

Fig. 30 (**203**).

Semblable.

204 (sans n°). — Long., 13·4 (entre les volutes, 6·5). Diam. du bouton, 1·1.

Semblable, avec bobines à l'attache des volutes.

205 (7119). — Long., 8.(de la tête, 2·1). Ep., 0·7. — Une des volutes conservée.

Fragment d'anse semblable.

206 (7128). — *J. of Hellen. Stud.*, 1892-3, p. 238-9, fig. 10. — Long., 17·5 (entre les attaches, 8·1, des têtes, 2·7). Diam. des rosettes, 2·3. — Fig. 40 et 41.

Semblable, avec trois rosettes saillantes au milieu et aux deux bouts. De droite et de gauche du bouton central, deux lézards accroupis sur l'anse. — Les volutes, terminées en têtes de serpents, ne servent plus d'attache : deux têtes de Gorgone y suppléent, qui étaient soudées en haut de la panse. L'anse

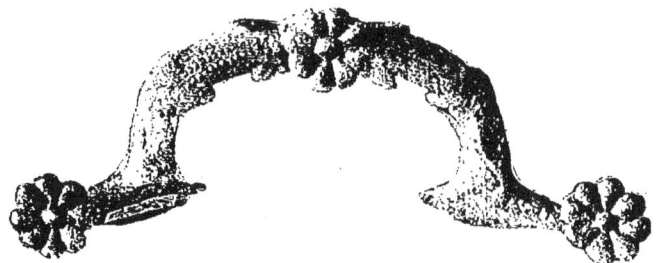

Fig. 40 (**206**).

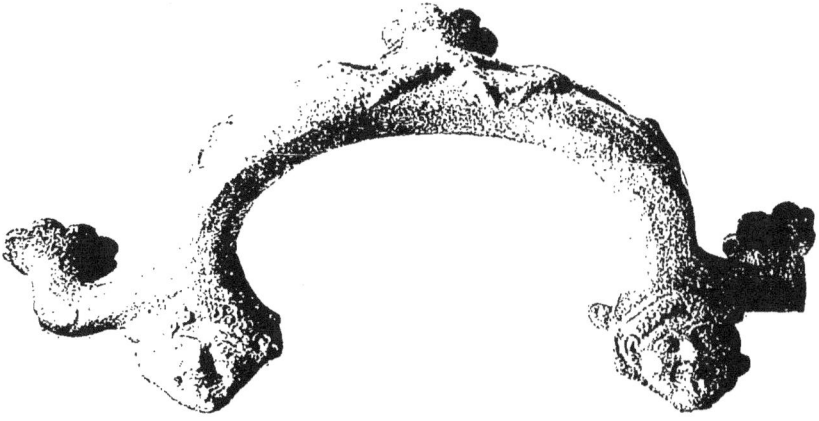

Fig. 41 (**206**).

se trouvait ainsi mieux séparée du vase, et, par suite, étant plus en relief, était exceptionnellement décorée.

207 (7133). — Long., 7 (du lion, 5·5). Larg., 1·3. — Fig. 42 et 43.

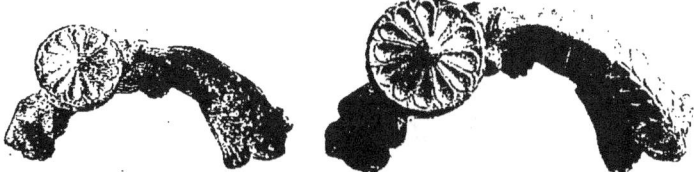

Fig. 42 (**207**).   Fig. 43 (**207**).

Semblable, la partie médiane seule en partie conservée. Les lézards sont remplacés par deux lions couchés, le muffle entre leurs pattes de devant, la crinière hérissée, comme écaillée.

208 (6719). — Long., 8·9 (du lion, 6). Larg., 1·7. — Fig. 44.

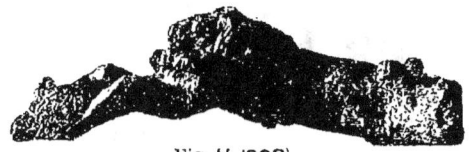

Fig. 44 (**208**).

Semblable, sans que la rosette centrale soit conservée, ni ait peut-être jamais existé. L'attache semble avoir ressemblé à celles des n°ˢ **201-5**.

209 (7126). — Long., 13·4 (entre les attaches, 7·2; d'une tête, 2·6). Ep., 0·45 à 0·65.

Anse plate, faite d'une lame en arc, clouée aux deux extrémités par deux attaches en pattes d'enveloppe. Sur la lame, des oves au trait, entre grènetis, simulent des écailles et deux têtes de serpents se recourbent vers l'intérieur de part et d'autre des attaches.

Cf. Carapanos, pl. XLV, 1, p. 88, 222.

210 (7127). — Long., 17·7 (entre les attaches, 17·1; d'une tête, 1·9). Ep., 0·5 à 0·8. — Cassé en deux parties. — Fig. 45.

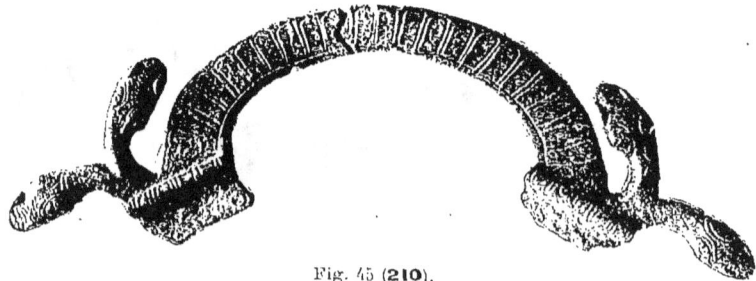

Fig. 45 (**210**).

Semblable, plus soigné, sans grènetis, et avec deux têtes à chaque patte.

211 (7124). — Long., 15·5 (entre les attaches, 5·2). Ep., 0·25 à 0·5.

Semblable, chaque attache ménagée par une volute flanquée d'une demi-palmette horizontale et la patte inférieure remplacée par une palmette. — Cf. CARAPANOS, pl. XLV, 1, p. 88, 222.

212 (7125). — Long., 26 (entre les attaches, 12·3). Haut., 10 Ep., 0·4 à 1. — La tête d'un cheval cassée. — Fig. 46.

Semblable, les palmettes en forme de cœur, et les attaches en protomes de cheval, une patte pliée au genou, la crinière traitée par tresses striées de traits obliques et alternants. (145-8, 197).

213 (sans nº). — Larg., 12 (de l'attache, 5·8; de l'arc, 2·1). — Cassé de tous côtés, la croupe du lion seule conservée.

Attache d'une anse semblable, l'arc orné d'oves transversaux entre deux grènetis et partant du milieu de l'applique. A droite, lion accroupi vers la gauche et dont les pattes devaient poser sur la couronne de l'arc.

214 (7129). — Long., 18 (entre les attaches, 9·7). Ep., 2. Diam. des bobines, 0·6.

Anse horizontale à cannelure profonde, appliquée par deux surfaces courbes, trois bobines soudées à l'extérieur.

215 (7154). — Long., 17 (entre les attaches, 8·5). Ep., 1·5. Diam. des bobines, 1·2.

Fig. 46 (**212**).

Semblable, non cannelée, avec demi-palmettes gravées s'éployant aux attaches.

216 (7160). — Long., 14·2 (entre les attaches, 5·5). Ep., 1·2.

Semblable, rectangulaire, deux palmettes, parallèles aux petits côtés du cadre, se détachant à l'extrémité des attaches. — Décor d'oves et de grènetis sur le cadre.

217 (7155). — Long., 13·5 (entre les attaches, 7·2). Ep., 1·3.

Semblable, le côté long du cadre légèrement concave.

PATERES

218 (sans n°). — *J. of Hellen. Stud.*, 1892-3, p. 247-8, fig. 19. — Long., 18. Haut., 2 à 4. — Cassé de toutes parts.

Bord de patère « phénicienne ». — A l'intérieur, torsade de postes séparés par des points.
Au-dessous court la scène estampée. Celle-ci comprend, de gauche à droite — un sphinx à gauche, l'aile à demi-recroquevillée de type « chypriote », la queue relevée, — une fleur de lotus épanouie sur laquelle est posé un épervier, — un sphinx à droite, la tête « égyptisante », surmontée du globe solaire entre les uræus, — une palmette caractéristique de l'*arbre sacré*, — un troisième sphinx affronté au second.
Pour le singulier mélange de styles qui caractérise ces patères, cf. la patère d'Olympie, POLYTECHNEION, 66 (7941) et PERROT, *H. de l'art*, III, p. 787 et suiv.

219 (7034). — *J. of Hellen. Stud.*, 1892-3, pl. VI, 9,

p. 126. — Diam., 15·6 (de l'omphalos, 4·5). — Déchiré et mal conservé.

Patère, dont l'omphalos est entouré de deux cercles concentriques. — A l'extérieur, bande gravée de croisillé entre grènetis. Au-dessous, pétales lancéolés en relief, étagés en trois champs.

Une inscription gravée :

HEPMONEPE.ANEΘEKENP   NAAI

Ἑρμογένη. ἀνέθηκεν ἀ[παρχὴν τάθη]νάαι

Cf., pour le motif (assyrien ?) des pétales, OLYMPIA, pl. LII, 880, p. 141. Un très grand nombre de ces phiales a été trouvé sur l'Acropole.

220 (7033). — Diam., 17·6 (de l'omphalos, 3·7). — Le rebord en partie détaché et l'omphalos enlevé.

Semblable, avec les mêmes pétales lancéolés, la bande gravée, ornée, depuis le bord, d'un grènetis — d'une zone de croisillé — d'une grosse torsade, avec points à mi-hauteur des spirales — de croissants parallèles et tournés vers la gauche.

Cf., pour la torsade, un vase de Milo, Ἐφημ. Ἀρχαιολ., 1894, pl. 12-4 — pour les croissants, des amphores de style géométrique récent trouvées en grand nombre à Egine.

221 (7035). — *J. of Hellen. Stud.*, 1892-3, pl. VI, 10, p. 126. — Diam., 19 (de l'omphalos, 4·1). Haut., 2 (de l'omphalos, 1·5). — Cassé, sur la moitié du rebord.

Semblable, sans bande gravée, les feuilles imbriquées, la nervure médiane réservée.

Inscription :

HIEPONTEЧ:ƎENA

222 (7032). — Diam., 17 (de l'omphalos, 3·6). Haut., 3·3 (de l'omphalos, 0·9).

Semblable, sans ornements. — Inscription très effacée, où l'on voit un A suivi plus loin d'un N, ἀ[θη]ν[αία].

223 (7036). — Larg., 4·8. Ep., 0·3. Haut., 2·7. — Cassé, sauf en haut.

Fragment d'une patère semblable. — Inscription :

ἀθη]να|ία

224 (7043). — Diam., 8·05 (de l'omphalos, 1·8). Haut., 3·5 (de l'omphalos, 0·7).
Patère simple.

225 (6953). — Diam., 11. Ep., 0·2. Larg. de l'anse, 8·2. — Cassée en plusieurs morceaux.

Écuelle plate. — L'anse, peut-être d'un autre vase, plus profond, s'applique par deux rondelles simples. Le bord est percé de clous à grosse tête.

MANCHES DE PATÈRES

Pour les manches en forme de figurines, cf. les n^{os} **703-729**.

226 (7199). — Long., 21·2 (du muffle, 3·5). Larg. à l'attache, 5·2. Diam. de l'anneau, 2·8 (minima, 1·8). — Cassé au bout. — Fig. 47.

Manche de patère, dont l'attache circulaire est ornée de

zigzags et flanquée de deux volutes. La largeur diminue graduellement jusqu'à l'attache du crochet où une palmette est gravée. Sur la tranche oblique de la patère était soudée une applique décorée d'un mufle de lion.

La partie supérieure est bordée d'une moulure concave, et légèrement creusée vers l'attache, afin qu'on y puisse mettre le doigt. — Inscription :

ΚΑΛΙΚΡΑΤΕΣΡΝΕΘΕΚΕΝ

Cf. Olympia, pl. LV, 924, p. 147.

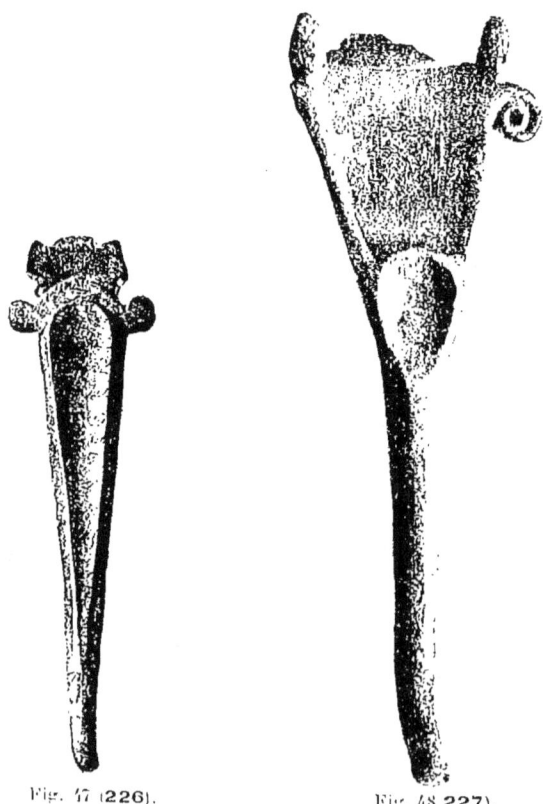

Fig. 47 (226).   Fig. 48 227).

227 (7198). — Long., 49 (de la palmette, 3·7). Larg. de l'attache, 7. — Le crochet et une des volutes cassées. — Fig. 48.

Semblable, l'applique ornée d'une palmette. Un creux est spécialement ménagé pour le doigt, au début de l'attache qui est courte et triangulaire, bordée de deux protomes de serpents dont les têtes dépassent les bords de la phiale.

228 (sans n°. — Long., 11·2). Larg., 5·7 (de la palmette, 2·7). Ep., 0·4 à 0·6. — Cassé au milieu du manche et à l'attache de la palmette.

Semblable, avec l'attache du n° **226**.

229 (7200). — *J. of Hellen. Stud.*, 1892-3, pl. VI, 10, p. 126, 236 (3). — Long., 15·2 (de la palmette, 3·2). Larg., 2·4 à 3·2. — Fig. 49.

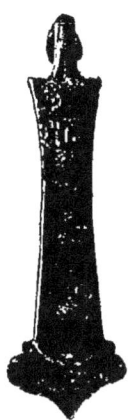

Fig. 49 (**229**).

Semblable, la lame du manche échancrée au milieu, mais s'élargissant de nouveau à l'attache du crochet en col de cygne.

Inscription :

HIEPON:TEΣAΘENAIAΣ

Cf. Polytechneion, 69-71 (8169, 8592). — Carapanos, pl. XLVI, 1, p. 89, 223. — Olympia, pl. LV, 925, p. 147.

230 (7145). — Long., 16·2 (de la palmette, 6, de la tête, 3·5). Larg., 6 (de la tête, 1·3). — Fig. 50.

Manche semblable, avec col de cygne et double bélière, la palmette très riche et de décoration compliquée.

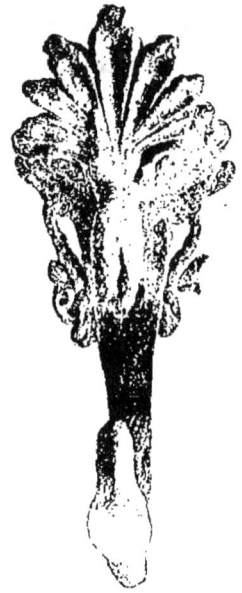
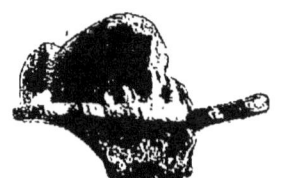

Fig. 50 (**230**).   Fig. 51 (**231**)

231 (6651). — Long., 12·5 (de la tête, 2·3, de la crinière, 5·2). Larg. de l'attache, 6·6. — Les pattes de derrière et la palmette d'attache cassées. — Fig. 51.

Manche de patère, fait d'un lion, le corps élancé, la tête entre les pattes de devant, l'attache encadrée de volutes ioniques, avec palmette oblique s'appliquant sur la tranche. Tête de beau style, la langue sortant de la gueule ouverte et la crinière finissant en pointe sur le dos.

Cf. l'exemplaire du Ptoïon, *B. C. H.*, 1887, pl. XI (7385 du Musée Central) — le n° 33 du Musée de Vienne avec deux serpents à l'attache (**227**) — Friederichs, 584°.

232 (6654). — Long., 17 (de la tête, 2·4, de la crinière, 5·8). — Les pattes de derrière, la queue et la palmette cassées.

Semblable.

233 (6655). — Long., 16·2 (de la tête, 2·4, de la crinière, 5·5). — La palmette de derrière non conservée. — Fig. 52.

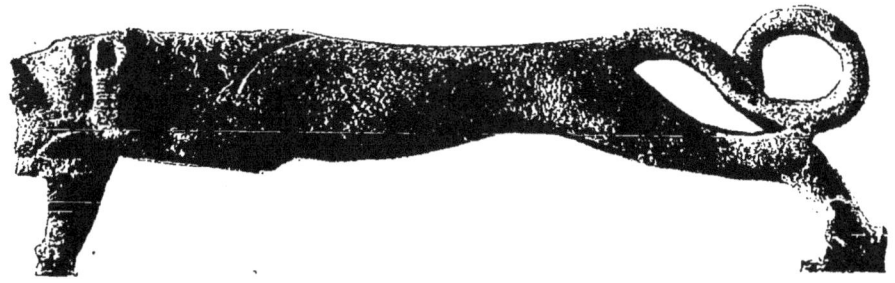

Fig. 52 (**233**).

Semblable, la queue conservée s'enroulant en volutes en bas du dos afin qu'on pût suspendre la patère.

234 (6652). — Long., 16 (de la tête, 3·6, de la crinière, 6, des palmettes, 4·5 et 2·6). Larg. de l'attache, 6·7. — Fig. 53.

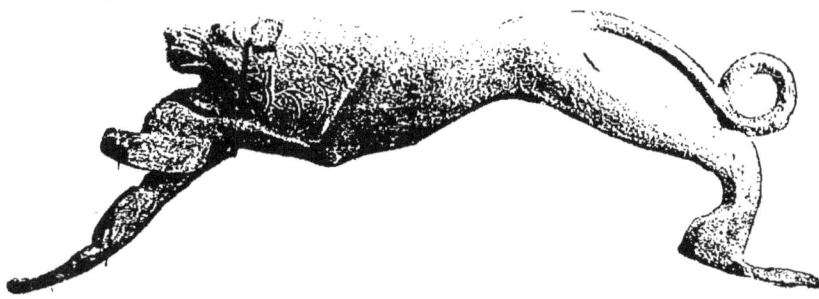

Fig. 53 (**234**).

Semblable, la crinière curieusement gravée, avec imitation

d'un motif végétal. Les pattes de derrière posent sur une seconde palmette en rais de cœur.

235 (6653). — Long., 15 (de la tête, 3·4, de la crinière, 5·8). Larg. de l'attache, 6·2. — La palmette non conservée, la queue cassée au garrot.

Semblable, avec la crinière écaillée du n° **231**, la croupe plus relevée.

II

TOILETTE (236-251)

---

1. — MIROIRS (236-242)

236 (7030). — Trouvé (?) dans des murs mycéniens, à l'E. du Parthénon et près du rempart S. de l'Acropole, *Deltion*, 1888, p. 30. — Diam., 15. Ep., 0·25.

Disque de miroir (?), légèrement convexe.

237 (7029). — Diam., 17·3. Ep., 0·35.

Semblable, percé de deux trous près du bord.

238 (7031). — Diam., 15.

Semblable.

239 (sans n°). — Haut., 15·4 (de la plaque, 2·7). Larg. de la plaque, 3·7 (du manche, 2·2). Diam. de l'anneau, 4 (intérieur, 1·8). Ep., 0·2.

Manche de miroir, composé d'un anneau, d'une lame plate, et d'une plaque d'attache — analogue par suite aux manches de miroirs « argivo-corinthiens », POLYTECHNEION, 115-6, (7687, 7691), p. 30-1.

Décor gravé de pétales sur l'anneau et de demi-cercles sur les longs bords du manche, traversé de cinq barres transversales avec grènetis.

BOUCLES D'OREILLES

240 (7260). — Diam., 1·2 (du fil, 0·1).

Simple boule ronde, creuse et suspendue par un fil.

BAGUES

241 (7241). — Diam., 1·9 (intérieur, 1·4, du chaton, 0·5). Larg., 0·5 à 1.

Bague simple, à chaton rond.

242 (sans n°). — Diam., 1·9 (intérieur, 1·6). Larg., 0·75 à 0·9. Chaton, 1·2 sur 0·7.

Bague postérieure (?), le chaton rempli d'une pierre opaline. A l'opposé, sorte de chaton plus petit, avec une croix gravée à plusieurs branches.

2. — FIBULES ET PENDELOQUES (243-249)

FIBULES

243 (7028). — Larg., 5·2. Diam., 1 à 1·8. — Cassé de dr. et de g.

Arc de fibule, avec bouton supérieur et deux dischetti de droite et de gauche. Un fragment est conservé de la tige cannelée d'où partait la tête de l'ardillon, ainsi qu'une partie de la plaque qui recevait la pointe. — Cf. POLYTECHNEION, p. 56.

On voit que le témoignage d'Hérodote (V, 87) doit être accepté avec plus de réserve que n'en ont montré Studniczka et Bather (*Athen. Mittheil*, XII, p. 9 et *J. of Hellen. Stud.*, 1892-3, p. 242).

Le type se rapproche d'OLYMPIA, pl. XXII, 368, p. 55, la boule médiane remplacée par un bouton saillant.

BROCHES

244 (6993). — Larg., 3·3. Ep., 1.

Broche en forme de cercle, flanquée de quatre appendices losangiformes et décoré au trait.

245 (6992). — Diam., 3. — Une des boules cassée.

Semblable, le cercle flanqué de six boules, l'ardillon conservé. — Cf. Olympia, pl. LXV, 1153, p. 184.

PENDELOQUES

246 (6706). — *J. of Hellen. Stud.*, 1892-3, p. 242-3, fig. 15. — Haut., 8 (de la cage, 3·8, de l'oiseau, 2·4). Long., 3·5. Ep., 0·4 à 0·7. Diam. de la tige, 0·8. — Fig. 54.

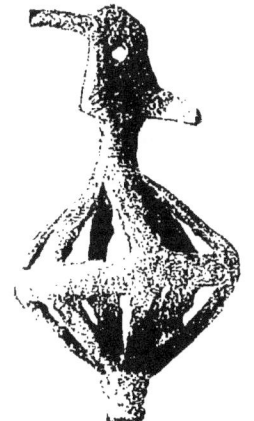

Fig. 54 (**246**).

Sphère grossière, à jour, formée de six tiges verticales que maintient un cercle de sens horizontal. Haut et bas, courte tige striée, la supérieure surmontée d'une lamelle incisée, découpée en forme d'oiseau et percée d'un trou de suspension.

Cf. Olympia, pl. XXIII, 413, p. 60 (2514).

247 (6681). — Haut., 3·2. Long., 4·7. Larg., 0·5 à 1·1. — Le bout de la queue et du bec cassé.

Oiseau semblable, d'un modelé relativement plus parfait, sans incisions.

248 (6679). — Haut., 4·2 (de l'oiseau, 2·5). Long., 2·5, Base, 3·2 sur 3. — Fig. 55.

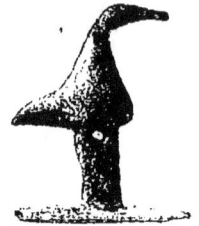

Fig. 55 (**248**).

Semblable, sur une tige rectangulaire posant sur une plaque grillagée.

La tige de support est percée d'un trou. L'oiseau servait par suite de pendeloque (OLYMPIA, pl. XXIV, 420, p. 61) et n'était pas, comme OLYMPIA, pl. XIII, 210, p. 36, isolé et votif.

AMULETTE

249 (6977). — Haut., 6·7. Diam., 4·5.

Amulette byzantin, avec riche décor floral. Fait de deux parties égales repliées l'une sur l'autre, avec échancrures et bélières sur le sommet et les côtés.

Parmi les bronzes d'époque chrétienne trouvés sur l'Acropole, je citerai le buste d'un évangéliste (relief rectangulaire) et une lampe de forme simple (**427**).

3. — VASES A PARFUMS (250-1)

250 (6632) [1467]. — Long., 6·7. Haut., 5·8. Lions, 3. sur 2. — Fig. 56 et 57.

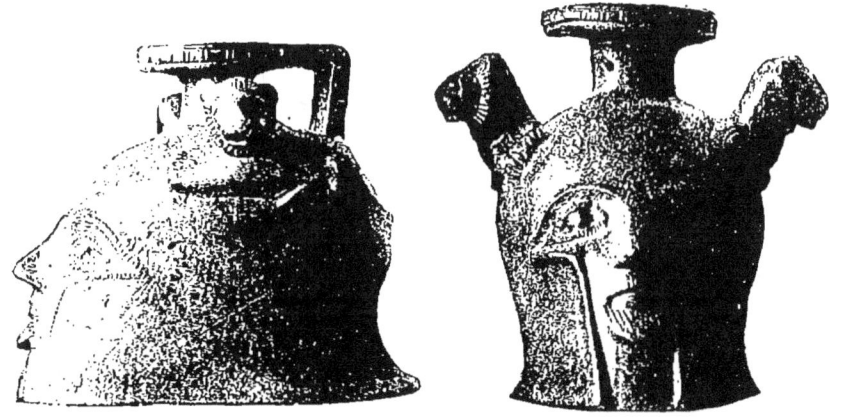

Fig. 56 (**250**).   Fig. 57 (**250**).

Tête casquée, surmontée d'un goulot d'aryballe, à droite et à gauche duquel deux lions sont accroupis, la tête tournée vers le dehors. Les géniastères, non séparées du timbre, sont ornées d'une rosette gravée. Tête barbue, aux yeux effilés.

On peut comparer de nombreux vases en porcelaine égyptienne et en terre-cuite, trouvés surtout à Rhodes et à Cæré (1). Parmi les bronzes je citerai un ex. du Louvre (de petites dimensions) et un autre d'Olympie (2).

251 (6985). — Haut., 9·8 (de la base, 4, du rebord, 1·7). Larg., 11. (de la plate-forme, 7·5). Diam., 4·5. Ep., 0·2. — Fig. 58

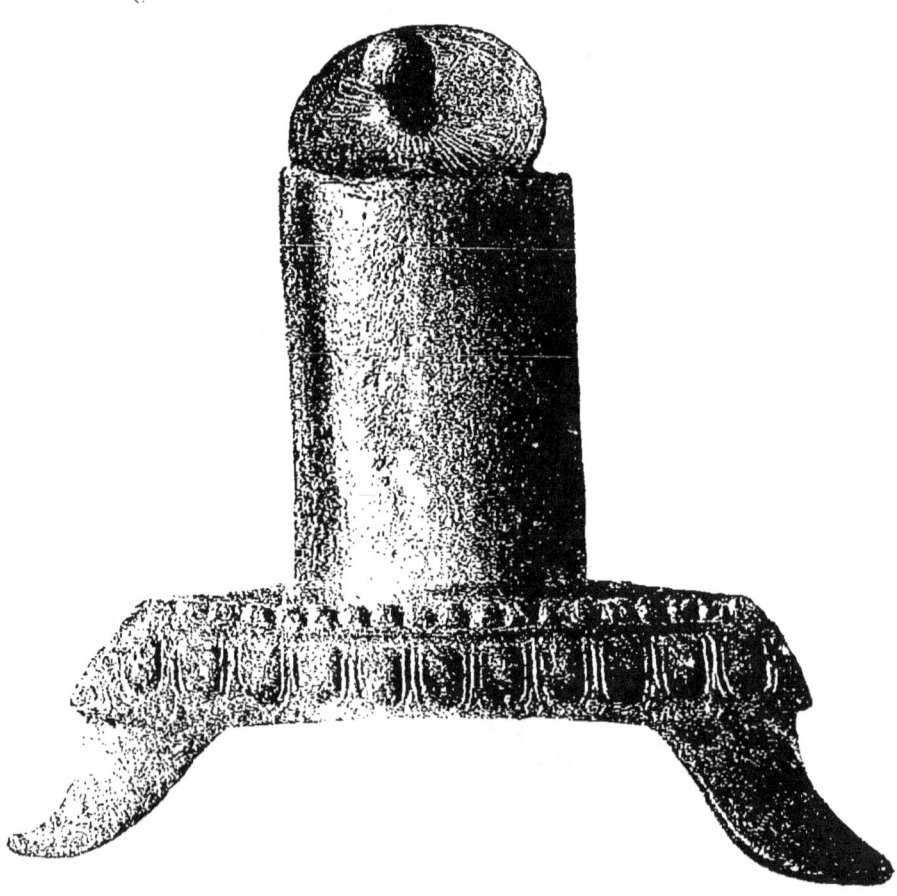

Fig. 58 (**251**).

Base triangulaire, portée par trois pieds en virgules

(1) *J. of Hellen. Stud.*, II, 69-70. — FURTWÆNGLER, *Beschr. der Vasens.* 1304-7, 1309-1342. — DUMONT-CHAPLAIN, p. 198, note 1. — *Gaz. Archéol.*, 1880, p. 145, 149, 160, pl. 28.

(2) Acheté par Leake (*C. I. G. A.* 557. — *J. of Hellen. Stud.*, II, 69-70. — OLYMPIA, p. 143).

divergentes, le rebord vertical décoré d'oves et surmonté de perles. Du milieu part un haut manchon cylindrique dont le couvercle (?) mobile, est orné d'une rosette à pétales doubles, cerclée d'un grènetis, le bouton décoré d'oves.

Il est difficile de savoir à quoi pouvait servir ce récipient, aujourd'hui ouvert par en bas, mais dont le fond était certainement bouché. Il ne semble pas que ce soit un encrier.

Cf., pour l'ornement du couvercle, CARAPANOS, pl. XLIX, 9, p. 92. — OLYMPIA, pl. LV, 929-30, p. 148.

III

GUERRE (252-348)

1. — CASQUES ET BOUCLIERS (252-265)

CASQUES

252 (6556). — Olympia, p. 171. — Haut., 18. Long., 20. Larg., 16. (du cimier, 5). Ep., 0·1. — Le côté gauche en partie emporté.

Casque corinthien, laissant la face libre, et seulement échancré à la nuque. Le cimier, bas et à crête, court sur toute la partie supérieure et un grènetis borde les contours du casque. Une bélière servait à l'attache du panache.
Sur le côté droit est, en pointillé, l'inscription :

ΑΘΕΝΑΙΑΙ

Cf., pour le type, Olympia, pl. LXII, 1030, p. 171-2 (Daremberg-Saglio, *Galea*, fig. 3450, p. 1444). — Polytechneion, p. 92-3, 95-6, nos 482-5.

253 (sans nº). — Larg., 14. Haut., 5. Long. de la tête, 3. — Brisé, sauf à droite.

Fragment losangiforme, le bord droit, seul conservé, bordé d'une ligne de trous. Ce devait être une géniastère de casque corinthien.

En relief, serpent à gauche, la gueule ouverte, le corps semé d'incisions multiples et très fines. En haut, et à droite, spirales et volutes.

254 (6836). — Olympia, p. 168, note 1. — Long., 5·8. Larg., 1. à 1·5. Ep., 0·6.

Couvre-nez de forme élégante avec rebord sur les côtés.

Les nᵒˢ suivants proviennent de statuettes d'Athena.

255 (6831). — Haut., 10·2. Larg., 6·8. Ep., 0·25 à 0·55. — Le pédoncule non conservé.

Cimier de forme ordinaire, composé d'un panache supporté par une tige verticale.

256 (6833). — Haut., 14·5. Larg., 7·7. Ep., 0·2 à 0·65.

Semblable.

257 (6835). — Haut., 3·8. Larg., 3·9. Ep., 0·35 à 0·45. — Semblable.

258 (6829). — Haut., 11·5. Larg., 10·3. Ep., 0·25 à 1·05. — Semblable.

259 (6828). — Haut., 19. Larg., 15. Ep., 0·4 à 0·6. — Semblable.

260 (6834). — Haut., 7·7. Larg., 5. Ep., 0·5. — Le pédoncule conservé.

Semblable, d'épaisseur uniforme, l'attache courbe du panache ornée de traits parallèles et de zigzags gravés.

261 (6830). — Haut., 12·5. Larg., 9. Ep., 0·3 à 0·65. — Fig. 59.

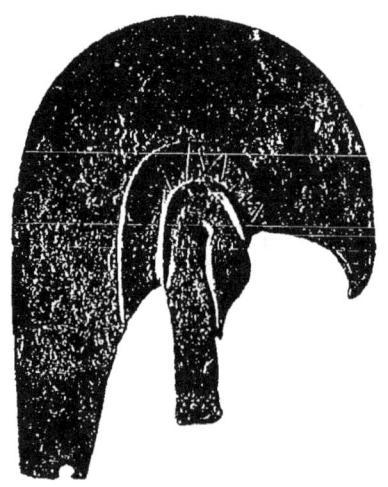

Fig. 59 (261).

Semblable, un col de cygne servant d'attache au cimier.

Cf. le n° 796. — FRIEDERICHS, 2164, p. 473. — MÉDAILLES, 185. — DAREMBERG-SAGLIO, *Galea*, II, p. 1435, fig. 3416.

262 (6832). — Haut., 5. Larg., 5·5. Ep., 0·3 à 0·65.

Semblable, la tige du cimier étant en forme de serpent. Mêmes chevrons que dans les deux n°⁵ précédents.

Cf., pour le motif du serpent, l'Athena du fronton d'Egine, le « trésor des Siphniens » et, pour les monnaies, S. Reinach, dans DAREMBERG-SAGLIO, *Galea*, II, p. 1450

BOUCLIERS

263. — OLYMPIA, 165. — Plusieurs bords de grands boucliers.

A (6972). — Larg. 7. à 12. (de la partie décorée, 4·5, du grènetis, 0·3). Ep., 0·5.

Décor de grènetis entre lignes parallèles, surmontant un motif d'entrelacs, avec septuple rangée de têtes de clous dans l'intérieur des torsades.

B (6973). — Larg. du motif, 5·2. — Plusieurs fragments.

Même motif, plus large; une série de trous, également espacés (de 3·2 en 3·2), montrent que le rebord était fixé sur une lame plus solide.

C (sans n°). — Haut. des torsades, 2·4.

Fragment semblable. — Torsade à double fil seulement, les têtes de clous espacées de 1·5 à 1·5.

D (sans n°). — Haut., 3 (des torsades, 1·8).

Semblable, avec grènetis à la partie supérieure.

Les n[os] suivants appartiennent, comme les cimiers **255-262**, à des statuettes d'Athena.

263[a] (6838). — Diam., 8. Haut. de la tête, 2·2. Long. de l'avant-bras, 3·5.

Bouclier rond, avec tête de Gorgone en saillie. A l'intérieur, bras plié au coude, qui entrait dans une poignée. — La tête, ramassée, est de style relativement récent.

264 (6837). — *J. of Hellen. Stud.*, 1892-3, pl. VII, 60,

p. 128. — Diam., 10·8 (et 8·6). Ep., 0·8. — Fig. 60.

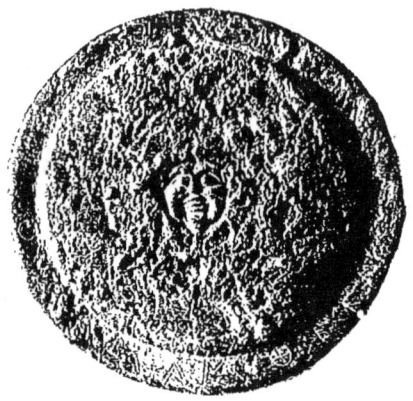

Fig. 60 (**264**).

Semblable, la tête en creux, de style particulier, — très abimé à l'intérieur.

Inscription :

ΦΡVΛFΑΙΑΝΕΘΕΚΕΝ// // ΑΘΕΝΑΙΑΙ|ΗΕΑΡΤ//ΓΟΙ/

Φρυγ[ί]α ἀνέθηκε τ[ῆι] Ἀθηναίαι ἡ ἀρτ[ο]πῶλ[ις]

265 (6991). — Haut., 6. Larg., 5·6.

Bouclier échancré comme les boucliers du Dipylon et fixé par un trou d'attache. — L'applique est primitive et non ornée au bord, comme dans OLYMPIA, pl. LXII, 1003, p.162-3. Un bouclier, semblable, mais avec dent à l'échancrure, sert de base à une figurine du Musée de Vienne (828).

2. — LANCES ET ÉPÉES (266-318)

POINTES DE LANCES

266 (6875). — Trouvé dans un mur de maison mycénienne à l'E. du Parthénon. *Deltion* 1888, p. 30. *B. C. H.*, 1888, p. 245. — Long., 24 (du fer, 15). Larg., 3·5. Diam., 1·8 à 2·35.

Fer de lance de forme grossière, sans nervure indiquée. La douille n'est pas fondue, mais forgée au marteau, les deux bouts rapprochés laissant entre eux une fente verticale. Deux trous opposés servaient à fixer la pointe.

Cf., pour ces douilles mycéniennes, Olympia, p. 173.

267 (6880). — Long., 15. Larg., 2·7. Diam., 1·7 à 2. — Cassé haut et bas.

Semblable, la douille fondue, mais la nervure grossièrement cannelée. — Cf. Olympia, pl. LXIV, 1035, p. 173.

268 (6876). — Long., 9·5. Larg., 2·6. Ep., 1. — Cassé en bas.

Semblable, la feuille fine et de belle forme grecque, la douille se continuant insensiblement par une nervure médiane accostée de filets. — Cf. OLYMPIA, p. 174.

269 (6884). — Long., 14·5 (de la pointe, 12). Larg. maxima, 2·2. Diam., 1·4 à 1·7. — La pointe cassée. — Fig. 61.

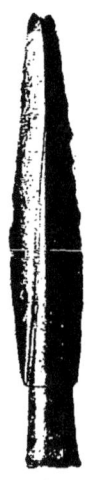

Fig. 61 (**269**).

Semblable, avec un bandeau transversal à la partie inférieure. Cf. OLYMPIA, pl. LXIV, 1046, p. 174.

270 (6883). — Long., 15·4 (de la pointe, 12·2). Larg. max., 2·2. Diam., 1·5 à 1·6.

Semblable, la pointe émoussée.

271 (6882). — Long., 16·45 (de la pointe, 14). Larg. max., 2·2. Diam., 1·3 à 1·4.

Semblable.

272 (6879). — Long., 14 (de la pointe, 11). Larg., 2·6. Diam., 1·3. — Semblable.

273 (6878). — Long., 13·6 (de la pointe, 11·2). Larg., 2·5. Diam., 1·2 à 1·4. — Semblable.

274 (6877). — Long., 12·6 Ep., 0·6 à 1·2. — Semblable.

275 (6874). — Long., 22·8 (de la pointe, 8·3). Larg., 2·6. Diam., 1·7 à 1·8. — Semblable.

276 (6881). — Long., 16·4. Diam., 1·4 à 1·7.

Semblable, la nervure se continuant saillante jusqu'à la pointe.

277 (6861). — Long., 13. Diam. à la base, 1·5. Côté, 1·6 à 0·3.

Pointe de lance de section quadrangulaire, l'attache ménagée par un tore.

Cf. OLYMPIA, pl. LXIV, 1050, p. 175. — MÉDAILLES, 2142. — POLYTECHNEION, p. 98.

278 (6860). — Long., 12·5. Diam. à la base, 3·5. Côté, 2·5 à 0·9. Cassé à la pointe.

Semblable.

279 (6859). — Long., 10·4. Diam. à la base, 2·3. Côté, 1·6 à 0·9. — Cassé de même.

Semblable.

280 (6858). — Long., 10·5. Diam., 1·7. Côté, 1·7 à 0·7. — Cassé haut et bas.

Semblable.

281 (6857). — Long., 8·8. Diam., 2·3. Côté, 1·8 à 1·4. — Cassé en haut.

Semblable, avec stries transversales sous le tore (OLYMPIA, pl. LXIV, 1054, p. 176). — Inscription :

HI

282 (6855). — Long., 13. Diam., 1·5. Côté, 1·7 à 0·7. — Cassé en haut.

Semblable. — Inscription :

AΘENAIAI

283 (6854). — Long., 15. Diam., 2·3. Côté, 1·7 à 0·6. — Cassé en haut.

Semblable. — Inscription :

A

284 (6853). — Long., 17·2. Diam., 2·1. Côté, 1·9 à 0·4. — Cassé en bas.

Semblable. — Inscription :

A

285 (6852). — Long., 9. Diam., 2·2. Côté, 2. à 0·5. — Semblable.

286 (6850). — Long., 20·2. Diam., 2·2. Côté, 1·8 à 0·5. — Fig. 62.

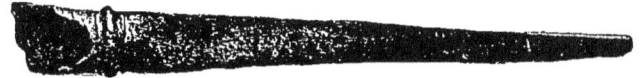

Fig. 62 (**286**).

Semblable.

287 (6849). — *J. of Hellen. Stud.*, 1892-3, pl. VII, 52, p. 128. — Long., 21 (de la pointe, 13). Diam., 2·2. Côté, 1·6 à 0·5.

Semblable, avec cannelures verticales sous le tore (OLYMPIA, pl. LXIV, 1050-3, p. 175-6). — Inscription :

ΑΘΕΝΑΙΑΣ

288 (6846). — Long., 21·2 (de la pointe, 16). Diam., 2·2. Côté, 2·1 à 0·4. — Cassé en bas.

Semblable.

289 (6851). — Long., 22. Côté, 2·2 à 0·4. — Cassé haut et bas.

Semblable, l'attache de la pyramide à pans plus coupés et se rapprochant davantage d'un modèle végétal. — Inscription :

Α

290 (6847). — Long., 27·2. Côté, 2·3 à 0·3. — Cassé de même.

Semblable. — Inscription :

Α

291 (6848). — Long., 30 (de la pointe, 19·2). Diam., 3·7. Côté, 2 à 0·4. — Fig. 63.

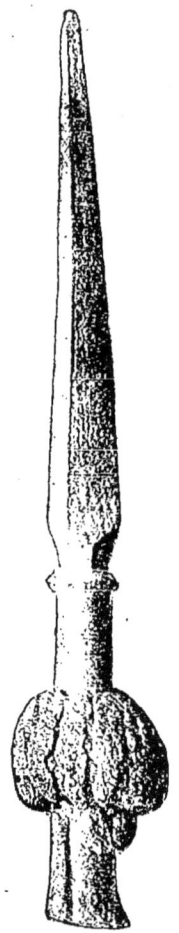

Fig. 63 (**291**).

Semblable, plus simple, à stries horizontales et bandeau simple à la partie inférieure (OLYMPIA, v. pl. h., 1050). A mi-hauteur du tore, une boule de plomb, lourde et côtelée, glissait sur la douille, et servait à donner plus de sûreté aux coups.

292 (6862). — Long., 9·2. Diam., 3·8 (de la douille, 1·8 à 2·2). — Cassé en haut.

Semblable, les stries remplacées par des cannelures verticales.

293 (6872). — Long., 12·8 (du bandeau, 2·8). Diam, 2·5 à 1·8. — Cassé en haut.

Fragment de douille avec bandeau plat, surmonté de treize cannelures.

294 (6871). — Long., 13·5 (du bandeau, 2·6). Diam., 2·5 à 1·8.

Semblable, avec douze cannelures.

295 (6856). — Long., 11. Diam., 1·2. Côté, 2. à 0·8. — Cassé haut et bas.

Semblable, le tore et une partie de la pointe conservés.

296 (7019). — Haut., 21. Diam. en bas, 1·8. Côté, 0·6. Larg. de la lame, 5. — Fig. 64.

Fig. 64 (**296**).

Pointe de section triangulaire, terminée en bas par une douille cylindrique fixée par un clou transversal. Une lame est clouée sur le milieu de la longueur.

Cette doublure servait peut-être à renforcer la pointe. Cf. CARAPANOS, pl. LVII, 12, p. 110.

297 (7020). — Haut., 17. Diam., 1·5 à 0·1.

Semblable, mal conservée.

TALONS DE LANCES

298 (6869). — Long., 44. Diam., 2·5 à 0·3. — Fig. 65.

Talon de lance de forme conique, avec deux rainures transversales, le clou d'attache étant en fer.

Inscription :

A

Cf. Olympia, pl. LXIV, 1061, p. 176.

299 (6865). — Long., 15·3. Diam., 0·5 à 2. — Fig. 66.

Semblable, les rainures limitant à mi-hauteur une très légère échancrure.
A rapprocher d'Olympia, pl. LXIV, 1063, p. 177.

300 (6867). — Long., 19. Diam., 0·6 à 2·1. — Semblable.

301 (6873). — Long., 15·7. Diam., 1 à 2. — Semblable.

302 (6866). — Long., 14·2. Diam., 0·2 à 2.

Semblable, avec dischetto à la partie inférieure. — Cf. Olympia, pl. LXIV, 1064, p. 177.

303 (6870). — Long., 18·4. Diam., 1·6 à 1. — Semblable.

102   BRONZES DE L'ACROPOLE

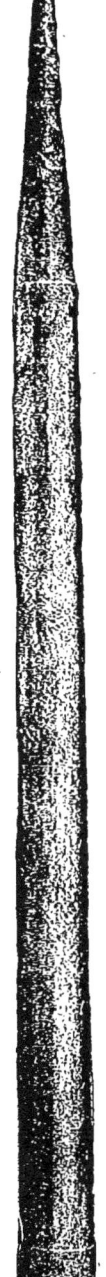

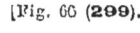

Fig. 66 (**299**).

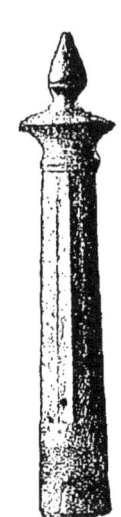

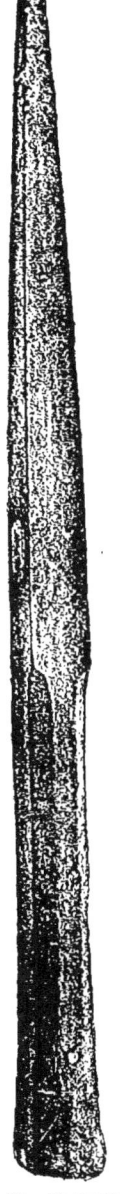

Fig. 65 (**298**).   Fig. 67 (**304**).   Fig. 68 (**308**).

304 (6863). — Long., 14·8 (du bandeau, 2.). Diam., 2·75, (du dischetto, 2). — Fig. 67.

Semblable, plus orné, la douille cannelée et surmontée d'un bandeau plat.

305 (6868). — Long., 9·5. Diam., 1·2 à 2.

Semblable, le bouton terminal plus long et strié comme la douille de filets transversaux.

306 (6864). — Long., 12·5. Diam., 2.

Talon, simplement conique, mais orné de plusieurs moulures transversales.

Cf. OLYMPIA, pl. LXIV, 1066, p. 177.

307 (6844). — *J. of Hellen. Stud.*, 1892-3, pl. VII, 53, p. 128. — Long., 35·9. Diam., 2·2. Côté, 2·1 à 8·7.

Talon dont la douille cannelée se continue sans transition par une pointe quadrangulaire.

Inscription :

M

ΑΘΕΝΑΙΑΣ

Rien ne prouve que le M soit l'initiale de Médôn.

308 (6843). — Long., 40·1. Diam., 2·4. Côté, 2·1 à 0·3. — Fig. 68.

Semblable.

Inscription :

A

309 (6845). — Long., 30·8. Diam., 2. Côté, 2·2 à 0·5. — Cassé en bas.

Semblable.
Inscription :

A.

POINTES DE FLÈCHES

310 (6888). — Long., 6·8 (de la pointe, 3·8). Larg., 0·85. Diam., 0·9 à 1·1.

Pointe à deux pennes. — Cf. OLYMPIA, pl. LXIV, 1076, p. 177-8.

311 (6886). — Long., 6·3. Larg., 1·1. Diam., 0·4.

Semblable, à trois pennes.

312 (6889). — Semblable.

313 (6887). — Long., 6·3. Larg. maxima, 2·5. Diam., 1·3 (intérieur, 0·9). — Fig. 69.

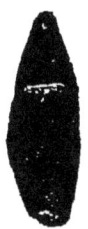

Fig. 69 (**313**).

Semblable, la partie supérieure creuse, l'inférieure seule en relief.

314 (6890). — Long., 10·5 (du fer, 7). Larg., 1·4. Diam., 0·3. — Fig. 70.

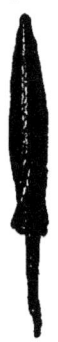

Fig. 70 (**314**).

Pointe de flèche, continuée par une tige mince qui entrait dans une douille.

Cf. OLYMPIA, pl. LXIV, 1093, p. 178.

315 (6885). — Long., 8·5 (du fer, 5). Larg., 1·35. Diam., 0·6. Semblable, plus simple.

ÉPÉES

316 (7005). — Trouvée (?) dans un mur mycénien avec le n° **319** (v. pl. 1.). *B. C. H.*, 1888, p. 245. — Long., 27 (de la poignée, 9). Larg. de la poignée, 6·3 à 2·2 (maxima de la lame, 5·8). Haut. du rebord, 1. — En trois morceaux. Cassé au bord.

Epée, la garde étroite, et à croisillon, entourée d'un rebord qui maintenait la doublure fixée par deux clous. La lame, presque plate, finit en angle droit.

Cf., pour la forme, POLYTECHNEION, 524 (8018), et, sauf la terminaison de la lame, notre n° **40**, A (**44**).

317 (7006). — Long., 24·5. Larg., 5·2 à 4·4. Ep., 0·6 à 0·5.

Fragment de lame, de section plus nettement losangiforme.

318 (7007). — Long., 14·8. Larg., 3·3 à 2·9 (maxima du bandeau, 1·5). Ep., 0·5. — Cassé au milieu.

Semblable, la pointe très obtuse conservée. Un bandeau plat sert de nervure.

3. — HACHES (319-348)

319 (6902). — Long., 22. Haut. aux bords, 7 (au milieu, 4·1). Ep., 2·7. Trou, 3·5 sur 1·8. — Fig. 71.

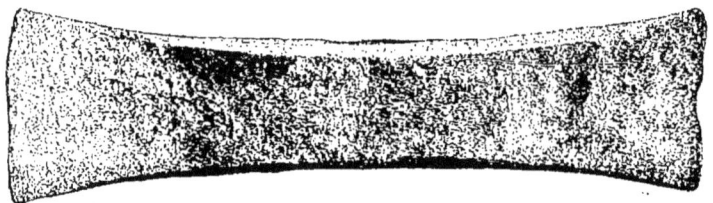

Fig. 71 (**319**).

Dix de ces haches ont été trouvées dans une cachette ménagée dans un mur (de maison) mycénien, à l'E. du Parthénon et près du rempart S. de l'Acropole. — *Deltion*, 1888, p. 30. — *B. C. H.*, 1888, p. 245.

Hache, le trou du manche taillé en amande, les tranchants de forme arrondie. — Cf. Polytechneion, p. 116-8.

320 (6901). — Long., 21. Haut., 6 (3·7). Ep., 2·7. Trou, 3·2 sur 1·9. — Semblable.

321 (6899). — Long., 20·9. Haut., 7·3 (4·3). Ep., 2·6. Trou, 1·4 sur 2. — Semblable.

322 (6898). — Long., 22·5. Haut., 6·5 (4·4). Ep., 2·5. Trou, 3·7 sur 1·9. — Semblable.

323 (6896). — Long., 19. Haut., 5·5 (4). Ep., 2·6. Trou, 3·5 sur 1·9. — Semblable.

324 (6903). — Long., 22·5. Haut., 6 (3·6). Ep., 2·6. Trou, 3·5 sur 2. — Semblable.

325 (6895). — Long., 21. Haut., 6 (3·8). Ep., 2·6. Trou, 3·6 sur 2. — Semblable.

326 (6900). — Long., 15·4. Haut., 6·3 (3·8). Ep., 2·6. Trou, 3·3 sur 1·8.

Semblable, les bouts plus arrondis et l'échancrure plus forte au milieu.

327 (6897). — Long., 20. Haut., 5·5 (4). Ep., 2·3. Trou, 3·2 sur 1·8. — Semblable.

328 (6894). — Long., 16. Haut., 5·7 (4·4). Ep., 2·5. Trou, 3·7 sur 1·5. — Semblable.

329 (6907). — Long., 7. Haut., 4·8 (3·5). Ep., 2·2. Trou, 3·5 sur 2·2. — Semblable.

330 (6906). — Long., 8·5. Haut., 5 (3). Ep., 3·1. — Cassé au milieu.

Semblable.

331 (6904). — Long., 8·5. Haut., 5 (4). Ep., 2·1. — Cassé de même.

Semblable.

332 (6905). — Long., 10. Haut., 5 (3·4). Ep., 2·3. — Cassé de même.

Semblable.

333 (6909). — Trouvé avec le n° 319. — Long., 14. Larg., 1·8 à 4. Ep., 3 à 4. Trou, 1·7 sur 3. — Fig. 72.

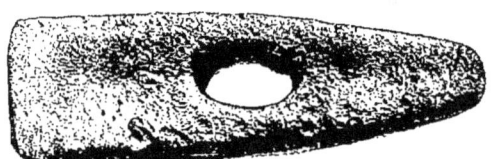

Fig. 72 (**333**).

Sorte de marteau à deux têtes, l'une conique, l'autre massive et carrée.

334 (6908). — Long., 5. Larg., 1·5 à 0·8. Ep., 0·8. Trou 0·6 sur 0·9.

Semblable, mais de forme irrégulière.

MANCHES

335 (6912). — Long., 16·5. Diam., 4·5 à 3. — Fig. 73.

Manche, en forme de douille, qui va s'amincissant, et s'étranglant à la partie supérieure, le bas se terminant en une sorte de fourche. — Sur toute la longueur, stries parallèles ondulant. A l'attache de la fourche, zone de méandres primitifs (crochets de sens alterné) (1); à l'intérieur des méandres, comme sur les vases géométriques, traits obliques parallèles.

COUTEAUX

336 (7003). — Trouvé avec un certain nombre de n^{os} suivants, dans des murs de maisons mycéniennes, à l'E. du Parthénon et près du rempart S. de l'Acropole, *Deltion*, 1888, p. 30. — Long., 19·6 (du manche, 6·2). Larg., 3·6 à 1·8. Ep., 1 à 0·7. — Fig. 74.

Sorte de couteau, grossier et épais, dont le manche est muni d'un croisillon.

Un instrument pareil a été trouvé à Mycènes, dans les maisons situées au N.-O. de la porte aux Lions, Ἐφημ. Ἀρχαιολ. 1891, pl. 3·6, p. 25. Cf. CARAPANOS, pl. LIV, 7, 9-10, p. 101.

337 (7000). — Long., 12·6. Larg., 1·3 à 2·3. Ep., 0·4 à 0·02.

Lame qui s'élargit du côté du tranchant.

338 (6996). — Long., 18·2. Larg., 1 à 4·3. Ep. maxima, 0·7. — Fig. 75.

Semblable: les côtés divergent suivant deux lignes ondulées.

---

(1) Sur cet ornement, cf. *B. C. H.*, 1895, p. 219 (note 7).

HACHES

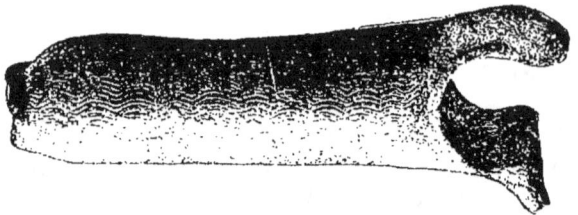

Fig. 73 (**335**).

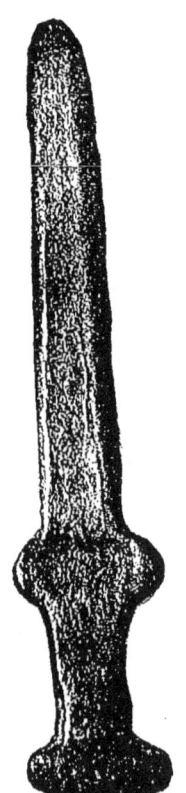

Fig. 74 (**336**).

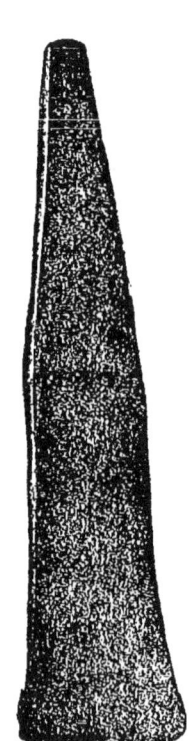

Fig. 75 (**338**).

339 (6997). — Long., 17·3. Larg., 1·2 à 9·9. Ep. max., 0·7.

Semblable, plus régulier.

340 (7001). — Long., 14·8. Larg., 1·3 à 3·5. Ep. max., 0·7.

Semblable.

341 (6998). — Long., 19·7. Larg., 2 à 4·5. Ep. max., 0·6. — Cassé en bas.

Semblable.

342 (6999). — Long., 14·6. Larg., 1 à 3·6. Ep. max., 0·55. — Semblable.

343 (7002). — Long., 14·6. Larg., 1 à 3·6. Ep. max., 0·4. — Semblable.

344 (6891). — Long., 15·7. Larg., 2·6 à 2·3. Ep., 0·1 à 0·5. — Brisé de tous côtés, sauf à droite.

Longue lame, tranchante d'un côté et fixée par un clou d'attache.

345 (6892). — Long., 10. Larg., 2·3 à 1·6. Ep., 0·5 à 0·3. — Brisé de même.

Suite du n° précédent.

346 (6911). — Trouvé avec le n° 319. — Long., 15·5 (de la douille, 9·5). Diam., 6. Ep., 0·25.

Douille à demi fermée, se terminant en lame plate et courte.

HACHES 113

347 (6910). — Trouvé de même. — Long., 16 (de la douille, 6). Diam., 5·2. Ep., 0·4.

Semblable.

348 (7004). — Trouvé avec le n° 319. — Long., 21. Larg. 1·2 à 0·6. Ep., 0·65 à 0·2.

Lime, de section triangulaire, avec grènetis entre les triangles saillants.

IV

MÉTIERS ET DIVERS (349-428)

1. — APPLIQUES (349-381)

RELIEFS « ARGIVO-CORINTHIENS » RECTANGULAIRES

349 (6962). — Larg. des champs, 4·5 (des torsades, 0·8, des oves, 0·3). Haut., 4·55 (de la bande d'oves, 0·6).

Lame, à quatre champs superposés, A, B, C, D, bordés par deux torsades, séparés par une zone d'oves entre deux lignes parallèles, les oves divisés par un simple trait. — Cf. OLYMPIA, pl. XXXIV, 699ª, p. 101.
Depuis le bas :

A (le coin supérieur de gauche seul conservé).

B (le bas brisé). — Homme debout (Achille), marchant à droite, l'une des deux mains tenant une lance verticale. Priam, barbu, lève le bras vers lui.

A droite, personnage à gauche, debout comme le premier. — Cf. *Histor. Aufsætz. an E. Curtius*, p. 181-193 (FURT-WÆNGLER) et OLYMPIA, pl. XXXIX, 701, p. 103.

C (le coin supérieur de gauche brisé). — Deux personnages marchant l'un à gauche, l'autre à droite, ayant tous deux les mains à la taille et tenant un glaive horizontal, d'où pendent deux draperies (?). Les têtes sont malheureusement brisées.

D (cassé en haut). — A gauche, personnage vêtu d'une longue gaîne, debout à droite, un bras levé. Un autre en face tend symétriquement les bras (?). En bas, homme couché à gauche, la face contre terre, le bras étendu horizontalement.— On peut penser au suicide d'Ajax (**350**, C).

350 (6965). — *Athen. Mittheil.*, XII, p. 123, 3. OLYMPIA, p. 103. — Larg., 7·4 (de la bordure, 1., du champ, 5., des oves, 0·42). Haut. du champ, 5·1 (des oves, 0·55).

Semblable, les oves séparés par un double trait.
Depuis le bas :

A (cassé à gauche). — Deux sphinx assis et affrontés. Le type, de la tête, fin et pointu, est différent des sphinx estampés sur les lames du Ptoïon et d'Orchomène. Fleuron bifide en haut du crâne (d'une forme qui paraît déjà sur un fragment proto-attique, *Athen. Mittheil.* 1895, pl. III. 1, p. 120-1).

B. — Héraclès nu, barbu, marchant à droite, saisit de la main gauche le lion à la gorge, et du bras droit brandit au-dessus de la tête une massue noueuse. Le lion rugissant pose une patte de devant sur la cuisse d'Héraclès. — Une des pattes de l'animal est seule figurée et la queue finit en bouton triangulaire.

C (cassé en haut, à droite). — Ajax couché, la face contre terre, la main et le genou touchant le sol, se perce de son épée dont la pointe est visible au-dessus du corps. — Au-dessus, depuis la gauche, personnage debout, à droite, vêtu d'un long chiton, les bras pliés au coude. Un autre marche en avant, la tête, (et sans doute les bras) penchés sur Ajax. A droite, des losanges entrelacés figurent soit une tente, soit plus probablement le chiton d'un 4° personnage qui faisait pendant au second. — La position d'Ajax est inverse de **349**.

D (cassé en haut). — A gauche, femme drapée debout, puis personnage marchant à droite, un 3° combattant debout (?) et un 4° agenouillé à gauche. Les pieds allongés et les jambes nerveuses rappellent les scènes qui précèdent.

351 (sans n°). — Haut., 7. (du champ supérieur, 2., du champ inférieur, 4·4, des oves, 0·6). — Cassé de tous côtés.

Semblable, les deux champs, A, B, séparés par des oves.

A (le bas seul conservé). — Homme nu, étendu à terre, sur lequel fond un oiseau de proie.

B (le haut seul conservé). — Lutte de Thésée et du Minotaure. Thésée, allant à droite, saisit d'un bras les cornes du taureau, de l'autre tire le glaive contre lui, le genou gauche posé sur le corps du Minotaure. Le monstre levait le bras vers l'aisselle de Thésée.

352 (sans n°). — Haut., 5 (des oves, 0·6). Larg., 6·7 (du champ, 5., des oves, 0·45).

Semblable, deux champs, A, B, superposés, bordés comme **350**, le champ des oves cerné d'un double trait.

A (cassé en bas). — Haut de trois personnages, ceux de droite et de gauche penchés vers le centre du tableau.

B (cassé en haut). — Deux pieds visibles, de sens opposé.

353 (sans n°). — Larg., 5. Haut., 6·1 (du champ, 5., des oves, 0·55).

Semblable, les deux champs, A, B, juxtaposés et bordés, sur les quatre faces, d'oves séparés par deux traits.

A (cassé à gauche). — Femme assise à droite et tenant une couronne (?), suivie d'un personnage debout à droite.

B (cassé à droite). — Homme nu marchant à droite.

354 (sans n°). — Haut., 6. Larg., 2·5 (de la bordure, 0·35).

Semblable, les deux champs, A, B, superposés, séparés par une simple ligne et bordés de droite (?) et de gauche par un grènetis entre deux filets.

A (cassé à droite et en bas). — Personnage debout à droite, le bras droit plié au coude, la main à la taille. Plus loin, lance (?) tenue par un second personnage.

B (le coin inférieur de gauche seul conservé). — Pied à droite.

355 (sans n°). — Larg., 6·1 (du champ, 5·1, de la bande, 0·5). — Cassé à gauche.

Semblable, un seul champ, cassé à gauche et en bas, bordé sur les quatre faces d'un grènetis à grosses têtes. Ephèbe à droite chevauchant une sorte de griffon marin, la gueule ouverte, cinq aigrettes dressées sur la tête et la queue bifide comme une queue de Triton. Une des mains du cavalier semble posée sur la tête du monstre, l'autre tient les rênes.

356 (sans n°). — Larg., 3 (de la bordure, 0·85). Haut., 2·5.

Semblable, cassé à droite, bordé à gauche d'une torsade.
Personnage nu marchant à gauche, la main gauche à la taille, la tête devant être retournée vers la droite. —
Cf. OLYMPIA, pl. XXXIX, 704ᵃ, p. 104.

APPLIQUES

357 (sans n°). — Haut., 2. Larg., 1. — Brisé de tous côtés.

Semblable, intérieur d'un champ. — Homme assis à gauche un bras levé. Un autre personnage tend à droite son bras vers le premier.

BANDES ESTAMPÉES

358 (6964). — Haut., 13 (du champ, 3·9, de la bordure, 0·65, de la palmette, 5·5). Larg. du champ, 4·2 (de la bordure, 0·9, de la palmette, 5). — Brisé en haut.

Longue lame semblable, le haut non décoré. Plus bas, champ rectangulaire entouré d'oves haut et bas, bordé à droite et à gauche d'un grènetis et détachant une palmette vers le bas. Dans le champ, deux lions affrontés, assis, les têtes tournées, mais la patte de devant non levée.

Cf. OLYMPIA, pl. XXXIX, 703, p. 104; pl. XLIII, 762-4, p. 112.

359 (sans n°). — Haut., 10 (de la palmette, 6). Larg., 6·2 (du champ, 5·4, de la bordure, 0·75). — Cassé en haut, au milieu du champ.

Semblable, le champ entouré, sur les bords d'une torsade avec têtes de clous, haut et bas d'oves entre traits parallèles.

360 (sans n°). — Haut., 5·2 (du champ, 4). Larg., 5·8 (du champ, 4·2, des oves, 0·45).

Semblable, la palmette non conservée.

361 (sans n°). — Haut., 5. Larg., 3·6. — Cassé haut et bas.

Palmette, brisée à la partie supérieure, surmontant un cadre rectangulaire, non décoré. — Cf. OLYMPIA, pl. XLIII, 762-4, p. 112.

362 (sans n°). — Haut., 8 (de la palmette, 5·8). Larg., 4. — Brisé à gauche.

Moitié de palmette semblable, le champ en partie conservé et bordé à droite d'oves entre traits parallèles. — A l'intérieur, une tête de lion (motif des n°⁸ **358-360**).

363 (sans n°). — Haut., 7·8 (du rebord, 0·8). Larg., 7·8.

Palmette semblable, le haut du cadre conservé et non décoré.

364 (sans n°). — Haut., 6·5. Larg., 5. — Cassé au milieu de la palmette et du champ.

Semblable, richement décorée, les volutes reliées par une bande ornée d'oves entre deux traits parallèles, le haut du champ bordé d'échelons très rapprochés.

Cf., pour les oves entre les volutes, OLYMPIA, pl. XLIII, 762, p. 112.

365 (sans n°). — Haut., 6·5. Larg., 5·3.

Semblable, plus simple.

366 (sans n°). — Haut., 4·5. Larg., 5.

Demi-palmette, dont les volutes sont reliées par une ligne courbe de grènetis (OLYMPIA, pl. XLIII, 762, p. 112).

367 (sans n°). — Haut., 6. Larg., 5·5.

Volutes d'une palmette semblable.

368 (sans n°). — Haut., 7. Larg., 6.

Palmette, comme OLYMPIA, pl. XLIII, 762, p. 112.

APPLIQUES EN LOSANGE

Ces reliefs vont deux par deux. Un ruban d'environ 15 cent. de long réunit deux lames de forme irrégulière, chacune composée d'un losange décoré et d'une plaque ovale surmontant ou continuant le losange (*J. of Hellen. Stud.*, 1892-3, 255).

369 (6960). — *J. of Hellen. Stud.*, 1892-3, p. 256-7, fig. 25. — Larg., 8·5. Haut., 9 (de la bordure, 0·5, du champ, 5·5). — Cassé à gauche, déchirures au milieu du champ.

Lame dont le champ losangiforme est entouré d'une bordure, et fixé par deux clous. — La plaque se continuait en bas du champ.

Lions assis, affrontés (POLYTECHNEION, 801), la tête rugissante et tournée en arrière, la queue finissant en bouton. Des pattes de devant, l'une pose sur le sol, l'autre, pliée au genou, touche la patte également verticale de l'autre lion. Au milieu, court à droite un homme nu, les pieds touchant les griffes du bout des doigts, les mains à la taille, et la droite tenant un glaive.

Pour ces figures courant entre deux chevaux, sphinx ou animaux affrontés, cf. *Jahrbuch*, 1895, p. 68, note 74.

370 (6961). — Larg., 10 et 5·7 (de la bordure, 0·5, du ruban, 1). Haut., 5·1 (de l'ovale, 5, du ruban, 7.)

Au-dessus du losange, la lame prend une forme sensiblement ovale, et détache un ruban à la partie supérieure.

Même motif dans le champ, l'homme la tête à gauche.

371 (6967). — Haut., 12. Larg. des champs, 10 et 7·6. — Cassé à gauche et en bas.

Semblable, le losange surmontant un autre losange opposé au premier.

Dans le champ, lions de même et scorpions à cinq paires de pattes, la queue retournée.

372 (sans n°). — Mal conservé.

Fragment de losange semblable.

373 (sans n°). — Haut., 3. Larg., 4. Cassé à dr.

Coin inférieur gauche d'une plaque semblable, le scorpion très visible.

Le scorpion est un apotropaion très fréquent dans la céramique corinthienne et surtout attique. (*Museo Gregoriano*, II, pl. 60. — INGHIRAMI, III, pl. 300; *ibid.*, pl. 305. — *Monumenti*, X, pl. IV-V). — Cf. Ἐφημ. Ἀρχαιολ., 1885, pl. 5.2 et un fragment de pithos estampé trouvé sur l'Acropole (*B. C. H.*, 1888, p. 492-3 et *Monuments Grecs*, 2ᵉ vol., 1885-8, p. 56, 23°).

374 (6958). — *J. of Hellen. Stud.*, 1892-2, pl. VIII, p. 257-8. — Larg. maxima du champ, env., 10 (de la bordure, 1·2, du grènetis, 0·4). — Cassé en bas, à gauche, à droite, en haut.

Plaque semblable, *dorée*, bordée, en haut, de deux filets, à droite et à gauche d'un grènetis et d'une bande de postes richement ornés, en série continue.

Attelage de face, les têtes des quatre chevaux de profil. Les roues droites, la caisse du char, la πέζα, sont figurées avec soin, comme les stries obliques des queues, les colliers et les têtes des chevaux. — Au-dessus de la caisse, paraissent les deux mains réunies près des rênes et le buste d'une Nikè ailée, la tête à gauche, les cheveux tressés, surmontés d'une calotte basse.

Un fragment de vase à figures rouges trouvé sur l'Acropole est exactement de même style. Cette preuve de fait n'était pas nécessaire pour affirmer que le bronze est attique.

LAMES GRAVÉES

375 (7021). — Long., 25. Haut., 13 (des bandeaux, 1·4). Ep., 0·1 (des bandeaux, 0·4). — Cassé à droite.

Lame ornée, à la partie supérieure, d'un bandeau plat, surmonté d'oves alternant avec des pointes de dards. A mi-hauteur est cloué un second bandeau, orné d'oves haut et bas.

PLAQUES DÉCOUPÉES

Je n'ai pas rangé ici l'anse verticale 115. — Tous les n^{os} suivants sont relativement épais, nettement découpés et paraissent avoir été soudés, non cloués sur une surface plane. Le n° **377** paraît avoir été dressé sur le bord vertical d'un grand vase.

Cf., pour ces plaques, OLYMPIA, p. 108. — POLYTECHNEION, pl. 796, 1039. — *B. C. H.*, 1895, p. 217-8, n° 884, fig. 22.

376 (6959). — Long., 14. Haut., 10. Ep., 0·1. — Brisé en plusieurs points.

Plaque découpée en forme de Triton. La tête, tournée à

droite, a la large barbe des vases à figures noires; la main gauche saisit un poisson près de la queue, le bras droit est mal conservé. Ecailles visibles près de la queue.

377 (6707). — Haut., 7·5. Larg., 8·5. Ep., 0·3. — La patte gauche de devant et la tête en partie cassées. — Fig. 76.

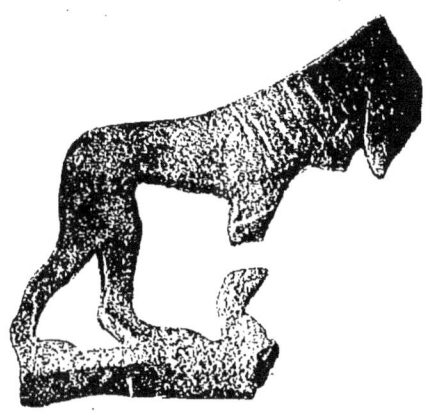

Fig. 76 (**377**).

Semblable. — Animal, lion (?), marchant à droite, sur une base courbe. La tête ne semble pas avoir été baissée : la pointe conservée à l'attache du cou serait plutôt la retombée de la crinière (cf. cependant le second lion marchant dans OLYMPIA, pl. XXXVII, 697, p. 101). — Incisions rares et grossières dans le champ.

Cf., pour ces animaux marchants, OLYMPIA, pl. XLI 731-3, p. 108.

378 (6645). — OLYMPIA, p. 108. *J. of Hellen. Stud.*, 1892-3, p. 241, fig. 14. — Haut., 6. Larg., 7·2. Ep., 0·2. — Les pattes cassées. — Fig. 77.

Coq à droite, le corps richement incisé. De part et d'autre d'une ligne de grènetis, oves allongés, pointés et séparés par des lignes de points.

APPLIQUES

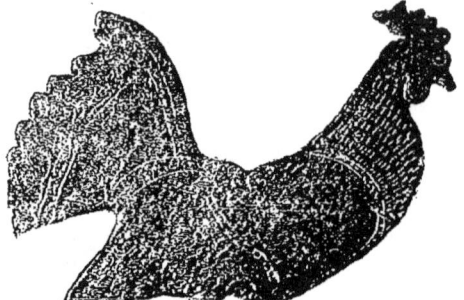

Fig. 77 (**378**).

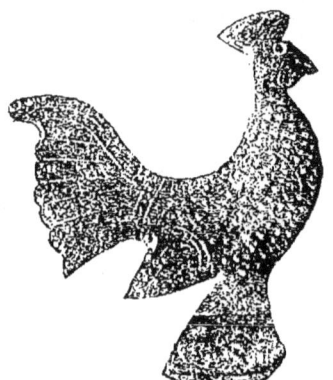

Fig. 78 (**379**).

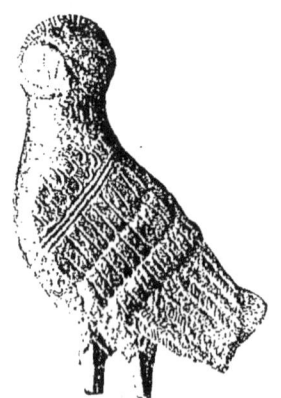

Fig. 79 (**381**).

Cf. OLYMPIA, pl. XLI, 729, p. 108. — POLYTECHNEION, 1039 (7740).

379 (6646). — Haut., 7 (du coq, 6). Larg., 5·7. — Fig. 78.

Semblable, les pattes réunies et posées sur une base trapéziforme.

380 (sans n°). — Haut., 5. Larg., 1. — Brisé de tous côtés.

Semblable. Fragment d'égide (partie inférieure gauche). — Les détails sont simplement incisés, à la différence de POLYTECHNEION, 933.

381 (6505). — Haut., 6·7. Larg., 4·8. — Les pattes cassées. — Fig. 79.

Chouette à gauche, la tête de face, les incisions des ailes curieusement figurées. — Le bord de la tête est en légère saillie sur le plan de l'applique.

2. — CLOUS (382-403)

Les nᵒˢ 385-393 ressemblent aux clous ornés et très saillants qui décoraient les portes des sanctuaires grecs (OLYMPIA, pl. LVII, 1221, p. 192—CARAPANOS, pl. XLIII, 9, etc.). Ils s'en distinguent en ce qu'ils n'ont pas de bouton terminal. Ils n'ont donc pu être employés comme ornements. Peut-être ne faut-il y voir que des couvercles, analogues à ceux qui décorent certains vases tanagréens à pied très élevé dont le Musée Central possède une riche série.

Les nᵒˢ 394-399 ont la plate-forme remplacée par un trou. Les couvercles tanagréens sont parfois aussi légèrement creusés à leur plate-forme supérieure, mais jamais, comme dans les nᵒˢ 396-9, le trou ne se continue jusqu'en bas. Il semble que ce canal vertical ait pu servir à l'insertion d'une branche résineuse. Nos exemplaires seraient de petits chandeliers.

Il ne semble pas qu'il puisse y avoir de doute sur le chandelier nᵒ 400, ni sur le nᵒ 401 dont la tige conique servait à fixer le brandon.

382 (6983). — Haut., 10·5 (du chapeau, 4). Diam., 5. (du clou, 1 à 1·7).

Clou, dont la tige est percée d'une fente longitudinale. La tête est en forme de cloche et surmontée d'un mamelon.

Cf. OLYMPIA, 1213, p. 191.

383 (7013). — Haut., 7 (de la douille, 3·5). Diam., 4·2 (de la douille, 2·5), — Fig. 80.

Chapeau d'une tige en bois, composé d'une douille assujettie par un clou transversal et d'une boule se terminant en pointe, fixée par deux clous transversaux. Cannelures verticales sur la boule, horizontales sur la douille.

On peut comparer le pommeau d'argent trouvé dans une tombe du Fusco (*Notizie degli Scavi*, 1895, p. 173, fig. 70).

384 (6976). — Haut., 6·7. Diam., 4·4 (en haut., 5·9). Ep., 0·05 à 0·15.

Chapeau plus simple, composé d'une douille échancrée et clouée sur le côté, la tête légèrement bombée.

385 (7187). — Haut., 13·5. Diam., 6·7 (de la tige, 1 à 3; en haut, 2·3). — Fig. 81.

Pied s'amincissant graduellement vers le haut où il se termine en plate-forme moulurée.

386 (7189). — Haut., 3·5. Diam., 4·6 (en haut, 1·9).

Semblable, plus simple.

387 (7195). — Haut., 4. Diam., 3·5 (1·3). — Semblable.

388 (7192). — Haut., 3·6. Diam., 6 (1·8). — Semblable.

CLOUS

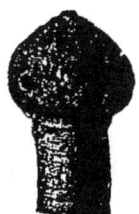

Fig. 80 (**383**).

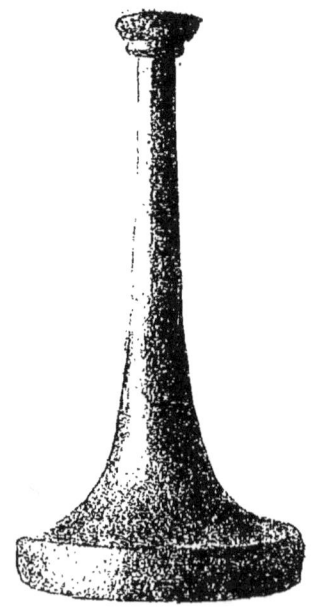

Fig. 81 (**385**).

389 (7191). — Haut., 2·1. Diam., 4·4 (1·5). — Semblable.

390 (7185). — Haut., 3·6. Diam., 4·6 (2·1). — Semblable.

391 (7181). — Haut., 10·5. Diam., 11·2 (1·4). — Cassé en haut. Semblable.

392 (sans n°). — Haut., 4·2. Diam., 5·5 (0·6). — Cassé en haut.

Semblable, mouluré.

393 (7184). — Haut., 5·3. Diam., 6·7 (3·1).

Semblable, la base en forme de godet.

394 (7188). — Haut., 2·5. Diam. en bas, 9 (en haut, 2·2).

Semblable, la base simple et la plate-forme supérieure creusée en son milieu.

395 (7190). — Haut., 2·5. Diam., 5·5 (en haut, 1·7).

Semblable.

396 (7182). — Haut., 4·8. Diam., 6·3 (en haut, 2·5).

Semblable, la cuvette supérieure reliée à la base par un canal vertical. — Cf. OLYMPIA, pl. LXVII, p. 192.

397 (7193). — Haut., 3·5. Diam., 5·2 (2.).

Semblable.

398 (7186). — Haut., 4·8. Diam., 6·3 (2·5). — Semblable.

399 (7183). — Haut., 3·15. Diam., 5·1 (2·5). — Semblable.

400 (7194). — Haut., 9 (de la base, 0·9). Diam. en bas, 5·7 (de la tige, 2·2 à 1·7, de la moulure, 2·5). — Cassé en haut.

Chandelier, d'où part une tige verticale, moulurée vers la partie supérieure. — Deux rapiéçures, dont l'une rectangulaire, sur la partie cylindrique.

Cf. CARAPANOS, pl. XLII, 6, p. 85.

401 (sans n°). — Haut., 5. Diam., 7 (en haut, 0·4).

Pied en forme de godet d'où part une tige conique.

402 (sans n°). — Diam., 6·7. Ep., 0·1. Trou, 1.

Bobèche (?), percée d'un trou carré.

403 (6720). — OLYMPIA, 125, note 1 (?). — Haut., 14 (de la corbeille, 11, des calices, 6·7 et 2·25). Diam., 4·3 et 5 (de la tige, 2·8). — Cassé haut et bas.

Tige cannelée de candélabre, d'où se détachent deux calices superposés et se terminant à la partie supérieure par une sorte de corbeille ovale.

Cf. PERROT, *H. de l'Art*, III, p. 133, fig. 81.

3. — OBJETS DIVERS (404-428)

ROUES VOTIVES

404 (6913). — Diam., 4·4 (des trous, 1·1 et 0·2). Ep., 0·08.

Roue, percée de quatre trous ronds, opposés deux à deux ; dans les intervalles, trous de petit diamètre que traverse un cercle gravé concentrique. L'axe est fait d'un clou à grosse tête, fixé par une lamelle rectangulaire.

Exemplaire identique dans OLYMPIA, pl. XV, 500, p. 68, moins le cercle gravé.

405 (6914). — *J. of Hellen. Stud.*, 1892-3, pl. VI, 42, p. 127. — Diam., 8·5 (des trous, 2·5). Ep., 0·2.

Roue semblable, à quatre rais, le trou de l'axe ménagé au milieu. Sur les bords, inscription en pointillé :

ΠΙΘΕΚΟΣ ΙΑΝΕΘΕΚΕΝ

Πιθηχος ἀνέθηκεν

406 (6915). — Diam., 6·2 (de l'essieu, 2). Ep., 0·6 à 2·8.

Roue semblable, l'essieu saillant (OLYMPIA, pl. XV, 503, p. 68).

L'essieu ne prouve pas, comme Furtwængler l'a remarqué, que cette roue ait appartenu à un char véritable. Une rondelle semblable a en effet été trouvée à Argos, avec dédicace aux Anakes (*C. I. G. A.*, 43ᵃ).

SIÈGES

407 (6989). — Haut., 3·5. Ecart. des pieds, 6. Siège, 4·1 sur 4·7. Ep., 0·45. — Fig. 82.

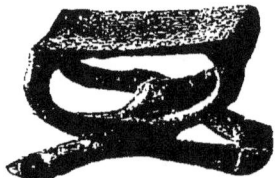

Fig. 82 (**407**).

Siège pliant, porté par quatre jambes de cheval croisées deux à deux et reliées par une barre transversale.

Cf. les peintures de Caere, LONGPÉRIER, *Musée Napoléon III*, pl. XXX et les bases en forme de siège, PERROT, *H. de l'Art*, III, 862, fig. 629. — OLYMPIA, p. 27. — *Monuments publ. par l'As. des Et. Gr.*, II, 1891-2, pl. 11, p. 13-6.

POIDS

408 (6994). — PERNICE, *Griechische Gewichte*, p. 81, pl. I, 1. — Long., 5·4 sur 5·4. Haut., 2·6 (du poids, 1·6).

Poids rectangulaire (426 gr., 63). — En saillie, la silhouette d'un dauphin. Un dauphin en demi relief, mobile sur cette

seconde base (par deux clous traversant la tête et la queue).
Deux inscriptions :

1° — Sur une face :

ΔΕΜΟSΙΟΝ|ΑΘΗΝΑΙΟ|Ν   ($δημόσιον\ ἀθηναίων$)

2° — Sur la partie supérieure :

ΕΜΚΙ ΙΕΡΟΝ   ($ἥμισυ\ ἱερὸν$)

Cf. trois autres poids trouvés de même sur l'Acropole (PERNICE, *ibid.*, p. 82 et *J. of Hellen. Stud.*, 1892-3, pl. VII 54, p. 28).

CADUCÉES

409 (7146). — Haut., 15 (de la tête, 5). Larg. de la tête, 2. Diam., 0·9. — Les cornes cassées, ainsi que l'oreille gauche du bouc. — Fig. 83.

Tige recourbée se croisant avec une autre tige courbe et brisée, comme ferait une branche de caducée. Elle se termine par une tête de bouc, allongée, de beau style archaïque. La barbe en pointe, les moustaches et les cheveux sont striés de fines incisions parallèles.

La tige n'a pu servir de pied à quelque siège, car le mode d'attache de la tête serait dans cette hypothèse difficile à expliquer. — Je comparerais plutôt les caducées à têtes de bélier, (*Arch. Zeit.*, 1847, 37 ; 1851-2, 165. — MÉDAILLES, 1850, p. 636). Le bouc était, on le sait, consacré à Hermès (cf., entre autres, le revers de la belle monnaie d'Ainos, ROSCHER, *Lexikon*, 2938 et 2404).

410 (7025). — Long., 33·5 (de la tige, 28·5, des têtes, 1·2). Diam., 0·1 à 0·5. — Fig. 84.

Caducée, tordu et mal conservé.

OBJETS DIVERS 135

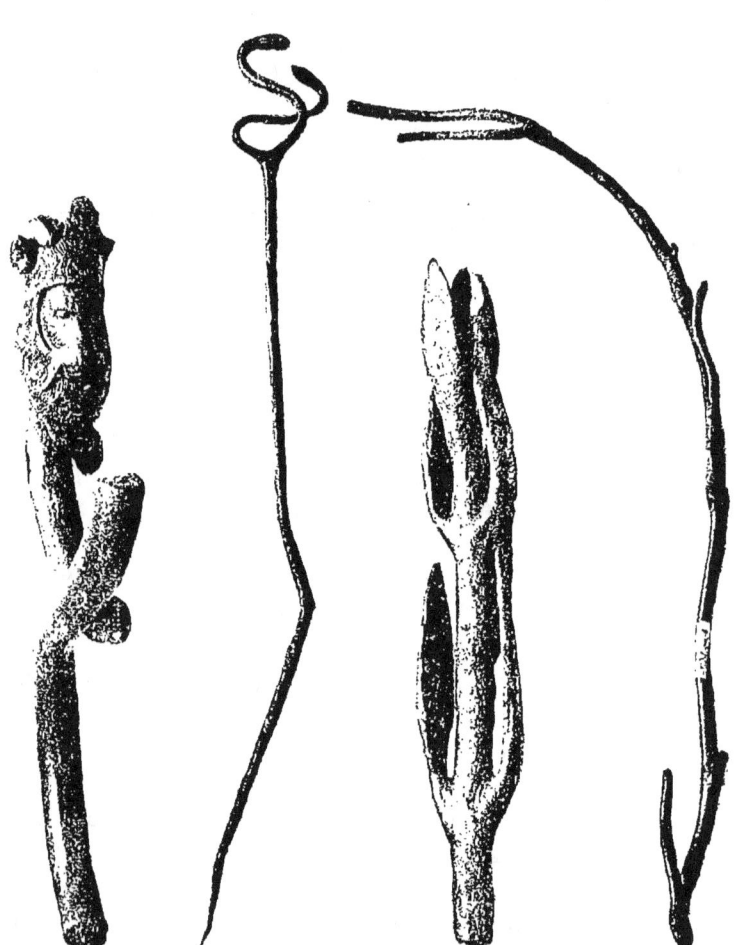

Fig. 83 **(409)**.   Fig. 84 **(410)**.   Fig. 85 **(412)**.   Fig. 86 **(413)**.

CROCHETS

411 (7026). — Long., 25 (de la tête, 2·5). Larg., 0·4.

Tige rectangulaire, terminée d'un côté par un crochet en col de cygne, de l'autre par un étranglement, suivi d'une pointe.

TIGES ET FLEURONS

412 (6981). — Long., 17 (des feuilles, 6). Larg., 3. Diam., 0·9. — Une des feuilles cassée. — Fig. 85.

Tige d'olivier d'où partent deux par deux des feuilles alternées, presque repliées sur la tige.

Cf., pour ces tiges, OLYMPIA, pl. LXVI, 1176, p. 186. — CARAPANOS, pl. XLIX, 13, p. 91.

413 (7027). — Long., 33. Diam., 0·6. — Fig. 86.

Tige coraliforme, tordue et courbée, d'où partent plusieurs branches brisées.

414 (6982). — Long., 14. Diam., 1 à 1·6. — Cassée haut et bas. — Fig. 87.

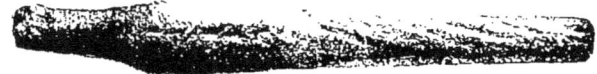

Fig. 87 (**414**).

Tige striée de cannelures obliques.

415 (6986). — Haut., 11. Larg., 14·8, Ep., 0·7 à 0·9. — Cassé de toutes parts. — Fig. 88.

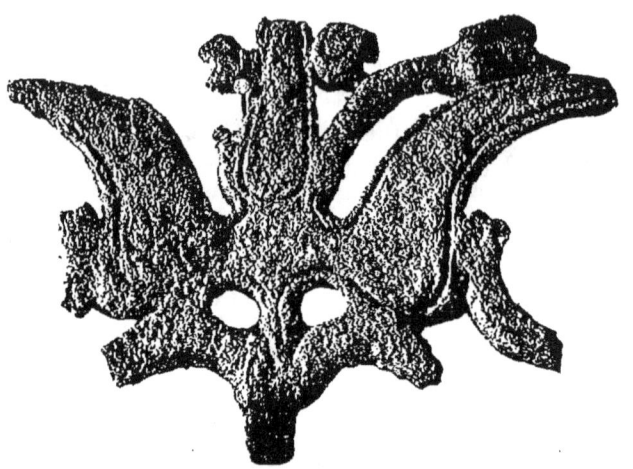

Fig. 88 (**415**).

Motif floral, découpé à jour, fixé en bas par un tenon et un crochet revenant en avant. A droite et à gauche sont les amorces de deux bélières. — Grande fleur, à triples pétales, avec boutons repliés sur les côtés et spirales cassées à la partie supérieure.

416 (sans n°). — Haut., 8. Larg., 5·7. Ep., 0·35. à 1. — Fig. 89.

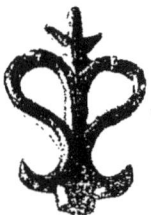

Fig. 89 (**416**).

Fleuron d'applique, flanqué à droite et à gauche de spirales et continué en bas par une tige brisée.

Cf. MÉDAILLES, 1818, p. 630.

417 (sans n°). — Haut., 7·4. Larg., 1·2 à 6·1. Ep., 1·2. — Fig. 90.

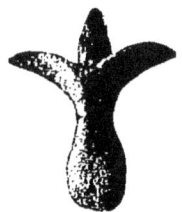

Fig. 90 **(417)**.

Fleuron simple.

418 (7015). — Haut., 5·5 (du goujon, 3). Larg., 2 à 3·7.

Fleuron à double étranglement, percé d'un goujon à la partie inférieure.

419 (6978). — Haut., 10·8 (de la feuille, 7·8). Larg., 8. Ep., 0·1. — Cassée à la partie supérieure.

Feuille dentelée, portée par une tige courte. A l'attache de la queue, par derrière, bélière à spirales.

420 (6980). — Haut., 12. Larg., 3. Ep., 0·15. — Cassé en haut et à gauche. — Fig. 91.

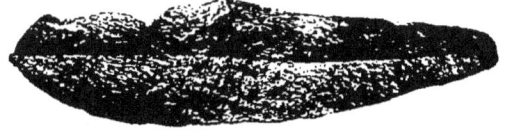

Fig. 91 **(420)**.

Feuille de laurier.

Cf. OLYMPIA, pl. LXVI, 1172, p. 186. — CARAPANOS, pl. XLIX, 6, p. 91.

OBJETS DIVERS 139

421 (7009-7010). — Long., 24. Larg., 6 à 4·6. Ep., 0·1 à 0·3. — En deux morceaux. — L'un d'eux, fig. 92.

Longue feuille, à nervure médiane, d'où se détachent, de droite et de gauche, des stries obliques, parallèles et très fines.

422 (7011). — Long., 16. Larg., 2 à 3. Ep., 0·5. — Cassé en bas.

Palme semblable, courbée en arc, une partie de l'attache conservée.

423 (7012). — Long., 17. Larg., 1·5 à 3·7. Ep., 0·4. — Fig. 93.

Semblable.

424 (6979). — Haut., 13. Larg., 7·8. Ep., 0·1. — Cassée et trouée vers le bas. — Fig. 94.

Feuille épineuse, d'acanthe (?).

Cf. Carapanos, pl. XLIX, 14, p. 92.

LAMPES

425 (7038). — Trouvé, avant les dernières fouilles, dans l'Erechtheion. — Long., 29·5. Haut., 4 à 7·4. Larg., 4·3 à 5·3. — Fig. 95.

Lampe en forme de vaisseau. — Le bec de la proue se recourbe au-dessus d'un tillac formé de deux traverses diver-

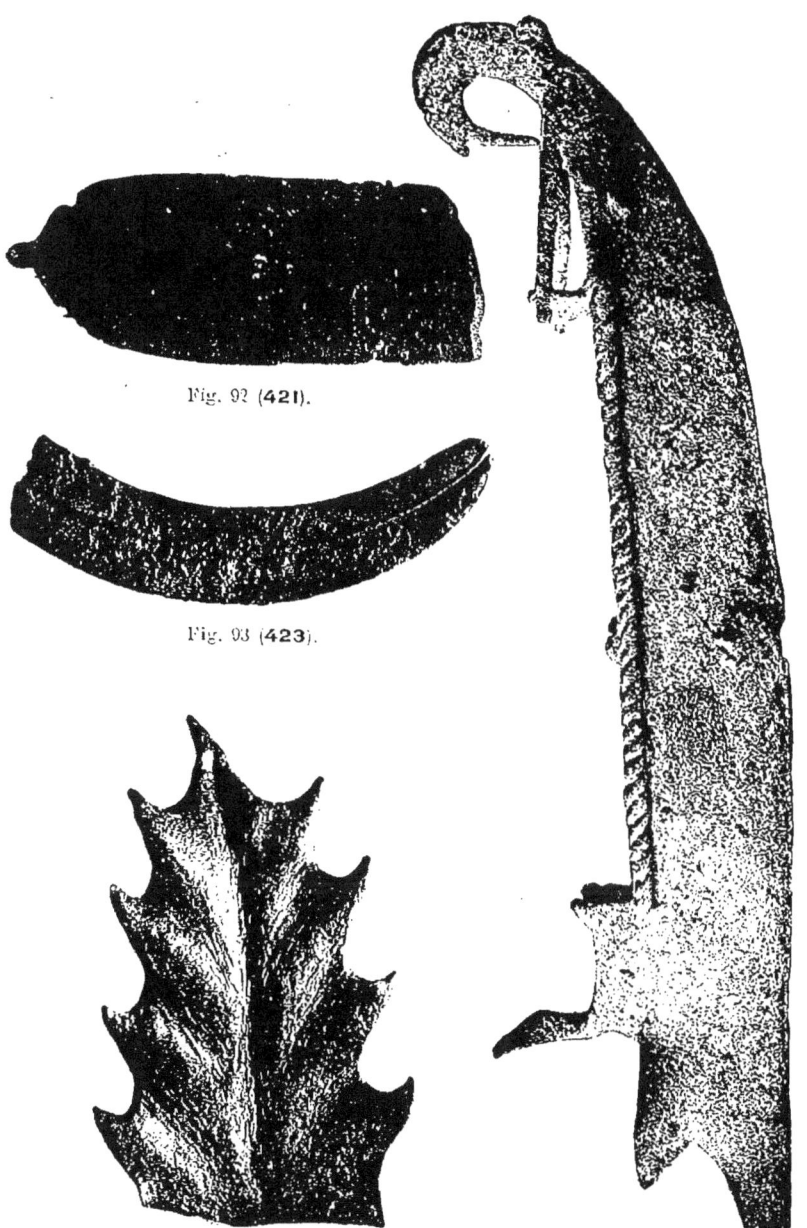

Fig. 92 (**421**).

Fig. 93 (**423**).

Fig. 94 (**424**).

Fig. 95 (**425**).

gentes : à la poupe est le godet du trou d'air, suivi d'un faux pont percé d'un nouvel orifice. Au milieu de la cavité centrale, un clou en fer fixait la lampe et devait se continuer par l'attache du couvercle.

La forme, très attique, du vaisseau (cf. la coupe d'Exekias, *Wiener Vorlegeblætter*, 1888, pl. VII, I^a) est déjà celle du Dipylon (*Monuments Grecs*, 1882-4, p. 44, fig. 1).

426 (7045). — Trouvé à l'E. du Parthénon. Ἐφημ. Ἀρχαιολ., 1883, p. 47, 21. — Haut., 3·6. Long., 7·5. — Les deux anses brisées. — Fig. 96.

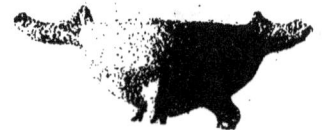

Fig. 96 (**426**).

Lampe à trois pieds, composée d'un récipient oblong, avec un orifice ovale entre deux trous ronds.

427 (7008). — Haut., 8·4. Long., 18. Diam. de base, 3·6.

Lampe byzantine, la bélière de l'anse, surmontée d'une croix grecque. Une deuxième bélière (de suspension) entre le trou à air et l'orifice central. — De la forme commune : OLYMPIA, p. 212, 1366e.

INSCRIPTIONS

428 (6975). — Trouvé entre les Musées et le mur Sud de l'Acropole. *Deltion*, 1888, p. 55. — Long., 25. Haut., 11. Ep., 0·2 à 0·3. — Cassé en quatre morceaux.

Plaque percée de quatre trous, complète à gauche :

```
OITAMIAI!TADEXAVKIAI
SVMVEXSANTES!ΔIOSKDATEP
ANAXIONIKAIEVΔIQOSKAIS
KAIANOKIΔESIKAIVVSIMA·
```

οἱ ταμίαι τάδε χαλκία..
συλλέξαντες, Διὸς κρατερ[όφρονι κούρῃ ἀνέθηκαν
Ἀναξίων καὶ Εὔδικος καὶ Σ[..
καὶ Ἀνδοκίδης καὶ Λυσίμαχ[ος

Il devait y avoir huit ταμίαι de la déesse.

DEUXIÈME PARTIE

ANIMAUX

I

MONSTRES ET ANIMAUX FANTASTIQUES (429-459)

CENTAURES

429 (6684) [1437]. — Trouvé au sud du Parthénon. *Deltion*, 1888, p. 82. — *J. of Hellen. Stud.*, 1889, p. 268. — Haut., 5. (de la tête, 2·1). Long., 5. — Les jambes de devant cassées, mais, comme dans le n° suivant, certainement humaines. — Fig. 97.

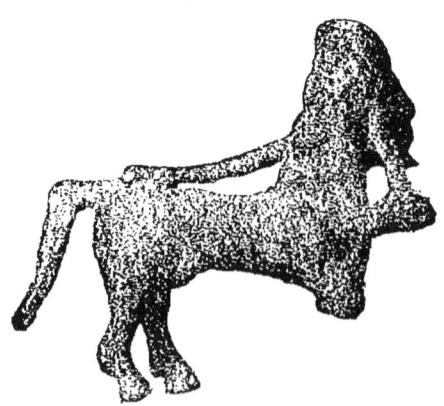

Fig. 97 (**429**).

Centaure au repos, les pattes gauches légèrement avancées. La tête, allongée, barbue, archaïque, est coiffée d'un bonnet pointu (1). La main droite lève près de l'oreille un bâton vertical, la gauche en tient un autre horizontal dont le bout repose sur la croupe.

Le centaure archaïque est rarement barbu. Cf. la plus grande partie des vases à bucchero et le lécythe « proto-corinthien », *Arch. Zeit.*, 1883, p. 158.

430 (6680) [1436]. — *J. of Hellen. Stud.*, 1888, p. 125. — Haut., 6·8 (de la tête, 1·6). Long., 5·5. Base, 1·1 sur 1·2. — Fig. 98.

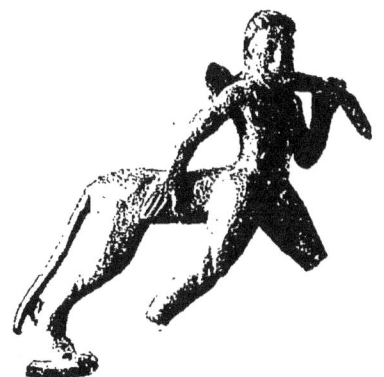

Fig. 98 **(430)**.

Centaure, les pattes de derrière réunies et portant sur une base rectangulaire. L'avant-corps, nettement séparé de la croupe, et franchement humain, marche en avant, la jambe droite en arrière, le corps tourné vers la droite et la tête presque de face. La main droite est posée sur la croupe, la gauche porte sur l'épaule une branche tordue. La tête allongée, la bouche relevée aux coins, les yeux obliques et saillants, les cheveux tombant en tresses nattées, rappelle l'exemplaire Oppermann, mais paraît plus archaïque.

Cf. le centaure Oppermann, trouvé en 1835 sur l'Acropole

(1). — D'origine orientale. Cf. les appliques de Balawat (PERROT, *H. de l'Art*, II, fig. 73, 244).

(Ross, *Archæol. Aufsætze*, I, pl. VI, 104-5. — Médailles, 514, p. 219-220).

GRIFFONS

Ces cols de griffons ne décoraient pas seulement la panse des grands chaudrons que portaient les trépieds. On les trouve souvent, dans les vases et reliefs archaïques, en haut de la πέζα des chars (1). Rien n'empêche de croire que quelques uns des bronzes qui suivent aient eu cette destination : comme le chapeau de la πέζα était, de toutes les parties du char, la plus en évidence, il est naturel qu'on ait dédié ces protomes, comme indices et symboles du tout qu'elles décoraient.

Aucune de ces têtes n'est en bronze battu. Le bouton porté en haut du crâne est nettement profilé, l'oreille bien creusée. Nos exemplaires sont donc de travail relativement récent. — En dehors du n° 437, dont la provenance est spécialement connue, quatre ont été trouvés à l'E. du Parthénon (*Deltion*, 1888, p. 12, 44, 55), l'un d'eux dans la couche de terre vierge qui s'étendait au-dessous du stratum de débris en tuf mentionné *Deltion*, 1888, p. 10-1.

431 (6634). — Haut., 21·8 (du bouton, 1·6). — Les deux oreilles cassées, le cercle d'attache non conservé. — Fig. 99.

Col de griffon de style archaïque, la gueule très ouverte, mais les mâchoires rigides, l'œil saillant, à peine indiqué, le cou très fortement renflé, une boucle spiraliforme descendant en relief sur le côté. Écailles arrondies. — Très altéré.

Cf. Olympia, pl. XLV, 794, p. 119 (battu au marteau).

432 (6636). — Haut., 11. (du bouton, 2·5). Long. de l'œil, 1·8.

(1) Cf., entre autres, le relief de Cyzique, *B. C. H.*, 1894, 493.

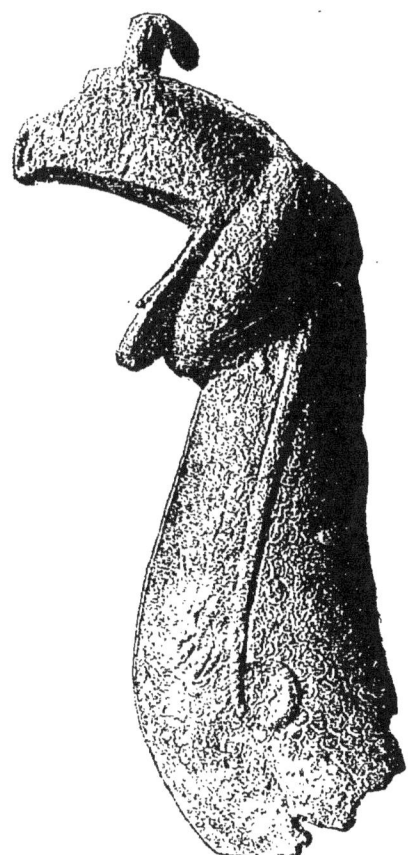

Fig. 99 (431).

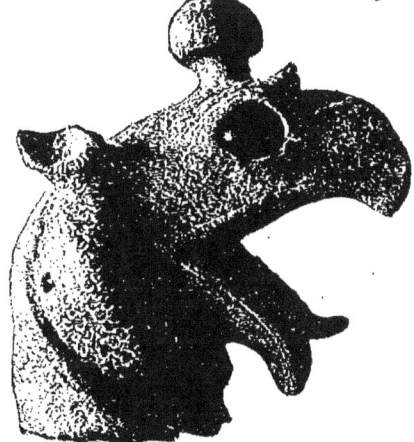

Fig. 100 (432).

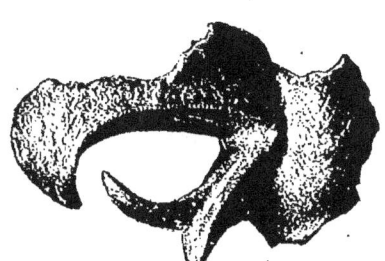

Fig. 101 (433).

— Les oreilles cassées presque dès l'attache. Conservé jusqu'au ras du cou. — Fig. 100.

Semblable, de style plus avancé, les mâchoires plus courbes, les yeux creux et losangiformes, la spirale striée, de distance en distance, de trois traits transversaux (procédé des vases géométriques et « proto-corinthiens »). Les écailles sont plus pointues.

Cf. OLYMPIA, pl. XLVII, 803, p. 122.

433 (6637). — Haut., 7·5. Larg., 6·7. — La mâchoire seule conservée. — Fig. 101.

Semblable, la langue courbe et atteignant presque la pointe supérieure du bec.

434 (6640). — Haut., 12. Larg., 8·5. — L'oreille droite seule en partie conservée. Cassé plus bas que dans l'exemplaire précédent. — Fig. 102.

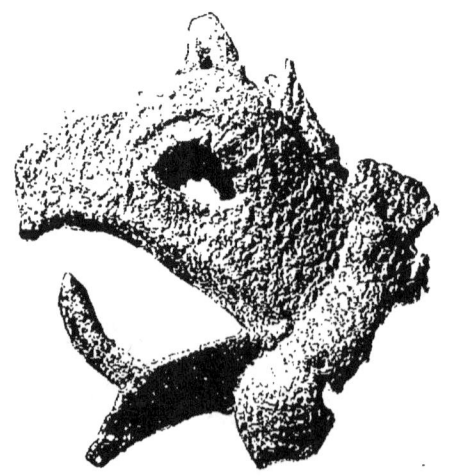

Fig. 102 (**434**).

Semblable.

435 (6633). — Haut., 20·4 (du bouton, 1·1). Diamètre de base, 8. Yeux, 2·1 sur 1·7. — Le haut du bouton et l'extrémité de la langue non conservés, les oreilles cassées, la gauche plus bas que la droite. — Fig. 103.

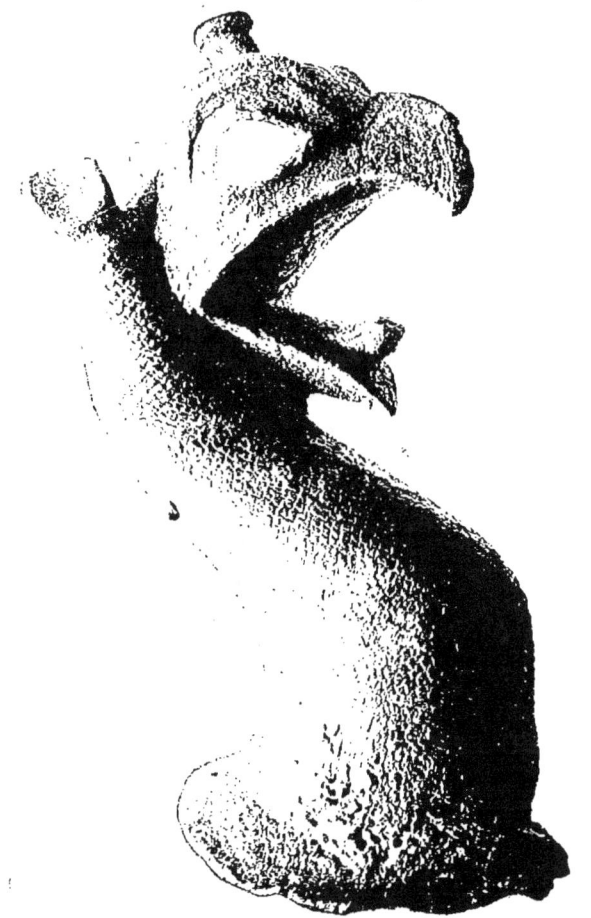

Fig. 103 **(435)**.

Semblable, assez bien conservée, de style plus récent, sans spirale descendant sur le col. Les bajoues sont fortes et les yeux presque triangulaires.

436 (6639). — Haut., 16. Larg., 5·6. Diam. de base, 5. —

L'oreille droite cassée, la gauche et le bouton en partie conservés. — Fig. 104.

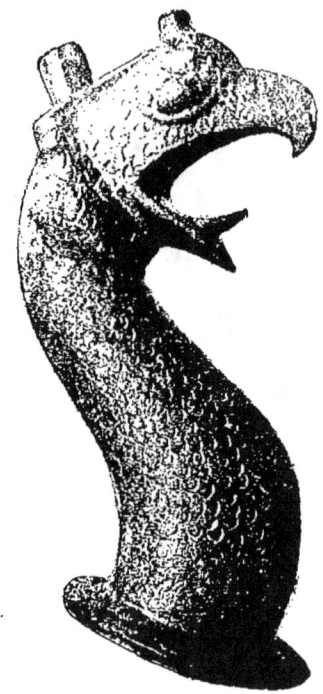

Fig. 104 (436).

Semblable, l'œil saillant et losangiforme, les écailles arrondies.

437 (6635). — Trouvé au S.E. du Parthénon. *Deltion*, 1888, p. 54. OLYMPIA, p. 123. — Haut., 20 (de l'oreille, 9). Larg., 16·2. Yeux, 2·8 sur 2. — Cassé à l'attache du cou, l'oreille gauche non conservée. — Fig. 105.

Semblable, de grandes dimensions, l'œil creux et avec trois houppes en haut du front (OLYMPIA, pl. XLVII, 804, p. 122). — Fait de deux pièces, comme POLYTECHNEION, 7 (7582).

152 BRONZES DE L'ACROPOLE

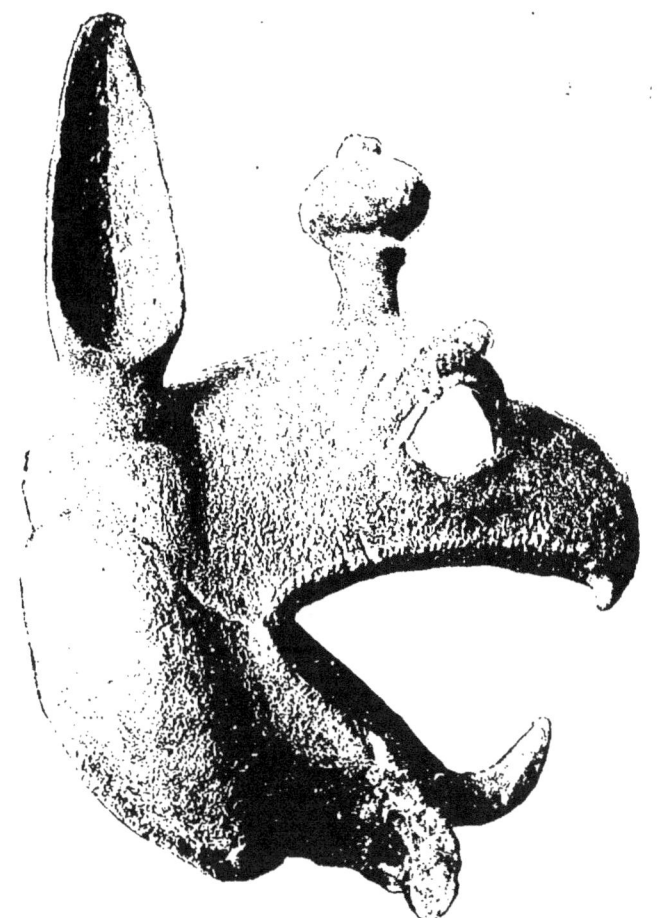

Fig. 105 (**437**).

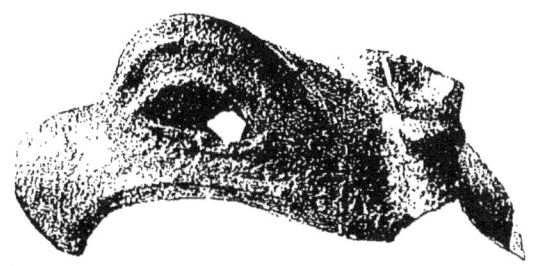

Fig. 106 (**438**).

438 (6638). — Haut., 5. Larg., 9·2. — Les oreilles à demi-conservées, le bouton cassé, ainsi que la mâchoire inférieure et le col tout entier. — Fig. 106.

Semblable, l'œil plus losangiforme.

439 (7016). — Haut., 6·7. Diam. d'attache, 7. — Cassé en haut.

Col de griffon, la tête non conservée.

440 (6641). — Trouvé à l'E. du Parthénon, Ἐφημ. Ἀρχαιολ., 1885, p. 47, 165. — Haut., 6·5. Larg., 4. Diam. d'attache, 2·1. — Le bouton à demi brisé. — Fig. 107.

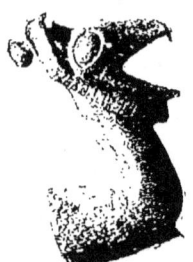

Fig. 107 (**440**).

Semblable, le cou dressé à angle droit, la mâchoire inférieure bordée d'un bourrelet, l'œil ovale et saillant.

Cf., pour ces protomes de petites dimensions, OLYMPIA, pl. XLVIII, 816, p. 129, et le griffon marchant (de style plus récent) trouvé sur l'Acropole, MÉDAILLES, 774.

SPHINX

441 (6497) [1421]. — Haut., 7·3 (de la tête, 2). Base, 4 sur 1·9. — Fig. 108.

Sphinx assise sur une plaque rectangulaire, les ailes courbes et recroquevillées. Buste féminin écaillé. La tête diadémée, les cheveux tombant en tresses nattées, est ferme, quoique de de contours arrondis. Les yeux losangiformes et la bouche droite rappellent la sphinx de Spata (1), plus que celles de l'Acropole (2).

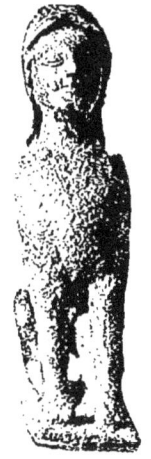
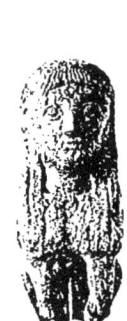
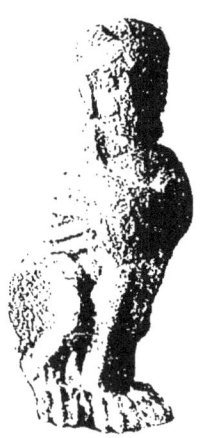

Fig. 108 (**441**).   Fig. 109 (**442**).   Fig. 110 (**443**).

442 (6499) [1423]. — Haut., 4·6 (de la tête, 2). — Les pattes cassées. — Fig. 109.

Semblable, la tête de style plus sévère, deux tresses tombant sur chaque épaule, les cheveux frangés sur le front, et nattés sur la nuque.

443 (6496) [1424]. — Trouvé à l'E. du Parthénon, Ἐφημ. Ἀρχαιολ., 1883, p. 46, 13. — Haut., 7 (de la tête, 2). — Les ailes cassées. — Fig. 110.

(1) CAVVADIAS, Γλυπτά, 28. — Cf. le vase d'Egine (*Athen. Mittheil.*, IV, pl. 19).
(2) Ἐφημ. Ἀρχαιολ., 1883, pl. 2.

MONSTRES ET ANIMAUX FANTASTIQUES   155

Sphinx accroupie, les quatre pattes réunies et formant une base à la statuette. La tête relevée et tournée vers la droite, est coiffée d'une stéphané, les cheveux partagés sur le front, tombant sur les tempes et faisant nappe par derrière. La figure est de style plus libre.

444 (6498) [1422]. — Trouvé à l'E. du Parthénon, Ἐφημ. Ἀρχαιολ., 1886, p. 46, 12. — Haut., 5·3 (de la tête, 1·4). — Fig. 111.

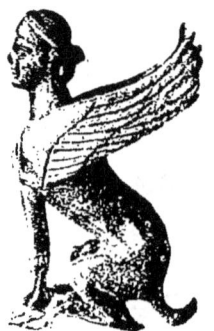

Fig. 111 (**444**).

Semblable, assise, les ailes à peine courbées et relevées très haut. La tête, très fine, est allongée, les cheveux relevés en chignon sur la nuque et partagés par une raie sous le diadème. Les sourcils arqués, les yeux allongés sous les paupières lourdes, le nez allongé, la bouche droite sont du plus beau style attique.

L'arrière train est à un plan inférieur. La sphinx par suite n'était pas appliquée sur une surface plane (tenon sous les pattes de derrière).

SIRÈNES

445 (6520) [1419]. — Olympia, p. 137. — Haut., 14 (de la tête, 2). Larg., 9·5. — Fig. 112.

Sirène de face aux quatre ailes recroquevillées, les pattes posées sur une griffe de lion, la tête soutenant une tige d'applique, terminée de droite et de gauche par une volute et

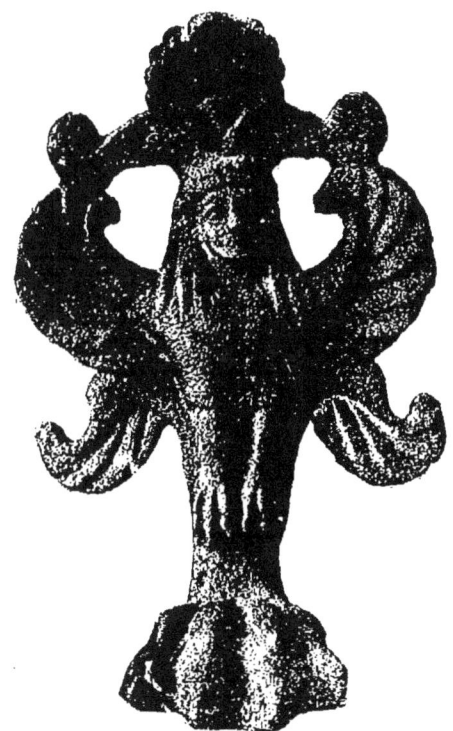

Fig. 112 (445).

surmontée d'une palmette oblique. Trois paires de tresses tombent sur le buste imbriqué d'écailles. La tête, pleine, presque carrée, a les yeux grand ouverts, les narines hautes et la bouche droite.

Le pied supportait un chaudron (cf. OLYMPIA, pl. LI, 858, p. 137, et, plus haut, les n⁰ˢ 68 et suivants).

446 (6522) [1420]. — Haut., 11·2 (de la sirène, 7., de la tête, 2). — La palmette cassée. — Fig. 113.

Semblable, le buste d'oiseau échancré sur la gorge et bordé haut et bas. Les tresses, toujours obliques, sont réunies.

447 (6521) [1486]. — Haut., 7·6 (du support, 3·6, de la tête, 1·9). Larg., 6·3. — Cassé en bas. La palmette détachée. — Fig. 114.

Semblable, avec une paire d'ailes et deux tresses sur la poitrine, le buste bordé au cou. — Le pied est remplacé par un pilier hexagonal.

448 (6500) [1425]. — Haut., 7 (de la tête, 2·5). — Fig. 115.

Sirène assise, les ailes repliées. La tête, coiffée du polos, est allongée, de style libre.

449 (6523). — *J. of Hellen. Stud.*, 1892-3, p. 237, fig. 6. — Haut., 5·5 (de la figure, 1·3). — Fig. 116.

Sirène de face, les pattes posées sur une sorte de boule, les ailes relevées et recroquevillées, soutenant ainsi que la tête l'attache d'une anse mobile.

Cf. les appliques d'hydries, POLYTECHNEION, 30 (7914), et *C. Rendu de St-Pétersbourg*, 1877, 221, pl. III. 4.

GORGONES

450 (6839). — Haut., 4. Larg., 5·5. Ep., 0·7 à 1·4. — Cassée à gauche. — Fig. 117.

Tête de Gorgone, coupée net à la partie supérieure, encadrée à droite, et, semble-t-il aussi, à gauche, par des boucles schématiques et striées. Bouche en barre droite et yeux en losange parfait. — Le type, primitif, se rapproche de la Gorgone d'Orvieto (*Archæol. Zeit.*, 1877, pl. 11-1, p. 110-6).

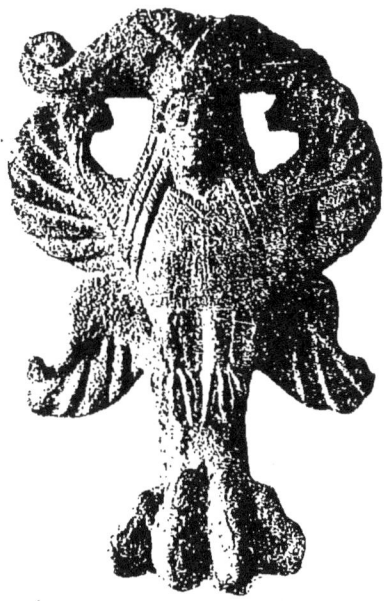

Fig. 113 (**446**).

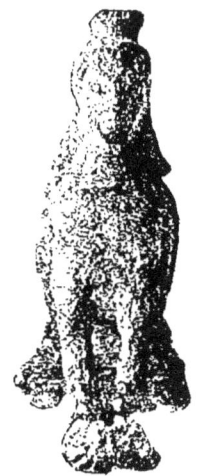

Fig. 115 (**448**).

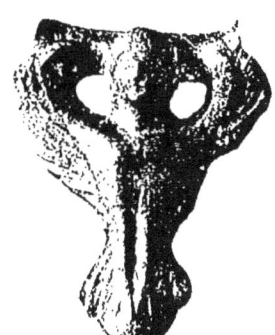

Fig. 116 (**449**).

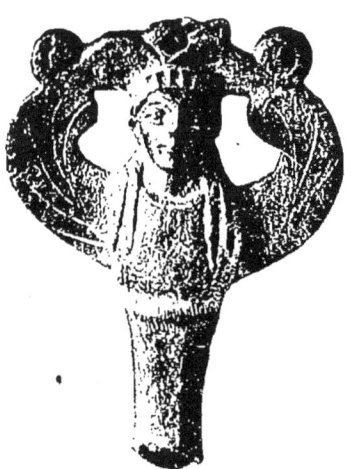

Fig. 114 (**447**).

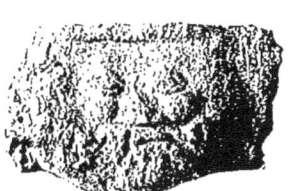

Fig. 117 (**450**).

451 (1526). — Trouvé à l'E. des Propylées, *Deltion*, 1888, p. 219. — Polytechneion, 5, p. 4. Olympia, p. 108. *J. of Hellen. Stud.*, 1892-3, p. 267, note 20. — Haut., 42 (de la tête, 13). Diam. total (environ), 60. Larg. de la couronne, 10. — Les ailes cassées, le pied gauche disparu.

Gorgone de face, de dimensions colossales, les pieds posant sur une lame horizontale, elle-même fixée sur une plaque plus large, recourbée à la partie inférieure. Dans le crochet ainsi formé entre une lame en forme de couronne, avec rebord à l'intérieur, analogue aux couronnes de trépieds (1). Une longue plaque verticale soutient par derrière la Gorgone et était haut et bas fixée à la couronne.

La tête, avec crocs, rictus, langue pendante, est de modèle ordinaire. Les yeux, obliques et triangulaires, ont les bords extérieur et intérieur également prolongés (2); des clous figurent les pupilles (3), comme d'autres, çà et là, fixent l'applique. Le corps, de proportions restreintes, est vêtu d'une gaine quadrillée (4).

452 (6840). — Long., 9. Larg., 7. Ep., 0·2 à 0·3.

Fragment d'aile gauche (de Gorgone). — Double rang de nervures.

453 (6841). — Larg., 13. Haut., 11. Ep., 0·15 à 0·2.

Semblable, la pointe recroquevillée de l'aile conservée.

---

(1) Polytechneion, 5-6.
(2) Cf. la statue d' « Antenor ».
(3) Olympia, pl. XLI, 714-5, p. 106.
(4) Cf. les plaques « argivo-corinthiennes » de l'Antiquarium de Berlin (*Arch. Anzeiger*, 1893, p. 117-8) et Olympia, pl. XXXIX, 690, p. 102 (*ibidem*, pl. XL, 717, p. 106-7).

454 (6675) [1487]. — Haut., 8·5 (de la tête, 2·7). Larg., 8·5.
— Les deux protomes cassées. — Fig. 118.

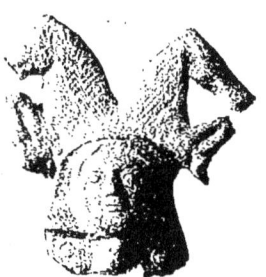

Fig. 118 (**454**).

Buste fixé par deux rivets à la partie inférieure. La tête, coiffée d'un pétase plat et ovale, large du haut, les cheveux tombant en nappe ondée qui s'élargit vers les épaules, les yeux amandiformes, le nez allongé, la bouche plus arquée rappellent le n° **765**. Du sommet se détachent en sens inverse deux avant-trains de chevaux.

Peut-être le mythe de Pégase et de la Gorgone a-t-il donné naissance à ce motif. — On peut comparer un masque en terre cuite de l'Antiquarium de Berlin accosté de deux lions et surmonté d'une colonne (anse) cannelée.

455 (7080). — Haut., 11 (de la base, 1·8, de la tête, 4). Larg., 10 (de la tête, 3·7). Diam. de base, 2·9. — Fig. 119.

Pied polygonal dont les griffes posent sur une boule décorée d'oves. A l'endroit où se détache par derrière la palmette d'attache transversale, s'épanouit par devant une tête de Gorgone, de la base de laquelle partent deux serpents. La tête, de beau style, est encadrée de deux à trois tresses tuyautées, la bouche s'ouvrant triangulaire.

Cf., pour le pied, les n°ˢ **445-6**.

456 (7116). — Trouvé à l'E. du Parthénon, Ἐφημ. Ἀρχαιολ.,

MONSTRES ET ANIMAUX FANTASTIQUES

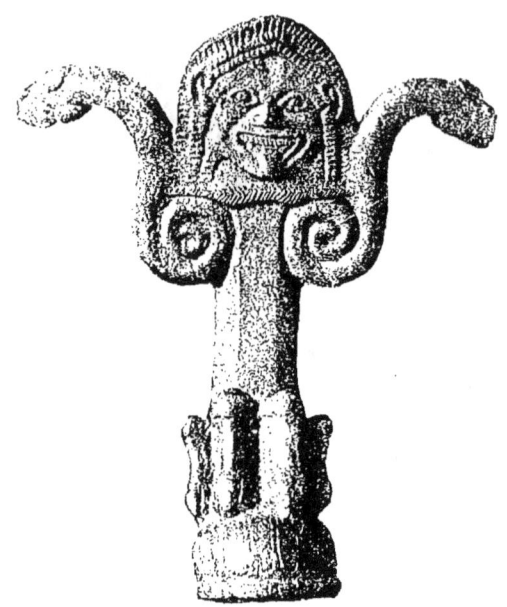

Fig. 119 (**455**).

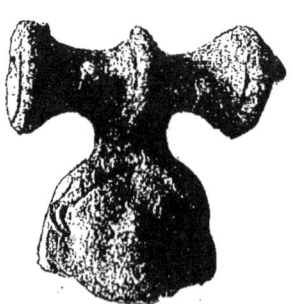

Fig. 120 (**456**).

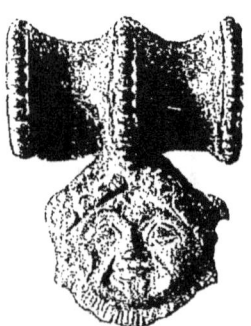

Fig. 121 (**457**).

1883, p. 46, 14. — Haut., 7 (de la tête, 3·5). Larg., 6·5.
— Fig. 120.

Attache d'anse en demi-bobine, ornée de trois lignes transversales de grènetis. De la médiane pend une tête de Gorgone de style médiocre, la bouche relevée aux coins.

Cf., pour la demi-bobine, le n° 129, pour l'applique, les mufles de lions n°s 131-144.

457 (7107). — *J. of Hellen. Stud.*, 1892-3, p. 236, fig. 4. — Haut., 6·2 (de la tête, 3·2), Larg., 4·8 (de la tête, 2·8). — Fig. 121.

Attache semblable, la tête de beau style, les joues enflées par un rictus, une bordure de franges cernant les contours. Les yeux, triangulaires, sont placés droit.

458 (6510). — Trouvé au Sud du Parthénon, *Deltion*, 1888. p. 154. — Haut., 10 (de la tête, 7·5). Larg., 8. — Quelques-uns des serpents cassés à l'extrémité. — Fig. 122.

Tête de Gorgone, aplatie et à très large rictus, les yeux saillants, quatre bandeaux tuyautés cernant le haut du front. Douze serpents ondulants sont fixés aux bords par des clous.

459 (6509). — Haut., 11. (de la tête, 8·5). Larg., 11. — Fig. 123.

Semblable, la forme de la tête différente et plus allongée, les joues plus en relief, la bouche moins large et les commissures à jour, les yeux remplis par une matière vitrée, le front bordé de bandeaux ondulés, les lobes des oreilles cachés par des rosettes. Les serpents sont plus divergents et le tout de style plus soigné.

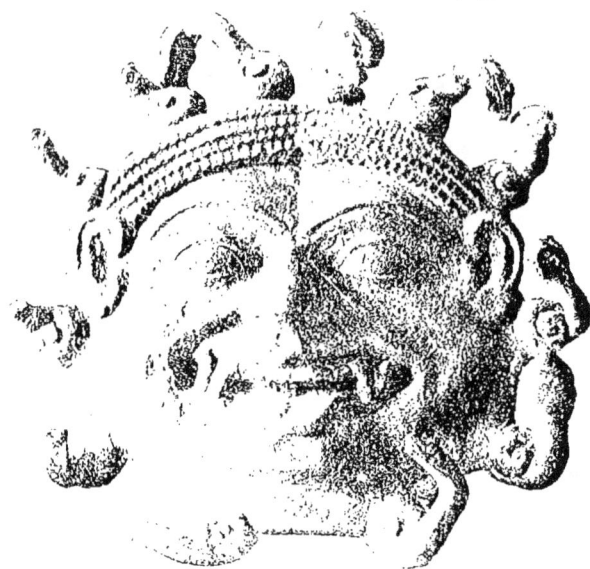

Fig. 458

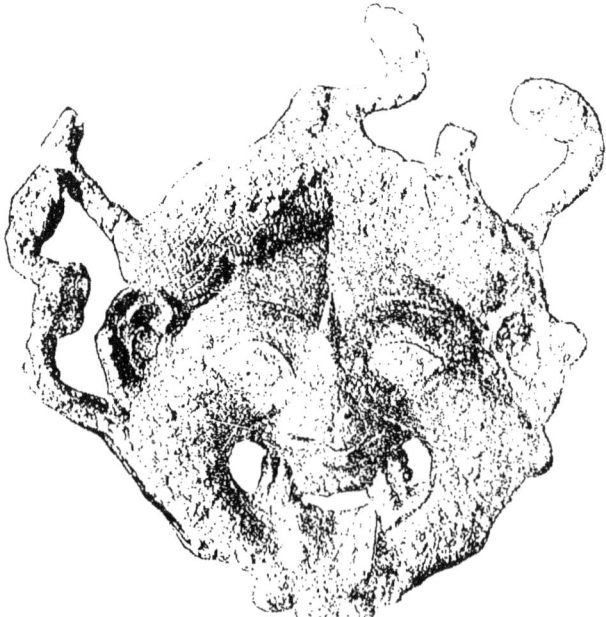

Fig. 459

II

ANIMAUX (460-574)

1. — QUADRUPÈDES (460-529)

CHIENS

460 (6692).— Haut., 5·7. — Fig. 124.

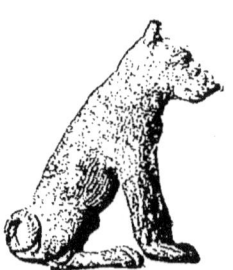

Fig. 124 (**460**).

Chien assis, la tête légèrement baissée, le cou portant un collier, le corps incisé de traits parallèles et gravés avec soin. Le type, assez fort, à grosse tête, semble celui des chiens de Laconie.

461 (6677). — Haut., 13. Larg., 9. Long., 10. — Les pattes cassées.

Masse informe, d'où se détache, en demi-relief, un chien lévrier accroupi vers la gauche.

462 (6696). — Long., 4·5. Larg., 0·65.

Lévrier courant, les pattes réunies deux à deux et portant sur une base courbe, comme ceux qui décorent la tranche des miroirs à pied, cf. POLYTECHNEION, 153 (7579).

LIÈVRES

463 (6682). — Long., 6·8. Haut., 4·7. Ep., 0·5. Tenons, 1·4 sur 0·8 et 0·9 sur 0·8. — Fig. 125.

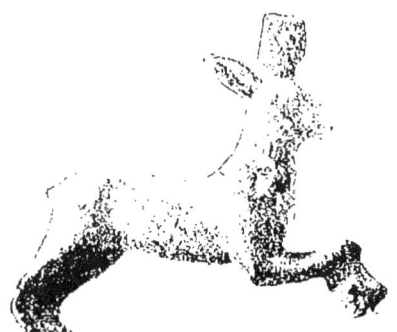

Fig. 125 (**463**).

Lièvre en demi-relief, galopant à droite, les pattes réunies. Du haut de la tête, des pattes de devant et peut-être aussi des pattes de derrière, partaient des plaques d'applique rectangulaires, percées d'un trou en leur milieu.

LIONS

464 (6657). — Long., 9·5 (de la tête, 1·8, de la crinière, 3·5). Haut., 4·8. Larg., 2·5 à 3·5. — Fig. 126.

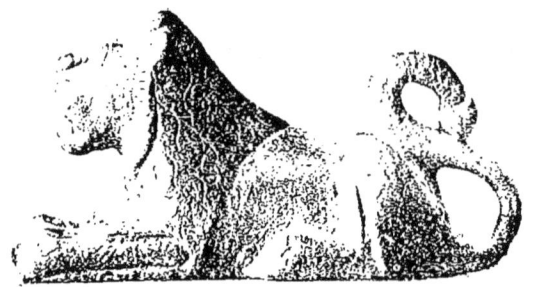

Fig. 126 (464).

Lion couché, la tête regardant en avant et non allongée entre les pattes de devant, la queue en 8 et se terminant en bouton. Beau style.

Cf. OLYMPIA, pl. LVII, 965, p. 152. KARLSRUHE, 380-1. LONGPÉRIER, 788.

465 (6666). — *J. of Hellen. Stud.*, 1892-3, p. 239, fig. 11. — Long., 6·2. Haut., 2·4. Larg., 1·3. — Fig. 127.

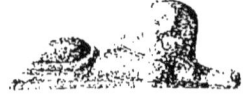

Fig. 127 (465).

Semblable, sur une base courbe et la tête regardant à droite. Celle-ci est de style particulier, presque assyrien, la crinière courte et comme bordée d'un collier. La queue est collée sur la croupe.

Cf. OLYMPIA, pl. XLVIII, 820, p. 130. POLYTECHNEION, 973. — La tête regardant vers l'extérieur de la courbe, le lion *pouvait* servir d'applique au cercle inférieur d'un trépied.

466 (6659). — Long., 9·5. Haut., 5·2 (de la tête, 2·6). Larg., 2·6. — Fig. 128.

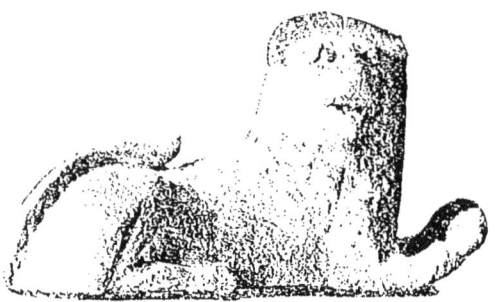

Fig. 128 (466).

Semblable, la tête redressée et de forme plus canine, la crinière moins stylisée. Les pattes de devant sont tordues.

467 (6665). — Long., 5. Larg., 1·5. Haut., 3. — Fig. 129.

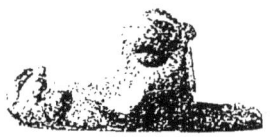

Fig. 129 (467).

Semblable, l'applique plus courbe et fixée par deux clous, la tête de style commun, que la crinière entoure comme d'un collier.

468 (6650). — Long., 5·5. Larg., 1·8 à 2·1. Haut., 3·5. — La patte droite de devant et une partie de la croupe non conservées.

QUADRUPÈDES 169

Semblable, sans incisions, mais de meilleur style, les oreilles en forme d'anses, la patte conservée se terminant en moignon.

469 (6661). — Long., 4. Haut., 4·5. Larg., 2·4 à 2·8. — Fig. 130.

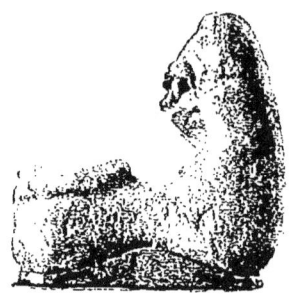

Fig. 130 (**469**).

Semblable, les pattes de derrière repliées sur les pattes de devant, la gueule ouverte et la tête retournée vers la croupe.

Cf. POLYTECHNEION, 973 (7768).

470 (6658). — Trouvé à l'E. du Parthénon, Ἐφημ. Ἀρχαιολ., 1883, p. 47, 175. — Haut., 5. Long., 5·2. Larg., 2. — Fig. 131.

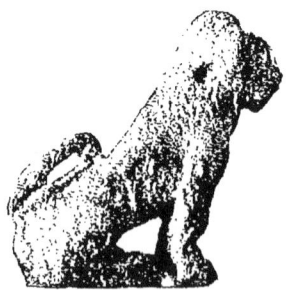

Fig. 113 (**470**).

Lion semblable, accroupi, la queue repliée, la tête de face et incisée, que la crinière entoure comme un collier.

170   BRONZES DE L'ACROPOLE

471 (6660). — Haut., 9·1 (de la tête, 2·3, de la base, 1·5).
Long., 6. Base, 1·5 sur 5·5. — Fig. 132.

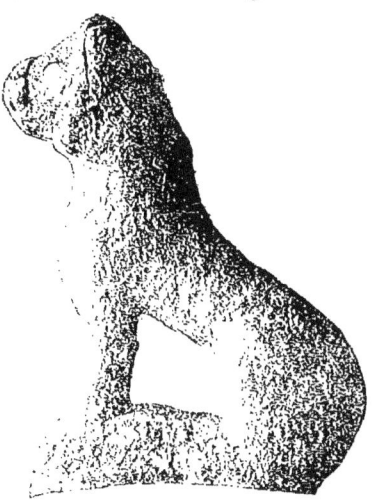

Fig. 132 (**471**)

Lionne semblable, les pattes de derrière se confondant avec la base épaisse.

472 (6692). — Haut., 9. Base, 4. — Fig. 133.

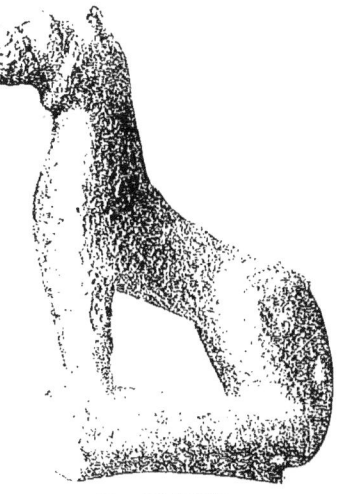

Fig. 133 (**472**).

Semblable, mieux conservée, le corps plus allongé, la tête plus petite et plus relevée.

473 (6664). — Haut., 7·2 (de la tête, 2·2, de la base, 0·6). Long., 6·5. — Fig. 134 et 135.

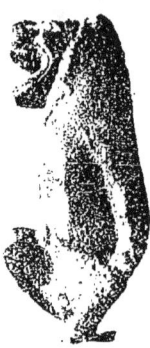
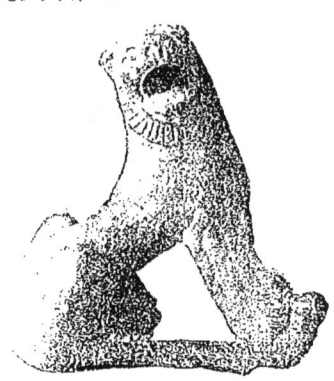

Fig. 134 (473).   Fig. 135 (473).

Lion semblable, sur une base relevée à l'extrémité, la tête à droite, rugissante. — Le corps n'est modelé que d'un côté et semble avoir servi d'applique.

474 (6649). — Long., 10·2 (du lion, 7·6). Haut. maxima, 7. Ep., 1·4. — Cassé à droite.

Épaisse lame courbe, terminée à gauche par une volute simplifiée et fixée par deux clous transversaux. Sur la partie gauche, au dessus, un lion rampe à gauche, la tête retournée vers la droite, où devait faire pendant un lion de sens opposé.

Cf. OLYMPIA, pl. LVII, 969, p. 152 et surtout FRIEDERICHS, 234 t. — La tige ressemble aux arcs de support des miroirs, mais la présence du lion exclut cette hypothèse. D'autre part, le support étant courbe, on ne peut songer à des appliques, comme le groupe de Graechwyl (cf. n° 169).

475 (6656). — Long., 5·7. Haut., 4·5 (de la tête, 1·6). Larg., 1·1 à 1·3. — La queue cassée, ainsi que les griffes de deux des pieds. — Fig. 136.

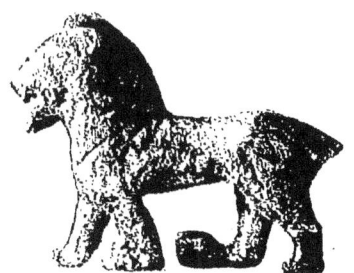

Fig. 136 (**475**).

Lion marchant, la gueule ouverte, les pattes droites en avant. — La forme des griffes et la grosseur de la tête rappellent le style des vases corinthiens.

476 (6663). — OLYMPIA, p. 150-1. — Haut., 6·2 (de la tête, 4·5). Larg., 3·2. — Cassé au cou.

Tête de lion de style primitif ionien, les yeux caves, la gueule ouverte et les crocs saillants.

Cf. OLYMPIA, pl. LVI, 947, p. 150.

477 (6776). — Haut., 3·5. Larg., 1·7 à 3.

Rotule de lion, la jambe très fortement pliée au genou.

FÉLINS

478 (6690). — Long., 5·8 (de la tête, 1·3). Haut., 1·5. — Fig. 137.

Félin en course rapide, la tête tournée à droite et marquée

d'un pointillé. Les pattes allongées et réunies deux à deux s'appliquaient sur une surface courbe.

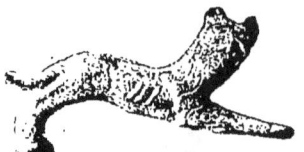

Fig. 137 (**478**).

M. Bather (*J. of Hellen. Stud.*, 1892-3) rapproche les lions proto-attiques, *Jahrbuch*, 1887, pl. 4, p. 35, mais la forme de la tête, comme le style sont différents.

PORCS

479 (6699). — Trouvé au Sud du Parthénon, *Deltion*, 1888, p. 83. — Long., 13. Haut., 7·5. — Fig. 138.

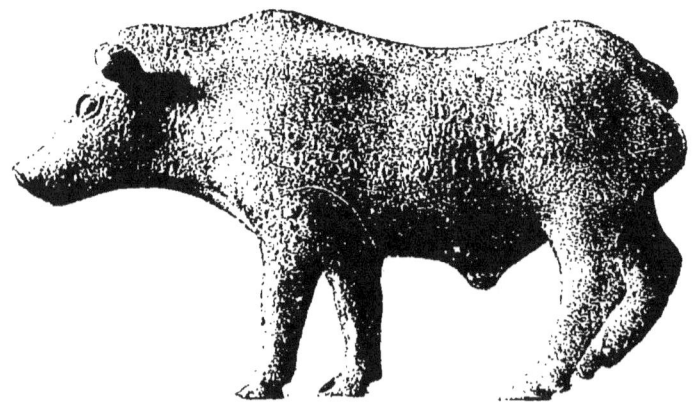

Fig. 138 (**479**).

Porc marchant, la patte gauche en avant, la patte droite de l'arrière-train tordue. — Fondu d'une pièce, sans incisions.

CHEVAUX

Le nombre relativement restreint des chevaux primitifs trouvés sur l'Acropole et le défaut d'observations précises faites sur leur découverte empêchent de classer d'une manière sûre ces représentations. Quelques n^os (**500**, etc.) appartiennent à l'art dit géométrique, mais rien ne prouve qu'ils soient, comme à Olympie, nécessairement postérieurs aux animaux d'un modelé plus libre, quoique parfois plus grossier (OLYMPIA, p. 28). Il ne semble pas, malgré la série dite du Dipylon, que, sur l'Acropole, et, généralement dans l'art attique, le style « géométrique » ait exercé autre chose qu'une influence passagère.

On sait que les vases du « Dipylon » ont été trouvés en petit nombre sur l'Acropole. La raison ne peut en être que l'usage en était exclusivement funéraire (*Anzeiger*, 1893, 17), car on conçoit mal un style *inventé* spécialement pour une catégorie de récipients. Les vases « proto-attiques » témoignent d'ailleurs de la quantité de motifs mycéniens qu'après le Dipylon la céramique avait conservés ; il paraît en avoir été de même dans la suite des bronzes. Les premiers essais, d'une rudesse parfois si vivante, se relient, par la même recherche du vrai, aux productions d'art plus développé : les spécimens d'art stylisé et comme mécanique restent isolés dans la masse. Aussi n'est-ce pas en Attique qu'il faudrait chercher l'origine de l'art géométrique.

480 (6546). — OLYMPIA, p. 36. — Long., 5·9. Haut., 4·2. Base, 4·2 sur 3. — La queue cassée. — Fig. 139.

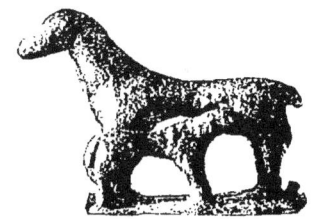

Fig. 139 (**480**).

Cavale, que trait un poulain, le tout sur une base rectangulaire percée d'un trou d'attache.

Cf. OLYMPIA, pl. XIV, 217, p. 36.

481 (6547). — Long., 6·5. Haut., 5. Ep., 0·8 à 1·3. Base, 5 sur 2·4 et 3·2. — La tête du poulain cassée. — Fig. 140.

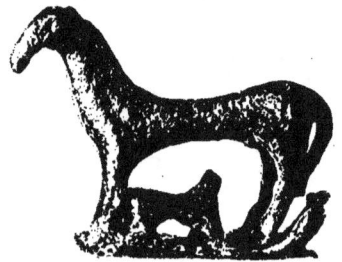

Fig. 140 (**481**).

Semblable, le corps plus mince, sur une base losangiforme relevée à l'extrémité.

482 (6555). — Haut., 5·4. Long., 4·2 (de la tête, 2). Ep. 1. Base, 4·2 sur 2·5. — Fig. 141.

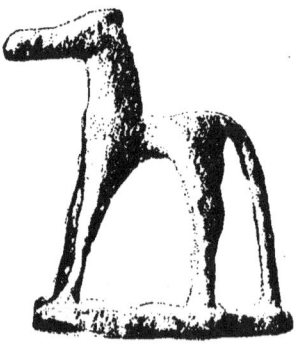

Fig. 141 (**482**).

Cheval, les pattes écartées, la queue fixée sur un ajout de la base, qui est rectangulaire et percée de sept trous.

Cf. OLYMPIA, pl. XIV, 197, p. 35.

483 (6537). — Long., 8·7 (de la tête, 2·2). Haut., 7·8. — Fig. 142.

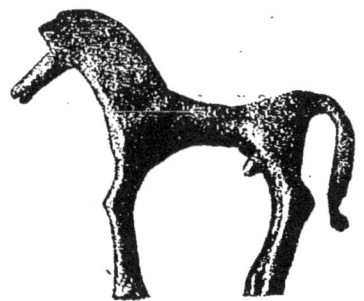

Fig. 142 **(483)**.

Cheval ithyphallique, les jambes sur la même ligne, mais les genoux fléchis en dehors, la tête — étroit et long manchon fendu au bout — surmontée d'une large crinière, la queue pendante.

Cf. OLYMPIA, pl. XII, 175, p. 33.

484 (6550). — Long., 8·5. Haut., 7. Ep., 0·9 à 1·2. Base, 8 sur 2·9. — La tête cassée, ainsi qu'une partie de la jambe gauche de l'arrière-train. — Fig. 143.

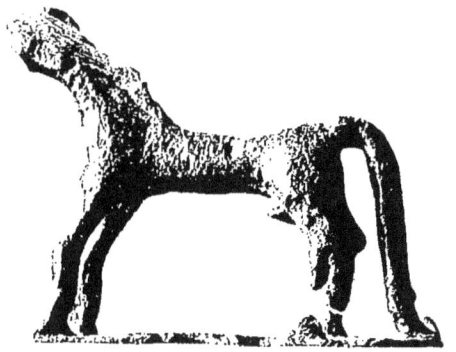

Fig. 143 **(484)**.

Semblable, la queue touchant la base conservée.

485 (6543). — Long., 7 (de la tête, 2·2). Haut., 5·5. Ep., 0·8 à 1·5. — Fig. 144.

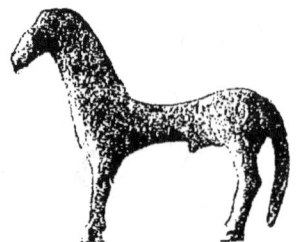

Fig. 144 **(485)**

Semblable, la queue moins longue.

486 (6545). — Long., 8·5. Haut., 6·3. — La patte droite de derrière cassée au milieu du canon et la queue dès l'attache.

Semblable, le corps plus arrondi, les pattes plus tordues.

487 (6534). — Long., 7·2 (de la tête, 2·2). Haut., 5·2. Ep., 0·5 à 1·3. — Fig. 145.

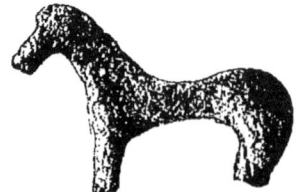

Fig. 145 **(487)**.

Cheval de style primitif, la queue collée aux jambes.

488 (6536). — Long., 6. (de la tête, 2·1). Haut., 5·4. Ep., 0·9 à 1·4.

Semblable, les oreilles nettement figurées.

12

489 (6542). — Long , 8·2 (de la tête, 2·5). Haut., 6·5. Ep., 1 à 1·5. Base, 5·8 sur 2·3. — Fig. 146.

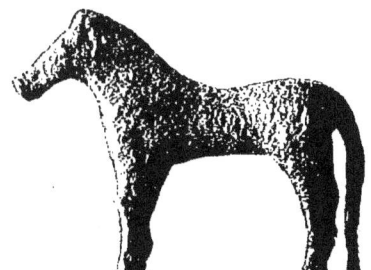

Fig. 146 (**489**).

Semblable, de proportions assez épaisses, sur base rectangulaire.

Cf. Olympia, pl. XI, 158, p. 33.

490 (6539). — Long., 9 8 (de la tête, 3·3). Haut., 9. Ep., 1 à 1·7. — Les pattes de devant cassées, ainsi que la patte gauche de l'arrière-train au-dessus du genou. — Fig. 147.

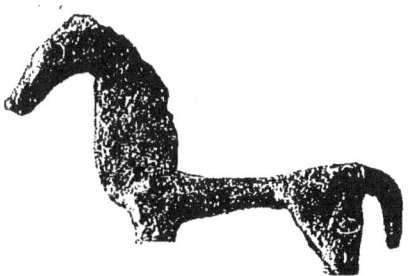

Fig. 147 (**490**).

Semblable, le corps particulièrement mince, le cou bombé.

491 (6544). — Long. de la tête, 2·8. Haut., 9·2. Ep., 0·5 à 1·7. — Cassé au milieu du corps et à la jambe droite. — Fig. 148.

QUADRUPÈDES

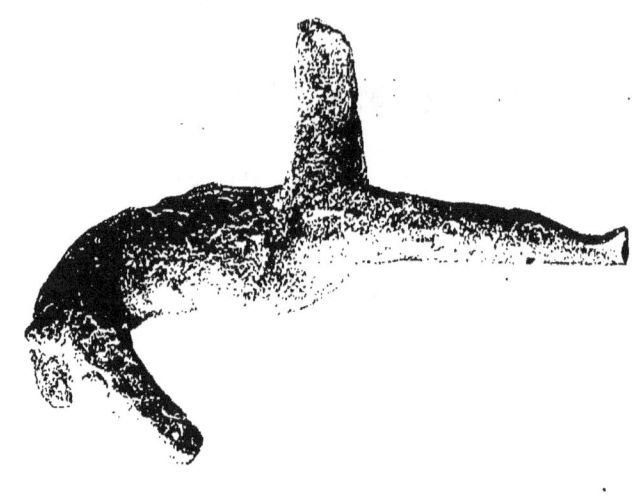

Fig. 148 (**491**).

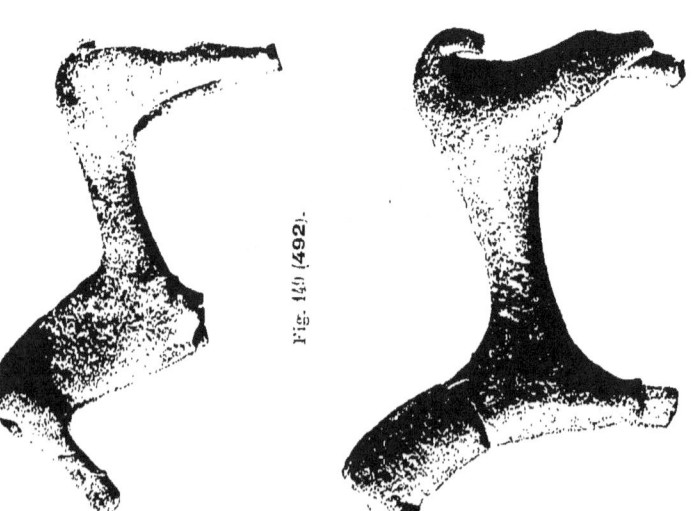

Fig. 149 (**492**).

Fig. 149 bis (**493**)

Semblable, la crinière formant toupet en haut du front, les naseaux percés.

492 (6551). — Long., 9·5 (de la tête, 3). Haut., 7·5. Larg., 0·9 à 1·7. — Les pattes de devant cassées. — Fig. 149.

Semblable.

493 (6552). — Long., 10. Haut., 9. Ep., 1·1 à 1·9. — La tête, la queue, et presque tous les pieds cassés. — Fig. 149 bis.

Semblable, ithyphallique, le corps plus arrondi, la patte gauche de l'arrière-train légèrement en retrait.

494 (6538). — Haut., 6. Long., 7 (de la tête, 2). — Ep., 0·7 à 1·4.

Semblable, bien conservé.

495 (6535). — Haut., 3·8. Long., 6. Ep., 1 à 1·3. — Les pattes de derrière cassées au genou, la droite de l'avant-train dès l'attache, la gauche au genou. — Fig. 150.

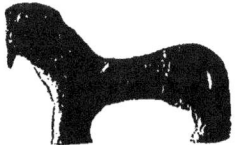

Fig. 150 (**495**)

Semblable, de proportions plus fortes.

496 (6540). — Haut., 4·6. Long., 6·3 (de la tête, 1·5). — Cassé de même.

Semblable.

497 (6553). — Long., 5·9 (de la tête, 2). Haut., 3·2. — Les pattes cassées au-dessus du genou.

Semblable, non ithyphallique et de proportions plus ramassées. La tête semble d'un mouton.

498 (6697). — Long., 13. (de la tête, 3·5). Haut., 9·5. Ep., 2·2. — Les pattes de derrière cassées à mi-hauteur, la patte gauche de devant brisée au genou, la droite tordue, la queue non conservée. — Fig. 151.

Semblable, le corps encore mince, les cuisses de l'arrière-train en légère saillie, mais la tête de style plus libre, l'œil ovale, la crinière figurée par traits parallèles.

Cf. Olympia, pl. LVI, 955, p. 151.

499 (6548). — Long., 7·2. Haut., 5·5. Ep., 1·5 — Fig. 152.

Semblable, le corps plus épais, mais la tête plus fruste.

500 (6554). — Haut., 8. Long., 7 (de la tête, 2·3). Ep., 0·3 à 1·5. — Les jambes gauches cassées à mi-hauteur, la droite de devant près du sabot.

Cheval, de style archaïque, le corps aplati, les pieds terminés par des rondelles percées d'un trou horizontal.

501 (6541). — Haut., 7·2. Long., 7 (de la tête, 2·4). Ep., 0·9 à 1·7. — La queue cassée. — Fig. 153.

Semblable, la tête, triangulaire, se terminant en pointe.
Les n°ˢ **500-1** étaient cloués par les pieds à la partie supérieure des anses de trépieds.

Cf. Olympia, pl. XXXIII, 607, p. 85-6. — Polytechneion, 5-6 (7483, 7842).

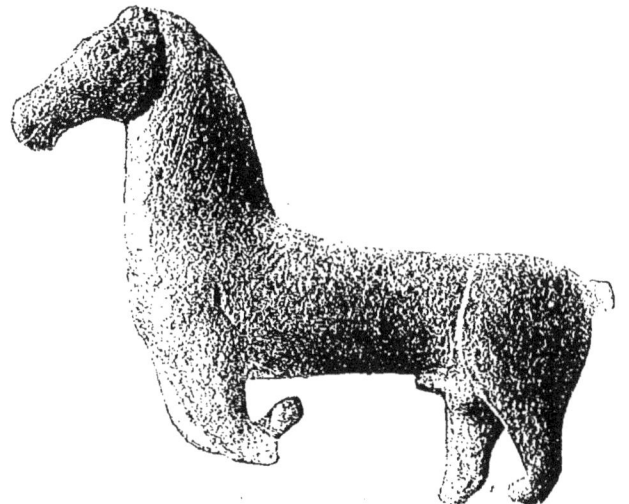

Fig. 151 (**498**).

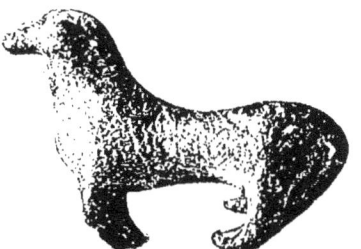

Fig. 152 (**499**).

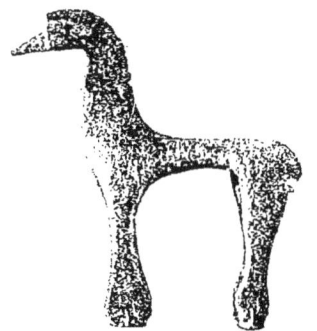

Fig. 153 (**501**).

QUADRUPÈDES 183

502 (6694). — Haut., 4·2. Plate-forme, 5 sur 4·2. — Les jambes cassées au genou. — Fig. 154.

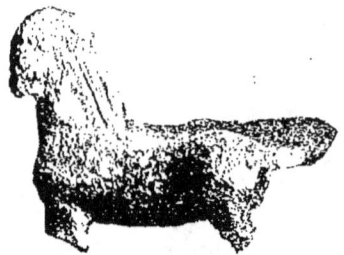

Fig. 154 (**502**).

Plate-forme rectangulaire, ornée de zigzags gravés et avec rebord sur un côté. Au côté adjacent est soudé un cheval qui porte la plaque à mi-corps, la tête tournée à gauche et de style primitif, la crinière flottant en arrière comme une chevelure.

503 (6549). — Haut., 5·3 (de la plaque, 2·8 (de la tête, 2·7). Long., 8. Plaque, 4·1 sur 3·6. — L'une des queues cassées. — Fig. 155.

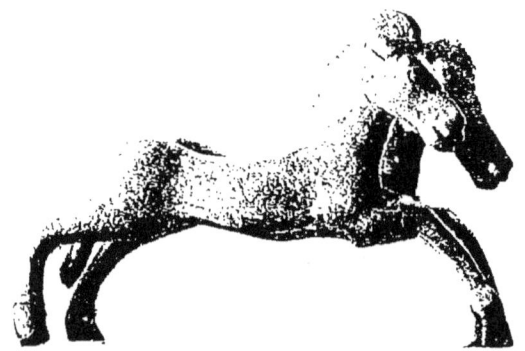

Fig. 155 (**503**).

Semblable, les deux chevaux conservés qui, comme dans le n° précédent, supportaient la plaque de part et d'autre. De style singulièrement plus libre, ils galopent en avant, la tête légèrement en dehors, la crinière et la queue incisées.

Ces groupes ne semblent avoir jamais eu qu'un caractère votif.

504 (6693). — Haut., 7·8. Long., 7. Larg., 1·5 à 3. — Fig. 156.

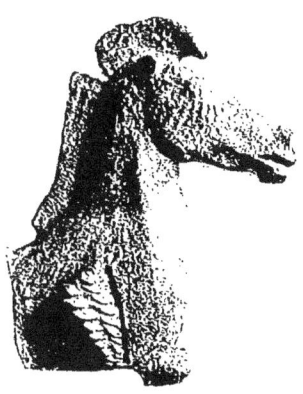

Fig. 156 (**504**).

Protome de cheval ailé de beau style, les pattes et les ailes cassées dès l'attache, la crinière et la crête courtes et séparées, la tête, allongée, la bouche entr'ouverte.

La protome étant pleine, on ne peut songer aux attaches d'anses (**145-8, 197**) ni aux appliques de trépied (PANOFKA, *coll. Pourtalès*, pl. 13).

505 (6785). — Long., 5. — Cassé au cou, les deux oreilles à demi conservées. — Fig. 157.

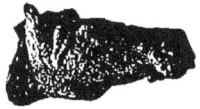

Fig. 157 (**505**).

Tête de cheval de style libre, le haut du front surmonté de

deux tresses et l'œillère de la bride indiquée. — Cf., pour le type, *Jahrbuch*, 1893, p. 136, fig. 4.

506 (7180). — *B. C. H.*, 1890, pp. 385-6, fig. 1 (Lechat). Daremberg et Saglio, *Frenum*, p. 1330, fig. 3292. — Larg., 20·5. Haut., 22. — Trouvé près de l'angle S. E. du Parthénon.

Mors, dur et brisé, les deux canons (ἄξονες) garnis de pointes (ἐχῖνοι). A l'attache des ailes, anneaux (δακτύλιοι) où s'attachaient les rênes : haut et bas, trous plus étroits où s'engageaient, pour soutenir le mors, les montants de la bride (des Ormeaux, *Revue Archéologique*, 1888, I, p. 52, 59). — Les ailes, très arquées, se terminent d'un côté en bouton mouluré, vers le bas en sabot de cheval.

Pour les offrandes de mors sur l'Acropole, v. Plutarque, *Vie de Cimon*, 5.

507 (7179). — Long., 15. Larg., 4·4 à 6·4. Ep., 0·7 à 2·7. — Une des bélières cassée.

Langue de cheval (?), avec deux bélières à l'attache, et, au revers, un goujon triangulaire.

Il faut rapprocher cet objet du mors précédent. — Tous deux devaient être l'offrande d'un cavalier.

508 (6741). — Haut., 10·5 (du sabot, 1·5, de la base, 3).

Pied et canon de cheval, sur une base de forme irrégulière

509 (6742). — Haut., 13·2 (du canon, 8·5, du sabot, 1·5, du tenon, 0·4).

Jambe semblable, nerveuse et bien musclée, la base remplacée par un tenon rectangulaire.

510 (6842). — Haut., 10·3. Larg., 1·5 à 2.

Canon de cheval conservé jusqu'au boulet.

BOUQUETINS

511 (6668). — Long., 11 (de la tête, 5). Haut., 5. — Fig. 158.

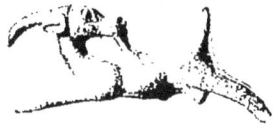

Fig. 158 (**511**).

Bouquetin galopant, la tête retournée vers la queue et les pattes réunies deux à deux. Cassées aux jarrets, elles posaient sur des palmettes et le tout servait d'anse de patère. La queue, courte et dressée, est, comme le dos et la tête, incisée de traits gravés.

BŒUFS

512 (6686). — *J. of Hellen. Stud.*, 1892-3, p. 240-1, fig. 13. — Haut., 8·3. Long., 5·8. Tête, 3·5 sur 2·5. — Cassé aux jambes et à l'épaule. — Fig. 159.

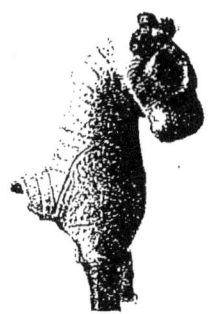

Fig. 159 (**512**).

Partie antérieure d'un taureau. Les striures transversales, sur le corps et le cou, le pointillage du museau et le dessin des cuisses sont caractéristiques des bronzes ioniens, les yeux sont caves, les cornes à peine saillantes.

Cf. le n° 476 — *Naucratis*, II, pl. X et Olympia, pl. LVI, 946-7, p. 150 (lion et cerf).

513 (6701). — Long., 5·8. Haut., 3·2 (de la tête, 1). — Fig. 160.

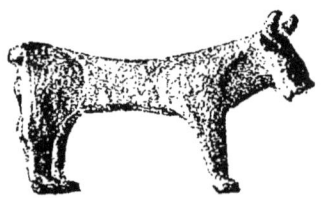

Fig. 160 (**513**).

Bœuf primitif, à museau cylindrique. L'attache des cuisses est marquée par deux plans, en relief d'un 1/2^{mm}.

Cf. Olympia, pl. LVI, 960, p. 151.

514 (6702). — Long., 4·3. Haut., 2·65. Base, 2·4 sur 1·8. — Fig. 161.

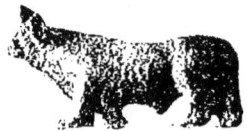

Fig. 161 (**514**).

Semblable, les fanons et le corps épais, en marche, les pattes gauches en avant, sur une base rectangulaire.

515 (6703). — Long., 6·3. Haut., 4·5. (de la tête, 1·6). —

La queue cassée, ainsi que les pieds de derrière. — Fig. 162.

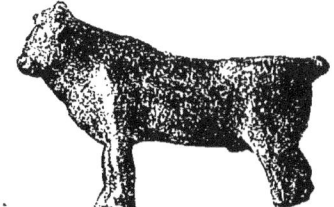

Fig. 162 (515).

Semblable, de style plus développé, au repos, les pattes écartées, la gauche du train de derrière légèrement en avant. Sur le corps est gravée l'inscription :

ΕΠΙΟΥΔΕΣ

ΚΑΒΙ[ρίω]?

516 (6685). — Long., 6·1. Haut., 4·1. Larg., 1 à 1·3. — Semblable, la tête baissée.

517 (6705). — Haut., 7·8 (de la base, 1·2). Long., 13. Base, 4 sur 10·7. — Fig. 163.

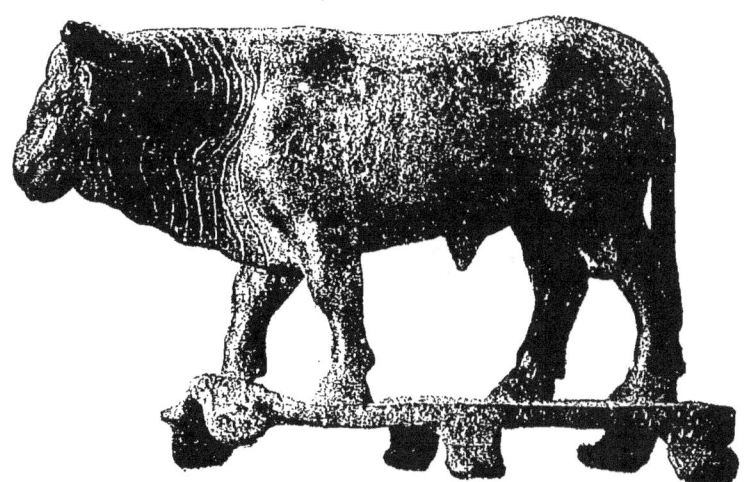

Fig. 163 (517).

QUADRUPÈDES 189

Taureau marchant, les pattes droites en avant, sur une base rectangulaire, portée par six pieds divergents. La tête est de beau style, les fanons striés d'incisions ondulées, les poils du front marqués par de courtes spirales.

518 (6709). — Haut., 8·5 (de la tête, 6·7). Larg. aux cornes, 5·5 (de l'attache, 7). — Fig. 164.

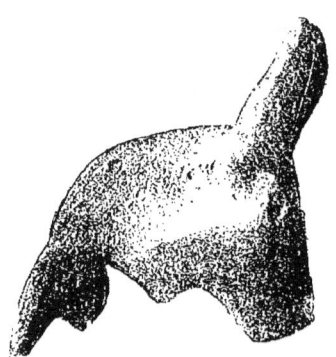

Fig. 164 (**518**).

Tête de bœuf de style archaïque, les cornes hautes et recourbées, s'appliquant par une large échancrure sur le rebord d'un vase et regardant vers l'intérieur.

La tête se rapproche d'OLYMPIA, pl. XXXLI, 643, p. 93.

519 (6711). — Haut., 3·5. Larg., 5·5. — La corne droite cassée. — Fig. 165.

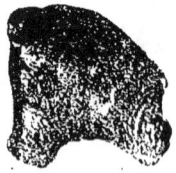

Fig. 165 (**519**).

Tête de jeune taureau, semblable, de style plus libre.

520 (6710). — Trouvé à l'E. du Parthénon, Ἐφημ. Ἀρχαιολ, (1883, p. 47-20). — Haut., 3. Larg., 3·5. — Fig. 166.

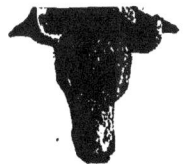

Fig. 166 (**520**).

Tête de bœuf, d'un beau modelé, coupée au cou par une section oblique.

521 (6713). — Haut., 3. Larg., 3·5. — Fig. 167.

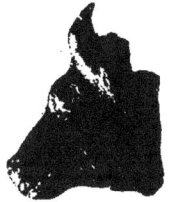

Fig. 167 (**521**).

Semblable.

522 (6712). — Long., 3·8. Larg., 3·2. — Les oreilles, les cornes et le bas de la tête non conservés. — Fig. 168.

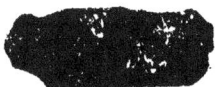

Fig. 168 (**522**).

Semblable, très fruste.

523 (6990). — Long., 2·8. Larg., 4.

Semblable, mieux conservée, surmontée d'une bélière où passe un fil tordu.

BOUCS

524 (6683). — Trouvé à l'E. du Parthénon, Ἐφημ. Ἀρχαιολ., 1883, p. 47, 195. — Long., 5·3. Haut., 4·5 (de la tête, 1·7).

Bouc galopant, les pattes de devant pliées aux genoux et écartées, la tête baissée et de trois quarts à droite, les touffes de poil du front et du corps marquées par des incisions parallèles.

BÉLIERS

525 (6689). — Long., 12·8 (de la tête, 2·9). Haut., 4. — La queue et les pattes cassées, celles du côté droit à partir du genou.

Bélier massif, les frisures des poils indiquées — d'un côté seulement — par des spirales.

526 (6700). — Long., 6·7. Haut., 2 à 2·9 (de la tête, 1·7). — Les pattes de derrière cassées, la gauche au genou. — Fig. 169.

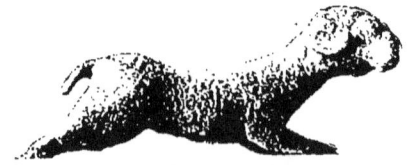

Fig. 169 (**526**).

Semblable, galopant, la tête inclinée vers la droite, les pattes de devant réunies, la laine indiquée par un semis de petits cercles.

527 (6676). — Haut., 5 (de la tête, 3·5). Larg., 4·5. — La corne droite cassée au bout. — Fig. 170.

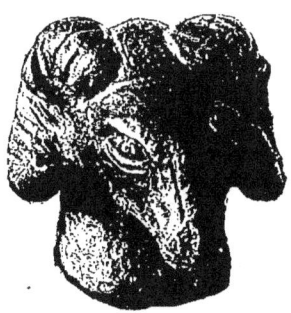

Fig. 170 **(527)**.

Tête de bélier de beau style, légèrement inclinée à droite. Sur le front, inscription.

528 (6708). — Long., 6. Diam., 2·2 à 2·7. — Fig. 171 et 171 bis.

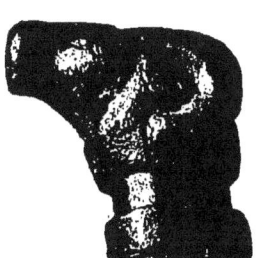 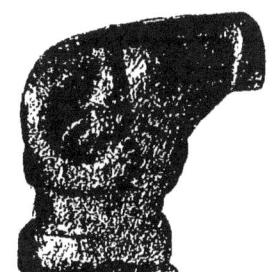

Fig. 171 **(528)**.   Fig. 171 bis **(528)**.

Semblable, l'attache ménagée par un bourrelet.

MOUTONS

529 (6691). — Long., 14·5. (des pattes conservées, 1·5). Haut., 7. Larg., 4. — La queue cassée et les quatre pattes coupées dès l'attache (la droite antérieure et la gauche

QUADRUPÈDES 193

postérieure en partie conservées. — Fonte très lourde. — Fig. 172.

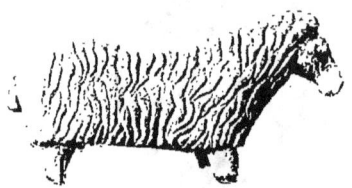

Fig. 172 **(529)**.

Mouton en marche lente, la tête penchée légèrement, la laine indiquée par des touffes tombantes.

Sous le ventre est l'inscription :

ΠΕΣΙΔΟΣΙΚΕΣΙΑ

Πεσίδος ἱκεσία

2. — OISEAUX (530-543)

CYGNES

530 (6715). — Larg., 10 (du cercle de base, 3·7). — L'aile gauche et la tête en partie cassées.

Cygne, les pattes posées sur un demi-cercle d'applique continuant la courbe de la queue. Celle-ci, en éventail, est décorée de pennes gravées, en séries concentriques. Tête grossière. La forme générale de l'applique est courbe : elle devait être fixée sur la panse d'un vase, la tête regardant vers l'intérieur.

Cf. Olympia, pl. XLIV, 788, p. 117.

CIGOGNES

531 (6670). — Haut., 7. Base, 1·2.

Cigogne, les ailes repliées, le bec à droite et mordant le jabot.

CHOUETTES

532 (6506). — Haut., 8·4 (de la tête, 2·1). Larg., 4. Ep., 3 à 3·7. — Les pattes cassées. — Fig. 173.

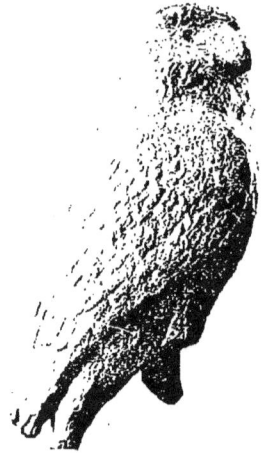

Fig. 173 (**532**).

Chouette en fonte pleine, la tête légèrement inclinée vers la droite, les ailes repliées.

533 (6508). — Haut., 4·6. — Fig. 174.

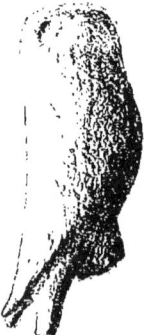

Fig. 174 (**533**).

Semblable, la tête plus tournée vers la droite.

534 (6507). — Haut., 4·8 (de la base, 2). Long., 2·5. Diam. de la base, 0·8 et 2. — Fig. 175.

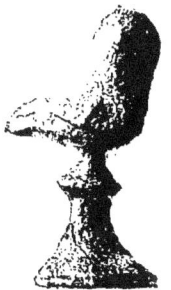

Fig. 175 (**534**).

Semblable, la tête à droite, sur une haute base ronde à moulure concave.

COQS

535 (6643). — Haut., 8. Long., 12. Ep., 3. — Cassé aux pattes. — Fig. 176.

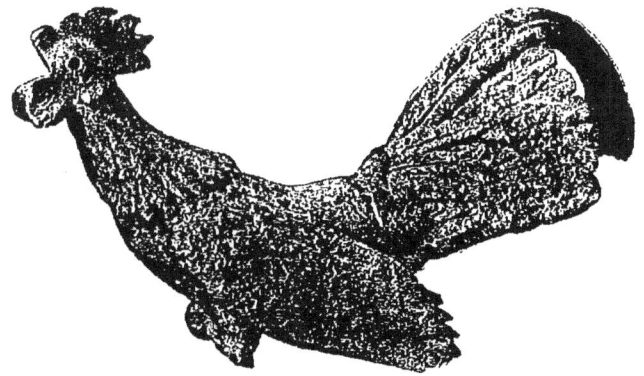

Fig. 176 (**535**).

Coq à droite, les plumes de l'aile et de la queue différentes de celles que l'on rencontre sur les vases corinthiens.

OISEAUX 197

536 (6642). — Haut., 6·2. Long., 6·5. — La queue et les ailes en partie cassées.

Semblable, les pattes juxtaposées et formant une base circulaire.

537 (6644). — Haut., 10·5 (de la base, 1·5). Long., 7·7. Diam. de la base, 4·6 et 3·2. — Cassé au bec et à la queue.

Poule dressée, la tête à gauche, sur une base ronde, à moulure concave, entourée haut et bas d'un grènetis.

AIGLES

538 (6714). — Long., 10·2. Larg., 17·8. Diam. de la bélière, 4·3 à 2. — Fig. 177.

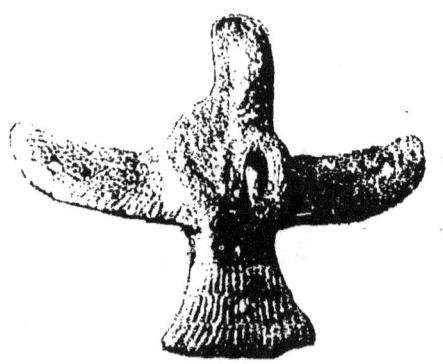

Fig. 177 (**538**).

Aigle servant d'anse, une bélière au dos, les ailes éployées, très stylisées, et, comme la queue, fixées par un clou sur la panse du vase. Des traits parallèles simulent les nervures.

Cf. le n° 530 et OLYMPIA, pl. XLIV, 788, p. 117.

539 (6716). — Haut., 8·2. Larg., 13·2. — La queue cassée à gauche.

Semblable, de style libre, le bec ouvert, les ailes largement éployées, la queue en éventail et les pattes pendantes servant d'applique.

540 (6691). — Long., 10. Haut., 5. Larg., 3·1. — Les pattes, le bec, et une moitié de l'aile cassées. — Fig. 178.

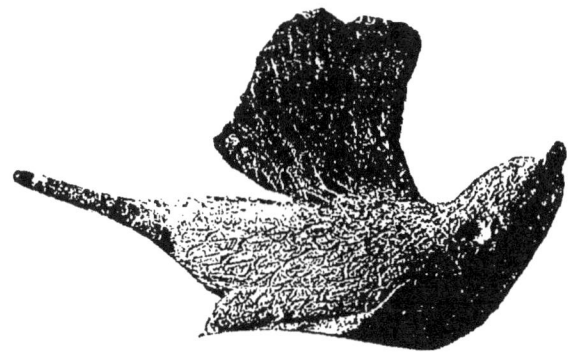

Fig. 178 (**540**).

Semblable, la tête levée et à demi tournée à droite. L'une des ailes est seule éployée; la queue est striée de chevrons.

Peut-être l'aigle est-il représenté volant, comme OLYMPIA, pl. VIII, 58, p. 22.

CORNEILLES

541 (6669). — Haut., 7·7. Long., 9·4. Larg., 2. Diam. de la base, 2·3. — Fig. 179.

Corneille, les ailes repliées, les griffes posées sur une base ronde.

Cf., pour les corneilles sur l'Acropole et leur rôle dans le

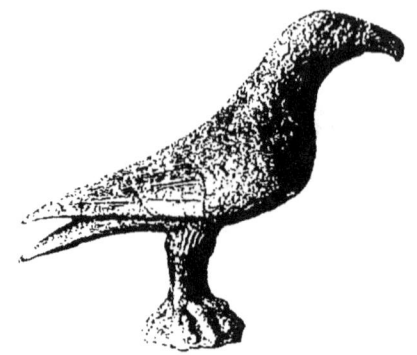

Fig. 179 (**541**).

culte d'Athena, *J. of Hellen. Stud.*, 1892-3, p. 242.

542 (6667). — Haut., 7·7. Long., 9. Larg., 3·5. — Les pattes cassées dès l'attache.

Semblable, la queue plus large, l'une des ailes repliée sur l'autre.

543 (6688). — Haut., 6·4. Diam., 4·5. Ep. de la base, 0·45. — Fig. 180.

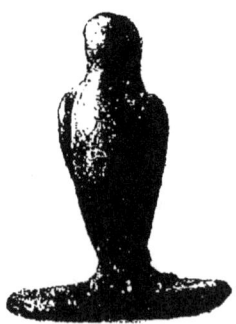

Fig. 180 (**543**).

Semblable, au repos, le corps dressé, sur une base circulaire à jour.

3. — SERPENTS ET AMPHIBIES (544-574)

SERPENTS

544 (6704). — Long., 16 (de la tête, 12). Larg., 4·5. — La mâchoire inférieure à demi conservée. — Fig. 181.

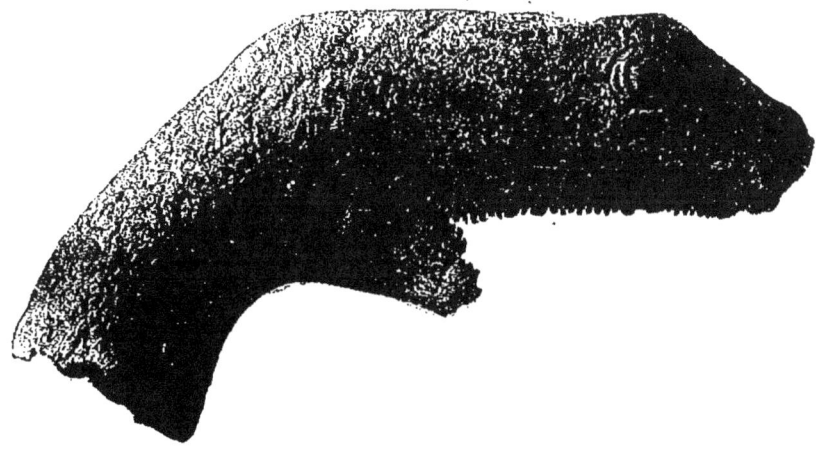

Fig. 181 (**544**).

Col de grand serpent, de beau style, malheureusement très abîmé, les dents figurées avec soin, l'œil rond, la pupille incrustée en cuivre rouge, les écailles losangiformes.

SERPENTS ET AMPHIBIES 201

545 (6816). — Haut., 4·5. Larg., 4.

Serpent, enroulé sur lui-même, le cou dressé, la tête mal conservée.

546 (6815). — Haut., 4. Long., 5·5 (de la tête, 3·5).

Semblable, la base plate. Yeux ronds et tête de style particulier.

547 (6811). — Haut., 4·1. Long., 3·6 (de la tête, 3).

Semblable.

548 (6812). — Haut., 7·5. Larg., 4·2. — Fig. 182.

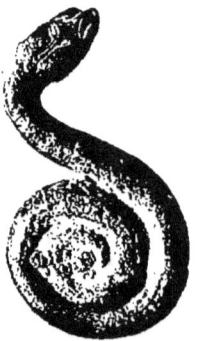

Fig. 182 (**548**).

Semblable, les volutes étant creuses et soudées du côté non apparent (sans doute à l'intérieur d'un bouclier).

549 (6805). — Larg., 7. Diam., 4. Tête, 4 sur 1·7. Ep., 1·2.

Semblable, deux fois enroulé sur lui-même, le col dressé, la tête dans un plan parallèle au cercle de base, le corps plein et incisé.

550 (6804). — Larg., 7. Haut., 4·5. — Cassé en haut.

Semblable, à triple enroulement, la queue en pointe clouée sur la base. Les écailles, losangiformes, sont séparées par des filets.

551 (6810) — Larg., 4·2. Haut., 2·2. — La tête disparue.

Semblable, à quatre enroulements qui s'étagent en pyramide.

552 (6819). — Diam., 3. Haut., 2·7.— Cassé aux deux bouts.

Semblable, à deux volutes irrégulières.

553 (6813). — Diam., 4·5. Larg., 2·6.

Semblable, à deux enroulements, la tête repliée à droite, obliquement aux volutes. Le serpent était donc dressé, comme dans la plupart des exemplaires précédents.

554 (6806). — OLYMPIA, p. 145. — Haut., 5·2. Larg., 8 (de la tête, 3·5).

Protome de serpent barbu, la tête retournée vers le corps qui est soudé par sa partie inférieure.

Cf. OLYMPIA, pl. LIV, 908, p. 145.

555 (6817). — Long., 7·5. Larg., 1·7.

Semblable, l'attache courte et en biseau, le corps en demi-cercle, la gueule ouverte.

556 (6821). — Haut., 5·2. Larg., 5. Diam., 2·7. — Fig. 183.

Protome dont l'attache est circulaire. Tête courte et large, non barbue.

Cf. OLYMPIA, pl. LIV, 909, p. 145.

557 (6807). — Haut., 9·5. Long. de la tête, 4·2.

Protome, dont l'attache ressemble à celle du n° **554**, mais est courte et oblique. La tête, non barbue, est de beau style, la langue sortant à demi, les écailles ovales.

Il est remarquable que ces serpents ressemblent pour la plupart, soit à l'espèce dite *à tête triangulaire*, soit à l'uræus égyptien, l'aspic (MASPERO, *Peuples de l'Orient classique*, I, p. 33, fig.).

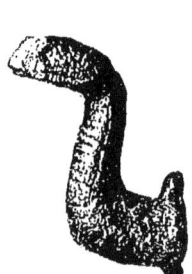

Fig. 183 **(556)**

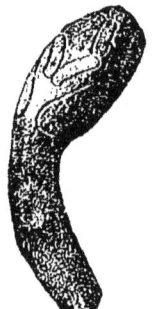

Fig. 184 **(558)**

558 (6809). — Long., 7 (de la tête, 3·5). — Fig. 184.

Protome, dont l'attache, en partie disparue, continue presqu'immédiatement la tête. Celle-ci, non barbue, est décorée à la partie supérieure de quatre bâtonnets en losange. Le dard, non conservé, devait être saillant.

559 (6814). — Haut., 10·5. Long. de la tête, 1·5.

Protome dont l'attache non conservée devait être circulaire. Tête non barbue.

560 (6827). — Haut., 8·5. Long. de la tête, 4. — Fig. 185.

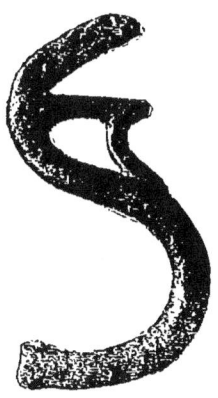

Fig. 185 (**560**)

Protome, dont la tête tournée vers la gauche, était largement ouverte, le bout de la barbiche touchant le cou.

561 (6823). — Long., 7 (de la tête, 2·5).

Semblable, la barbe courte.

562 (6826). — Long., 3·5 (de la tête, 1·5).

Semblable, non barbu.

563 (6824). — Long., 5·5 (de la tête, 2·2). Haut., 4. — Semblable.

564 (6825). — Haut., 6. Long., 5·8 (de la tête, 2·5). — Semblable.

565 (6803). — Long., 8·5 (de la tête, 4·5). Larg. 2·5.

Tête de serpent barbu. La mâchoire inférieure est détachée

et ne s'appliquait pas exactement contre la mâchoire supérieure, la fourche du dard étant visible dans l'ouverture. Les détails de la bouche et les écailles sont figurés avec grand soin.

566 (6808). — Long., 15 (de la tête, 4·5). — Fig. 186.

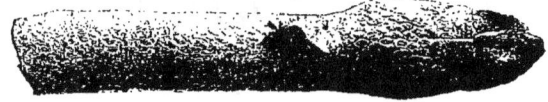

Fig. 186 **(566)**

Semblable, la mâchoire inférieure non conservée, le col entouré d'une gangue.

567 (6802). — Long., 3. Larg., 1·3 à 0·8. Ep., 0·8.

Tête, mal conservée.

568 (6818). — Long., 5·5. Haut., 4.

Fragment de protome, l'attache non conservée, la tête non barbue, relevée en corne à l'extrémité. Très altéré.

569 (6820). — Long., 3·5. Larg., 2. — Semblable.

570 (6822). — Larg., 4·5. Haut., 4·5.

Semblable, la tête différente, barbue et la gueule entrouverte, sans que le dard soit figuré.

571 (6801). — Long., 18·4. Larg., 1·2 à 0·5. Ep., 0·8.

Corps et queue de serpent, traversés d'un clou disparu vers le milieu de la partie conservée.

572 (6800). — Long., 9. Larg., 0·8 à 0·45.

Queue de serpent, deux fois repliée.

TORTUES

573 (6698). — Long., 5·2. Larg., 3·3. Ep., 1·9. — Fig. 187.

Tortue, dont la carapace ovale est ornée d'une décoration géométrique, la tête et les pattes à demi sorties.

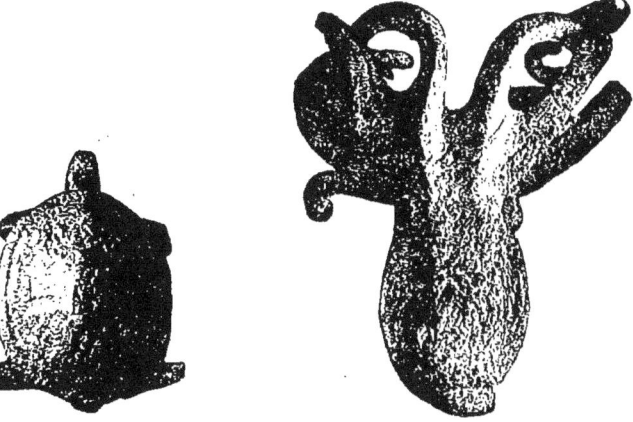

Fig. 187 (**573**)   Fig. 188 (**574**)

POULPES

574 (6718). — Long., 8. — Le bec cassé, ainsi que les extrémités de quelques tentacules. — Fig. 188.

Octapode de style médiocre.

TROISIÈME PARTIE

FIGURINES

I

FRAGMENTS DE STATUETTES (575-689)

---

1. — BASES (575-613)

La plupart de ces bases sont à l'imitation des bases de pierre qui se dressaient dans les sanctuaires. Pour les bases à deux ou trois plate-formes superposées, je citerai seulement Carapanos, pl. VII, 1, 3, 6, p. 127-8. — Sont naturellement exceptés les supports à pieds divergents, qui ne peuvent être que métalliques.

575 (6940). — Long., 7·4. Larg., 4·6. Haut., 0·8. Ep., 0·3. Goujon, 0·8 sur 0·8.

Base rectangulaire, fixée par trois clous avec un goujon central et une déchirure au coin gauche.

576 (6937). — Long., 6·5. Larg., 5·5. Haut., 1·3. Ep., 0·2. Goujons, 0·5 sur 0·6.

Semblable, avec deux goujons.

577 (6936). — Long., 6·7. Larg., 4·8. Haut., 1·4. Goujon, 1 sur 3·5.

Semblable, avec une longue fente.

578 (6933). — Long., 12. Larg., 6·8. Haut., 1·8. Goujon, 1 sur 1·4. — Cassé à gauche.

Semblable, percée d'un trou rectangulaire.

579 (6785). — Long., 10·2 (des pieds, 5·5). Larg., 4·53. Haut., 3·5. Ep., 0·5. — Les pieds cassés à la cheville, le gauche plus haut que le droit.

Semblable, fixée par deux clous avec deux pieds conservés, le droit suivant immédiatement le gauche.

580 (6734). — Long., 11 (des pieds, 5). Larg., 5. Haut., 4·2. Ep., 0·7. — Fig. 189.

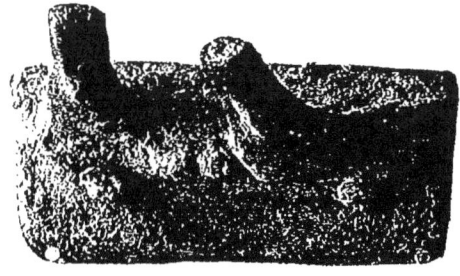

Fig. 189 (**580**)

Semblable.

581 (6949). — Ἐφημ. Ἀρχαιολ., 1887, 139. — Long., 8·5. Larg., 3·5. Haut., 1·2. Goujons, 0·8 sur 0·4.

Base semblable, dont la plate-forme supérieure, fixée par deux clous, déborde hors de la surface de l'attache.

Inscription :

ΜΕΝΕ|ϜϜΔΕϚ|ΑΝΕ|ΘΕΚΕΝ

Studniczka (v. pl. l.) attribue la base à la Promachos **781**.

582 (6951). — *J. of Hellen. Stud.*, 1892-3, pl. VII, 57, p. 128. — Long., 17·7. Larg., 7·2. Haut., 1·4. Goujon, 1·5 sur 1.

Semblable, le cadre de support divisé en deux champs.

Inscription :

ΦΕΙΔΙΑΔΕϚΑΝΘΕΚΕΝΤΑΘΕΝΑϞϞ

Φειδιάδης ἀν[έ]θηκεν τἀθηναί[αι

583 (6917). — Long., 10. Larg., 5·7. Haut., 3·5. Ep., 0·3. Goujons, 1·2 sur 0·8 et 1. sur 0·9.

Semblable, la tranche percée sur chaque face d'une fente horizontale.

584 (6945). — Long., 10. Larg., 6 (et 5·2). Haut., 1·2. Diam. des goujons, 0·8. — Cassé à droite.

Double base rectangulaire, percée de deux trous ronds, avec rebord sur les longs côtés seulement. Sur la tranche, inscription.

Cf., pour cette forme de base, MÉDAILLES, 97.

585 (6944). — Long., 11. (et 10). Larg., 8·5 (et 7·3). Haut., 2·1. Ep., 0·4. Goujons, 1 et 1·3.

Double base rectangulaire, percée d'une longue fente et de deux goujons rectangulaires.

En pointillé :

/// ΕΔΕΚΑΤΑΝΤΑΘΕΝΑΙΑ

586 (6927). — Long., 7·6 (et 7). Larg., 4·2 (et 3·2). Haut., 1. Diam. des trous, 0·1.

Semblable, percée de deux trous ronds.

587 (6928). — Long., 7. Larg., 4·5 (et 3·5). — Cassé à droite.

Semblable, avec deux trous sur la tranche.

Deux inscriptions, une sur la plate-forme :

ΙΑΙΑΠΑΡΡΧΕΝ

La seconde sur la tranche :

ΓΕΝΤΑΘΕΝΑΙΑ

588 (6926). — Long., 10. (et 7·5). Larg., 7·4 (et 5·8). Goujon, 2 sur 0·8.

Semblable, avec goujon rectangulaire.

589 (6925). — Long., 9·5 (et 8·5). Larg., 5·2 (et 4). Haut., 1·2.

Semblable, avec goujon à la partie supérieure et trous d'attache sur le rebord.

590 (6946). — Long., 8·5 (et 7·5). Larg., 4·8 (et 4). Haut., 0·6.

BASES 213

Semblable, avec deux trous ronds.

Inscription sur le rebord et autour de la base. — Sur le rebord et sur la base, inscriptions.

591 (6943). — Long., 12·2 (et 11). Larg., 7·8 (et 6·8). Haut., 2. Goujons, 1·3 sur 0·5.

Semblable, avec deux goujons rectangulaires et un trou rond, le rebord fixé par deux clous.

Inscriptions :

A|⊗ᵦNAIA   ..|LII...

592 (6931). — Long., 10·2 (et 9). Larg., 4·2 (et 3·2). Haut., 1·3. Goujon, 1. sur 0·5.

Semblable, avec goujon rectangulaire.

593 (6929). — Long., 4·6 (et 4). Larg., 3. (et 2·5). Haut., 0·25.

Semblable, sans trous d'attache.

594 (6932). — Long., 5·3 (et 4). Larg., 4·9 (et 3·6). Haut., 2·5.

Semblable.

595 (6950). — Long., 10 (du pied droit, 4). Larg., 6 (et 4.) Haut., 2·4. — Cassé à gauche, le pied gauche brisé au milieu. — Fig. 190.

Semblable, les attaches des pieds conservées en partie, le gauche franchement en avant, le droit un peu en dehors.

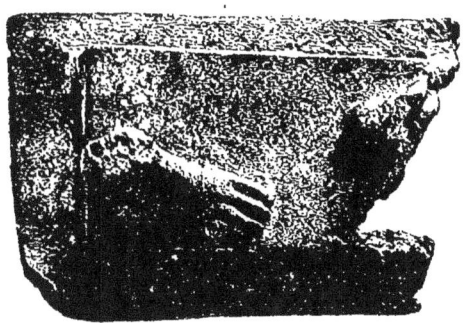

Fig. 190 (**595**)

Inscription :

ΑΙΣΤΥΡΟΣΙΑΝΕΘΕΚΕΝ

596 (6920). — Long.. 5·5 (et 4·7 ; des pieds. 1·8). Larg.. 3·
(et 2·7).

Semblable, les attaches des deux pieds conservées.

597 (6736). — Long.. 1·7 (et 1·5 ; du pied. 1·4). Larg., 1·7
(1·5). Haut., 0·3. — Les pieds cassés à la cheville.

Semblable, les pieds juxtaposés, le gauche très légèrement
en avant, les doigts non divisés.

598 (6948). — Ἐφημ. Ἀρχαιολ., 1887, p. 135. — Long., 8·2
(7·4 et 6·7). Larg., 3·8 (3·4 et 2·5). Haut., 0·7 (0·5 et
0·25). Goujons, 0·7 sur 0·3.

Semblable, à triple base percée de deux goujons. — Inscription :

ΝΙΚΥΡΟΣΙ|ΔΝΕΘΕ|ΚΕΝ

Cf., pour la forme, *Anzeiger*, 1889, 93-4. — Studniczka (v.
pl. 1.) attribue la base à l'Athena **780**.

BASES 215

599 (6930). — Long., 8·5 (et 8). Larg., 4·5 (et 4). Haut., 1·3 (1. et 0·2).

Semblable, les trous irréguliers.

600 (6921). — Long., 5·2 (4·5 et 3·5 ; des pieds, 1·8). Larg., 4·2 (3·5 et 2·8). Haut., 0·7 (0·5 et 0·3).

Semblable, les deux pieds conservés jusqu'au cou de pied, les doigts à peine indiqués, le pied droit en arrière, un peu en dehors.

601 (6941). — Long., 16·4 (et 17·7). Larg., 5·8 (et 7·4). Haut., 4·4 (et 1·7). Goujons, 2·2 sur 0·8 et 1·5 sur 1. — Fig. 191.

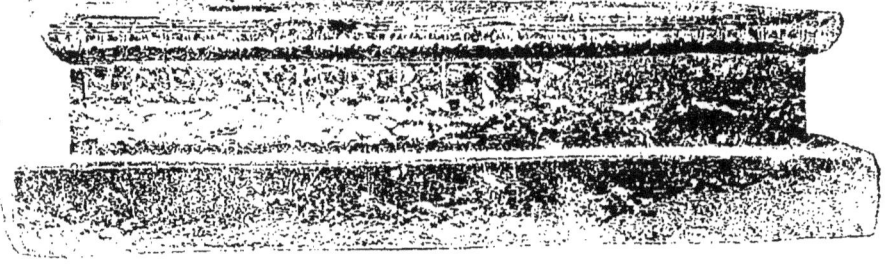

Fig. 191 (**601**)

Base double rectangulaire, la plate-forme supérieure dégagée de l'attache par une échine ornée d'oves cernés d'un filet. A la surface, deux goujons. Sous l'échine, inscription.

602 (6935). — Long., 8·5. Larg., 3·2 (des pieds, 0·8). Haut., 1·2 (des pieds, 0·4).

Base rectangulaire avec quatre pieds qui ne sont en réalité que des tenons transversaux, la plate-forme n'étant pas *soulevée*, mais simplement assujettie par eux. Une gangue métallique fixait la base par dessous.

603 (6919). — Long., 8. Larg., 5·5 (des tenons, 1). Haut., 1·7. Goujons, 1·2 sur 0·7. — Fig. 192.

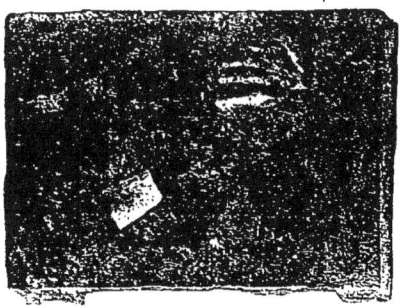

Fig. 192 (**603**)

Semblable, avec deux goujons rectangulaires, le pied droit de la statuette en partie conservé, sa moitié antérieure fixée par un tenon de plomb.

604 (6924). — Long., 12. Larg., 4·2 (des tenons, 0·4). Haut., 1·8 (des tenons, 0·2). Goujons, 1·4 sur 0·8 et 0·9 sur 0·8. — Un des tenons non conservé.

Semblable, fixée par quatre tenons qui partent des longs côtés à distance des angles. Deux goujons losangiformes.

605 (6934). — Long., 6·7. Larg., 4·5 (du tenon, 1). Haut., 1·4 (du tenon, 0·5). Goujons, 1 sur 0·6. — Cassé à gauche, un seul tenon conservé.

Semblable, les trous rectangulaires.

606 (6923). — Long., 19·7. Larg., 5 (des tenons, 0·7). Haut., 1·5 (des tenons, 0·5). Diam. des trous, 0·8.

Semblable, avec quatre trous ronds répartis deux à deux.

BASES 217

607 (6916). — Long., 15·5. Larg., 5·5. Haut., 3. Goujons, 0·6 sur 0·7 et 0·8 sur 1.

Base semblable, fixée par quatre piédroits, chacun consolidé d'un contrefort oblique.

608 (6939). — Long., 10. Larg., 3·7 (des pieds, 0·7). Haut., 1·9. (des pieds, 1·4). — Trois pieds cassés.

Semblable, portée par quatre pieds.

609 (6938). — Long., 7·5. Larg., 4·5 (des pieds, 1·4). Haut., 2·4 (des pieds, 2). Goujons, 1·5 sur 0·5. — Cassé à droite.

Semblable, avec goujon rectangulaire.

610 (6947). — Long., 7. Larg., 4·7 (des pieds, 0·5). Haut., 1·2 (des pieds, 1). Goujons, 1 sur 0·6. — Deux pieds brisés.

Semblable, avec deux trous.

Inscription :

AΦENAIAIAΠ|EΦEKENKИ ΕADΕTΕ

611 (6922). — Long., 11·3. Larg., 5·1. Haut., 2·7 (des pieds, 0·6). Goujons, 1 sur 0·4.

Semblable.

612 (6918). — Long., 8·7. Larg., 6·5 (des pieds, 1·2). Haut., 3 (des pieds, 1·5). Goujons, 1·5 et 2 sur 0·5. — Deux pieds conservés.

Semblable, fixée par une gangue de plomb.

613 (6942). — Long., 14. Larg., 7 (des pieds, 1·5). Haut., 2·8 (des pieds, 1·5). Goujon, 1·3 sur 0·5. — Deux pieds seuls conservés. — Fig. 193.

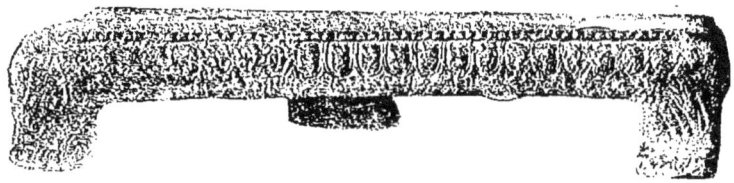

Fig. 193 (**613**)

Semblable, avec décor d'oves et de perles sur la tranche convexe. — Inscription en pointillé.

2. — FLEURONS ET DIVERS (614-633)

FLEURONS

614 (6528). — Haut., 11. Diam., 8 (à la base, 2·8). — Quelques feuilles et quelques pistils cassés à l'extrémité. — Fig. 194.

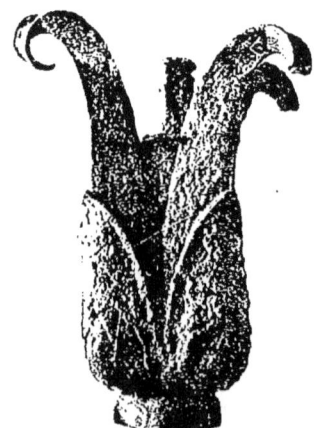

Fig. 194 **(614)**

Fleuron, à calice presque rectangulaire, le bouton haut et entouré de huit pistils. — En bas, tenon d'attache.

615 (6527). — Haut., 4·5. Larg., 9 à 4·1. Diam., en bas, 1·5 à 0·6. — Fig. 195.

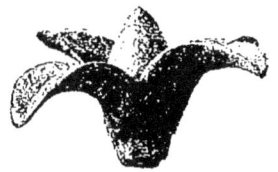

Fig. 195 (**615**)

Semblable, les pétales plus épanouis et le bouton franchement ovale, le tenon s'amincissant vers le bas.

616 (6529). — Haut., 6. Larg., 2·5. — Le bouton cassé en haut, les feuilles presque dès l'attache.

Semblable, le bouton dépassant le plan formé par les pétales.

PERRUQUES

617 (6954). — *J. of Hellen. Stud.*, 1892-3, p. 243-4, fig. 16. — Haut., 15. Larg., 7 (de l'attache, 2·5 à 0·7).

Calotte creuse, irrégulière, très déformée, d'où partent en tous sens des lanières martelées, figurant des cheveux. Il est possible que cette enveloppe s'appliquât sur une tête de statue. — Cuivre très mélangé de plomb.

Les lanières sont à rapprocher d'OLYMPIA, pl. V, 22, p. 14.

618 (7018). — Haut., 2·7. Larg., 2·5 à 5. Ep., 0·7 à 1·6. — Cassé en haut.

Fragment de chevelure, les cheveux tombants et striés d'ondes parallèles.

TRESSES

619 (6791). — OLYMPIA, p. 15. — Long., 12·5. Larg., 1·5 à 0·2. Ep., 0·2.

Boucle ondulée, de section rectangulaire, la pointe conservée, l'avers orné de traits parallèles gravés.

Cf. OLYMPIA, pl. V, 25, p. 15.

620 (6796). — Long., 16. Larg., 0·9 à 0·5. Ep., 0·5 à 0·15. — Semblable.

621 (6786). — Long., 8·5. Larg., 0·8 à 0·3. Ep., 0·3. — Semblable.

622 (6795). — Larg., 1·1 à 0·9. Ep., 0·6.

Semblable, le revers légèrement concave.

623 (6794). — Long., 8. Larg., 0·9 à 0·4. Ep., 0·65.

Semblable, les trois faces visibles striées de même.

624 (6798). — Long., 11. Larg., 0·8. Ep., 0·5. — Semblable.

625 (6792). — Long., 15·5. Larg., 1·4 à 1·3. Ep., 0·8 0·5. — Cassé aux bouts.

Semblable, avec renflement à la partie médiane.

626 (6788). — Long., 3·4 (de la pointe, 4). Larg., 1·5 à 0·4. Ep., 0·6 à 0·3.

Semblable, divisée en trois champs égaux, celui du milieu en relief. La pointe, qui n'est plus soudée sur la poitrine, est arrondie.

627 (6787). — Long., 22. Larg., 2 à 1·3. Ep., 0·7 à 0·65. — Cassé au bout.

Semblable.

628 (6790). — Long., 19. Larg., 1·3 à 1·1. Ep., 0·6 à 0·4.

Semblable, la boucle n'étant plus à plat. — OLYMPIA, pl. V, 29, p. 15.

629 (6793). — Long., 25. Larg., 1·6 à 0·5. Ep., 0·9 à 0·5. — Cassé aux bouts.

Semblable, le revers plat, de section triangulaire.

630 (6789). — Long., 24. Larg., 1·3 à 0·4. Ep., 0·8 à 0·4. — Cassé à l'attache.

Semblable.

631 (6797). — Long., 11·2. Larg., 1·5 à 0·5.

Semblable, se terminant en crochet.

ŒILS

632 (6782). — Long., 4·5. Larg., 3·2. Ep., 2·7. — Fig. 196.

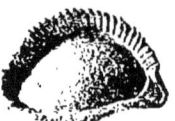

Fig. 196 **(632)**

Œil, fondu d'une pièce avec l'orbite, dont les cils frangent la partie supérieure. Les détails du globe ne sont pas indiqués, mais la glande lacrymale est figurée.

On n'a pas trouvé d'œil semblable à Olympie.

PAUPIÈRES VOTIVES

633 (7022). — Olympia, p. 14. Trouvé entre le Musée et le Mur Méridional. — Larg., 18·8. Haut., 14·5. — Fig. 197.

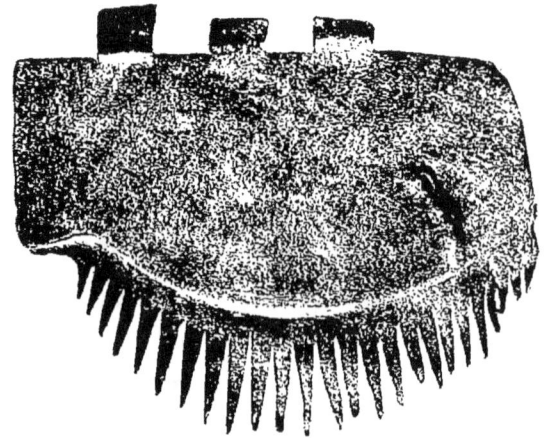

Fig. 197 **(633)**

Paupière de dimensions colossales, fixée en haut par trois larges pattes servant de crochets, se terminant en bas par de longs cils en forme de dents.

On a trouvé de ces paupières votives dans tous les sanctuaires, dans les dernières fouilles de Delphes, comme à Olympie et à Dodone, OLYMPIA, pl. V, 19, p. 14. — CARAPANOS, pl. LIV, 1, 1 ^{bis}, 2, p. 100 et 219 (Heuzey).

La pendeloque que porte au cou l'idole béotienne publiée par M. Holleaux (*Monuments et Mémoires Piot*, 1894, pl. III, p. 27) ressemble singulièrement à notre applique. Il serait intéressant d'y trouver un apotropaion de même nature que l'œil figuré sur les vases peints.

3. — BRAS ET JAMBES (634-689)

BRAS

634 (6757). — Long. de l'avant-bras, 7·7 (du bras, 5·5, de la main, 2).

Bras droit, le coude plié à angle presque droit. La main devait tenir une lance entre les doigts repliés et le pouce : d'après la forme du goujon, la lance était inclinée vers la terre.

635 (6759). — Long., 7·5. Diam. de la patère, 2·2. — Cassé après l'attache.

Semblable, plié de même, tenant une patère à omphalos entre le pouce et les doigts écartés.

636 (6758). — Trouvé anciennement, OLYMPIA, p. 22. — Long., 16 (de la main, 3·5). Diam. du disque, 6. Ep., 0·4. — Cassé de même. — Fig. 198.

Semblable, légèrement fléchi au coude, la main serrant le

disque, le pouce à plat, les autres doigts repliés à la dernière articulation.

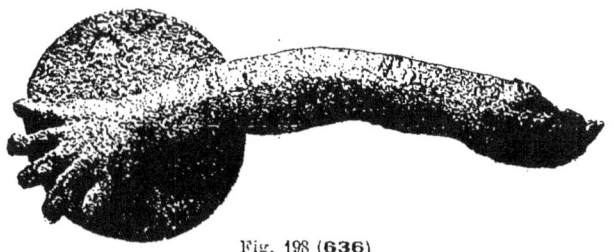

Fig. 198 (**636**)

Cf. OLYMPIA, pl. VI, 59, p. 22.

637 (6755). — Long., 8·5 (de la main, 2·1). — Cassé au-dessus du coude.

Bras gauche, passé dans l'anse d'un bouclier que la main fermée saisissait à la poignée, le pouce replié sur la courroie.

638 (6754). — Long., 9·5 (de l'avant-bras, 6·8, de la main, 2). — Cassé de même, le pouce en partie détaché.

Semblable, l'avant-bras faisant avec le bras un angle plus prononcé.

639 (6756). — Long., 7·5 (de l'avant-bras, 7, de la main, 2·5).

Semblable, le coude plié à angle droit, la main à plat. L'attache est ménagée par un cercle d'applique, percé de trous, et qui devait être dissimulé sous une cuirasse (?).

640 (6760). — Long., 10 (de l'avant-bras, 7·5, de la main, 2·5). — Cassé au-dessus du coude.

Semblable, très fruste.

641 (6753). — Long., 7 (de la main, 2). — Cassé de même. — Fig. 199.

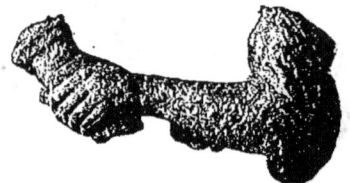

Fig. 199 **(641)**

Semblable, le coude à angle droit, la main prenant à poignée la garde d'une épée. Au-dessus du poignet paraissent les serpents de l'égide, au coude est fixé le bas d'une draperie.

642 (6769). — Long., 5·5 (de l'avant-bras, 3). — Cassé au-dessus du poignet.

Bras dont l'avant-bras est plié à angle droit.

643 (6775). — Long., 1·7 (de l'avant-bras, 1·5). — L'articulation du coude seule conservée.

Semblable.

644 (6752). — Long., 6·7 (de la main, 2·2).

Avant-bras droit, le pouce replié sur les autres doigts.

645 (6751). — Long., 8·5 (de la main, 3). — Le pouce en partie cassé.

Semblable, les doigts à plat et le pouce en travers.

646 (6750). — Long., 8·7 (de l'avant-bras, 7, de la main,

2·2). — Conservé au-dessus du coude, tous les doigts cassés au milieu.

Semblable, le bras moins rigide et la paume légèrement creusée.

647 (6746). — Long., 16 (de l'avant-bras, 10, de la main, 4). — Cassé au-dessus du coude, le médius et le pouce seuls entièrement conservés.

Semblable, le pouce écarté, les doigts légèrement fléchis.

648 (6749). — Long., 8·5 (de la main, 4·5). — Cassé au-dessus du poignet. Le pouce et l'index seuls entiers.

Semblable, la paume plus creuse et le pouce rejoignant le bout de l'index.

649 (6748). — Long., 12 (de l'avant-bras, 8·5, de la main, 3·5). — Les doigts en partie cassés.

Semblable, les doigts à demi repliés vers la paume.

650 (6744). — Long., 12·4 (de la main, 4·6). — Tous les doigts cassés, l'index et le médius dès l'attache.

Avant-bras gauche, la main à plat, le pouce légèrement en dehors, la paume fendue, un tenon rectangulaire partant du milieu de l'avant-bras.

651 (6743). — Long., 16 (de la main, 6).

Semblable, le bout des doigts légèrement replié vers la paume. — A l'attache, une cloison intérieure maintient les parois.

652 (6747). — Long., 11·2 (de l'avant-bras, 7·2). — Cassé près du coude.

Semblable, les doigts repliés tenant une tige ou courroie cylindrique.

653 (6745). — Long., 13·4 (de l'avant-bras, 11, de la main, 3·5). — Fig. 200.

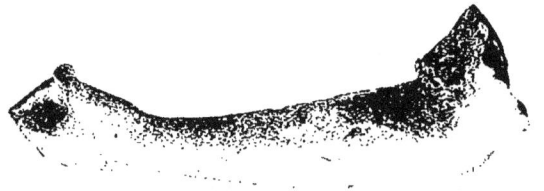

Fig. 200 (653)

Semblable, le pouce plus oblique. La manche, large et ornée d'incisions ondulées, est en partie conservée.

654 (7017). — Long., 8 (de la main, 3·3). Larg., 5. Ep., 1·2. — Fig. 201.

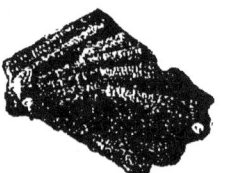

Fig. 201 (654)

Main droite à plat, le pouce écarté, sur une aile ou plutôt sur les nervures d'une palme. Les stries transversales et le style de ces nervures font penser à quelque applique byzantine.

655 (6764). — Long., 3·2. Larg., 2. Ep., 1·5. — Cassé au poignet.

Main droite fermée, le pouce replié sur les autres doigts.

656 (6766). Long., 7. Larg., 5.

Doigt plié, la dernière articulation parallèle à la première.

657 (6767). — Long., 4. Larg., 1·5 à 2·5. — Semblable.

658 (6762). — Long., 3. Larg., 1·8 à 2·2.

Semblable, non plié.

659 (6763). — Long., 8. Larg., 1·4 à 2. — Semblable.

660 (6773). — Long., 5·3. Larg., 0·9 à 1·3. — Semblable.

661 (6774). — Long., 5·5. Larg., 0·9 à 1. — Semblable.

DRAPERIES

662 (6778). — Haut., 16. Larg., 8·5 à 10. Ep., 0·3. — Conservé des cuisses au cou-de-pied. — Fig. 202.

Bas de statuette drapée, le chiton plissé obliquement sur les côtés, verticalement entre les jambes. La jambe gauche est en avant et en dehors, le genou droit légèrement fléchi : le pied de même sens portait en arrière.

663 (6779). — Haut., 15. Larg., 17. Ep., 0·5 à 1·3. Rapiéçure, 0·7 sur 0·6. — Le côté gauche seul conservé, un peu plus bas que le genou. — Fig. 203.

BRAS ET JAMBES

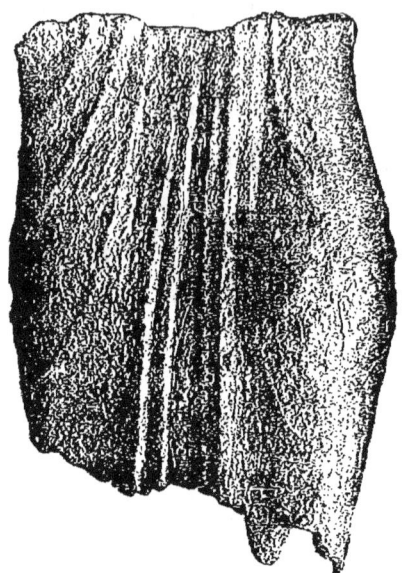

Fig. 202 (662)

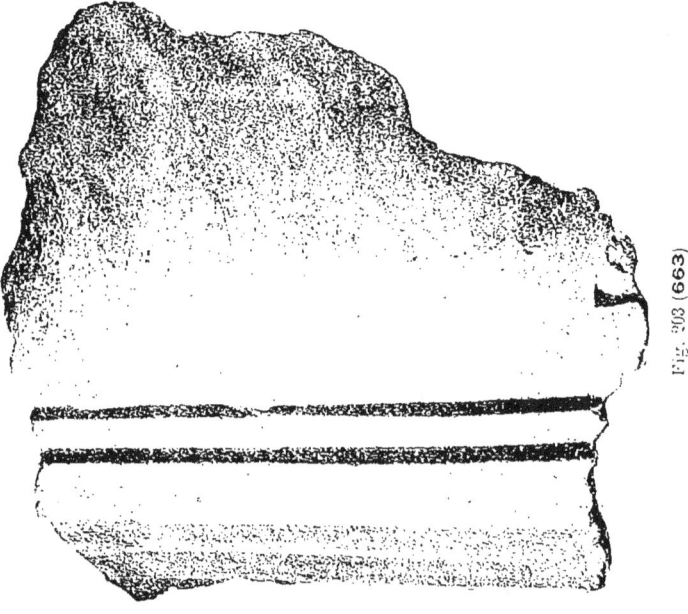

Fig. 203 (663)

Semblable. Fragment d'une grande statuette. — Rapiéçure rectangulaire sur l'une des cannelures verticales.

664 (6780). — Long., 41·5. Larg., 5·7. Ep., 0·4.

Semblable, formé de quatre plis verticaux, la retombée des pans s'étageant en gradins. — Fragment de statue environ demi-nature.

PHALLOS

665 (6799). — Long., 9·5 (de l'attache, 5·5). Larg., 4·5. Tenon, 2.

Phallos, dont l'attache oblique était fixée par un tenon.

JAMBES

666 (sans nº). — Haut., 7 (de la base, 2·2). Long., 2·3. — Fig. 204.

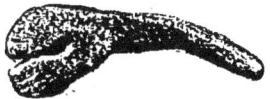

Fig. 204 (666)

Jambes votives archaïques. Sous forme de lamelles plates, les pieds partent à angle droit d'une tige terminée en pointe au sommet et s'élargissant progressivement en forme de lame vers le bas. Au-dessous du contrefort qui représente les pieds, un clou traversait et fixait la tige verticale.

667 (6739). — Haut., 8·5 (du tenon, 0·5). Long. du pied, 3·2. Tenon, 1·1 sur 0·5. — Cassé au genou.

Jambe droite, fléchie au genou, le pied posant à plat, une cnémide allant du genou à la cheville.

668 (6724). — Haut., 10. Long. du pied, 4·7. — Cassé de même.

Semblable, le genou plus fléchi, d'un beau modelé.

669 (6723). — Haut., 12 (du tenon, 1·2). Long. du pied, 5·5. — Cassé au-dessous du genou.

Semblable, le pied — d'après la position du tenon — reposant sur les doigts.

670 (6738). — Haut., 12·4 (depuis le genou, 6·8). — Cassé à la cuisse et au talon. — Fig. 205.

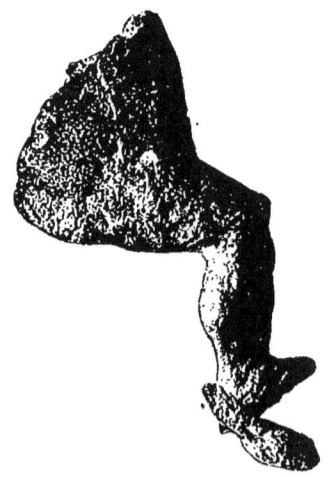

Fig. 205 (**670**)

Semblable, le genou plié à angle droit, le bas d'une tunique assez large arrivant à mi-jambe et une ailette mal conservée partant obliquement de la cheville.

671 (6731). — Haut., 5. Long. du pied, 2·5. — Cassé au genou, le pouce et le second doigt mal conservés.

Jambe gauche, avec tenon bas sous la plante.

672 (6722). — Haut., 14 (du tenon, 1·2). Long. du pied, 7·2. Tenon, 1·6 sur 1.

Semblable, le genou fléchi, mais la plante du pied devant poser horizontalement sur la base.

673 (6721). — Haut., 16·2. Larg., 2·7 à 4·2. Ep., 0·3. — Fig. 206.

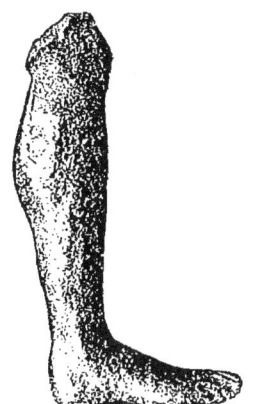

Fig. 206 (**673**)

Semblable, le genou très légèrement fléchi.

674 (6768). — Haut., 6·5. — Cassé au-dessus du genou et au cou-de-pied.

Semblable.

675 (6728). — Long., 7·6. Haut., 5·6. — Cassé en haut de la cheville.

Pied droit, avec draperie arrivant jusqu'au cou-de-pied.

676 (6737). — Long., 12·5. Larg., 2·5. Haut., 5·5. — Cassé au cou-de-pied, avec une grande déchirure à l'attache des doigts. — Fig. 207.

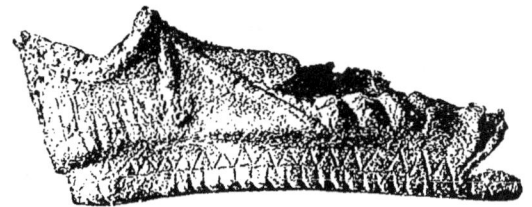

Fig. 207 (**676**)

« Crépide » droite à haute et forte semelle, dentelée et cloutée. Une courroie prend les doigts à l'attache et trois liens, dont l'un horizontal, l'autre vertical et le troisième oblique, serrent le cou-de-pied.

677 (6727). — Long., 10·4. Larg., 2·5 à 4·2. Haut., 4. — Fig. 208.

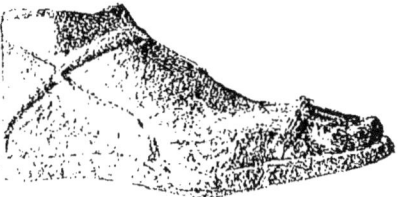

Fig. 208 (**677**)

Semblable, avec deux courroies croisées au cou-de-pied et une troisième à l'attache des doigts, la sandale plus simple et plus cambrée. — Rapiéçure au cou-de-pied et grand trou sous la plante.

678 (6732). — Long., 4. Haut., 2·2. — Cassé au cou-de-pied.

Pied droit de forme *ionienne*, l'index franchement plus long que le pouce. — Cf. OLYMPIA, pl. IV, 10, p. 13.

679 (6729). — Long., 9·4. Haut., 4·1 (du tenon, 0·4). Tenon, 2 sur 1.

Semblable, le talon déformé.

680 (6725). — Long., 7·5. Larg., 1·8 à 3·1. Haut., 3. Tenon, 1·4 sur 0·9.

Semblable, le pied posant sur la partie antérieure.

681 (6740). — Long., 11. Larg., 8·5. Haut., 1·7 à 5. Ep. maxima, 1. — Cassé à l'attache des doigts.

Partie antérieure d'un pied semblable.

682 (6733). — Long., 4·1. Haut., 2·4. Tenon, 1·2 sur 0·8. — Cassé au cou-de-pied.

Pied gauche, avec tenon vertical percé d'un trou horizontal, une draperie arrivant jusqu'au cou-de-pied.

683 (6730). — Long., 7·3. Haut., 4·7 (du tenon, 0·4). Tenon, 2·2 sur 2. — Semblable.

684 (6726). — Long., 9·3. Haut., 3·5. — Semblable.

685 (6764). — Long., 6. Larg., 2 à 2·9.

Pouce de pied.

686 (6765). — Long., 6. Larg., 2·5. — Semblable.

687 (6770). — Long., 4·5. Larg., 1·2 à 1·8. — Semblable.

688 (6772). — Long., 3·8. Larg., 1·5 à 2. — Semblable.

689 (6771). — Long., 4. Larg., 1·5 à 1·8.

Petit doigt de pied.

XXXI. LE CULTE DE CASTOR ET POLLUX EN ITALIE, par M. Maurice ALBERT (avec trois planches). . . . . 5 fr. 50
XXXII. LES ARCHIVES DE LA BIBLIOTHÈQUE ET LE TRÉSOR DE L'ORDRE DE SAINT-JEAN DE JÉRUSALEM A MALTE, par M. DELAVILLE LE ROULX. . . . . 8 fr.
XXXIII. HISTOIRE DU CULTE DES DIVINITÉS D'ALEXANDRIE, par M. Georges LAFAYE (avec 5 planches). . . . . 10 fr.
XXXIV. TERRACINE. Essai d'histoire locale, par M. R. de LA BLANCHÈRE (avec deux eaux-fortes et cinq planches dessinées par l'auteur) . . . . 10 fr.
XXXV. FRANCESCO DA BARBERINO ET LA LITTÉRATURE PROVENÇALE EN ITALIE AU MOYEN AGE, par M. Antoine THOMAS. . . . . 5 fr.
XXXVI. ÉTUDE DU DIALECTE CHYPRIOTE MODERNE ET MÉDIÉVAL, par M. Mondry BEAUDOUIN. 5 fr.
XXXVII. LES TRANSFORMATIONS POLITIQUES DE L'ITALIE SOUS LES EMPEREURS ROMAINS (43 av. J.-C.-330 apr. J.-C.), par M. C. JULLIAN. . . . . 4 fr. 50
XXXVIII. LA VIE MUNICIPALE EN ATTIQUE, par M. B. HAUSSOULLIER. . . . . 5 fr.
XXXIX. LES FIGURES CRIOPHORES DANS L'ART GREC, L'ART GRÉCO-ROMAIN ET L'ART CHRÉTIEN, par M. A. VEYRIES. . . . . 2 fr. 25
XL. LES LIGUES ÉTOLIENNE ET ACHÉENNE, par M. Marcel DUBOIS, (avec deux pl.). . . 7 fr.
XLI. LES STRATÈGES ATHÉNIENS, par Am. HAUVETTE-BESNAULT. . . . . 5 fr.
XLII. ÉTUDE SUR L'HISTOIRE DES SARCOPHAGES CHRÉTIENS, par M. René GROUSSET. 3 fr. 50
XLIII. LA LIBRAIRIE DES PAPES D'AVIGNON. Sa formation, sa composition, ses catalogues (1316-1420), d'après les registres de comptes et d'inventaires des archives vaticanes, par M. Maurice FAUCON. Voir fasc. L. TOME I . . . . 8 fr. 50
XLIV-XLV. LA FRANCE EN ORIENT AU QUATORZIÈME SIÈCLE. Expédition du maréchal Boucicaut, par M. DELAVILLE LE ROULX. 2 beaux volumes. . . . . 25 fr.
XLVI. LES ARCHIVES ANGEVINES DE NAPLES. Étude sur les registres du roi Charles Ier (1265-1285), par M. Paul DURRIEU. Voir fasc. LI. TOME I. . . . . 8 fr. 50
XLVII. LES CAVALIERS ATHÉNIENS, par M. Albert MARTIN. 1 très fort volume. . . . . 18 fr.
XLVIII. LA BIBLIOTHÈQUE DU VATICAN AU QUINZIÈME SIÈCLE. Contributions pour servir à l'histoire de l'humanisme, par MM. Eugène MÜNTZ et Paul FABRE. . . . . . . 12 fr. 50
XLIX. LES ARCHIVES DE L'INTENDANCE SACRÉE A DÉLOS (315-166 avant J.-C.), par M. Théophile HOMOLLE, membre de l'Institut (avec un plan en héliograv.). . . . . . 5 fr. 50
L. LA LIBRAIRIE DES PAPES D'AVIGNON. Sa formation, sa composition, ses catalogues (1316-1420), par M. Maurice FAUCON. Voir fasc. XLIII. Tome II. . . . . 7 fr.
LI. LES ARCHIVES ANGEVINES DE NAPLES. Étude sur les registres du roi Charles Ier (1265-1286), par M. Paul DURRIEU. Tome II et dernier (avec cinq planches en héliograv.) 14 fr.
LII. LE SÉNAT ROMAIN, depuis DIOCLÉTIEN, A ROME ET A CONSTANTINOPLE, par M. Ch. LÉCRIVAIN. . . . . 6 fr.
LIII. ÉTUDES SUR L'ADMINISTRATION BYZANTINE DANS L'EXARCHAT DE RAVENNE (568-751), par Ch. DIEHL, ancien membre des Écoles de Rome et d'Athènes (épuisé). . Net. 15 fr.
LIV. LETTRES INÉDITES DE MICHEL APOSTOLIS, publiées par M. NOIRET, ancien membre de l'École de Rome (avec une gr. planche en héliogravure). . . . . 7 fr.
LV. ÉTUDES D'ARCHÉOLOGIE BYZANTINE. L'ÉGLISE ET LES MOSAÏQUES DU COUVENT DE SAINT-LUC, EN PHOCIDE, par Ch. DIEHL, ancien membre des Écoles françaises de Rome et d'Athènes (avec sept bois intercalés dans le texte, et une planche hors texte). . . 3 fr. 50
LVI. LES MANUSCRITS DE DANTE ET DE SES COMMENTATEURS, TRADUCTEURS, BIOGRAPHES, ETC., conservés dans les bibliothèques de France. Essai d'un catalogue raisonné, par L. AUVRAY (avec deux planches en héliogravure). 6 fr.
LVII. L'ORATEUR LYCURGUE. Étude historique et littéraire, par M. DÜRRBACH, ancien membre de l'École française d'Athènes. . . . . 4 fr.
LVIII. ORIGINES ET SOURCES DU ROMAN DE LA ROSE, par M. E. LANGLOIS, ancien membre de l'École française de Rome. . . . . 5 fr.
LIX. ESSAI SUR L'ADMINISTRATION DU ROYAUME DE SICILE SOUS CHARLES Ier ET CHARLES II D'ANJOU, par Léon CADIER, ancien membre de l'École française de Rome. . . . 8 fr.
LX. ÉLATÉE. — LA VILLE. LE TEMPLE D'ATHÉNA CRANAIA, par Pierre PARIS, ancien membre de l'École française d'Athènes (avec nombreuses figures dans le texte et quinze planches hors texte). . . . . 14 fr.
LXI. DOCUMENTS INÉDITS POUR SERVIR A L'HISTOIRE DE LA DOMINATION VÉNITIENNE EN CRÈTE DE 1380 A 1499, tirés des archives de Venise, publiés et analysés par H. NOIRET, ancien membre de l'École de Rome (avec une carte en couleur de l'île de Crète). . . . . 15 fr.
LXII. ÉTUDE SUR LE LIBER CENSUUM DE L'ÉGLISE ROMAINE, par M. Paul FABRE, ancien membre de l'École française de Rome. 7 fr.
LXIII. LA LYDIE ET LE MONDE GREC AU TEMPS DES MERMNADES (687-546), par M. Georges RADET, ancien membre de l'École française d'Athènes (avec une grande carte en couleur hors texte). . . . . 12 fr.
LXIV. LES MÉTÈQUES ATHÉNIENS. Étude sur la condition légale et la situation morale, le rôle social et économique des étrangers domiciliés à Athènes, par M. Michel CLERC, ancien membre de l'École française d'Athènes. . . . . 14 fr.

A suivre.

LXV. Essai sur le règne de l'empereur Domitien, par M. Stéphane Gsell, ancien membre de l'Ecole française de Rome.................................... 12 fr.
LXVI. Origines françaises de l'architecture gothique en Italie, par M. C. Enlart, ancien membre de l'Ecole française de Rome (avec 131 figures dans le texte et 34 planches hors texte)................................... 20 fr.
LXVII. Origine des cultes arcadiens, par M. Bérard, ancien membre de l'Ecole française d'Athènes (avec 17 figures)....................... 12 fr. 50
LXVIII. Les Divinités de la Victoire en Grèce et en Italie d'après les textes et les monuments figurés, par M. André Baudrillart, ancien membre de l'Ecole française de Rome........................... 3 fr. 50
LXIX. Catalogue des Bronzes de la Société archéologique d'Athènes, par M. A. de Ridder, ancien membre de l'Ecole française d'Athènes (avec 5 planches en héliogravure et 13 bois)................................. 8 fr.
LXX. Histoire de Blanche de Castille, par M. Elie Berger, ancien membre de l'Ecole française de Rome.................................. 12 fr.
Ouvrage couronné par l'Académie des Inscriptions et Belles-Lettres (Premier grand prix Gobert), 1895.
LXXI. Les Origines du théâtre lyrique moderne. Histoire de l'opéra en Europe avant Lully et Scarlatti, par M. Romain Rolland, ancien membre de l'Ecole française de Rome (avec 15 planches de musique)....................... 10 fr.
LXXII. Les Cités romaines de la Tunisie, par M. J. Toutain, ancien membre de l'Ecole française de Rome (avec deux cartes en couleurs)............. 12 fr. 50
LXXIII. L'État pontifical après le grand schisme. Étude de géographie politique, par M. J. Guiraud, ancien membre de l'Ecole française de Rome (avec trois cartes en couleurs)................................. 14 fr.
LXXIV. Catalogue des bronzes trouvés sur l'Acropole d'Athènes, par M. A. de Ridder, ancien membre de l'Ecole française d'Athènes, maître de conférences à la Faculté d'Aix (avec deux cent dix figures intercalées dans le texte). Première partie.
N. B. — Cet ouvrage formera un beau volume divisé en trois parties. — La deuxième est sous presse.

BIBLIOTHÈQUE DES ÉCOLES FRANÇAISES D'ATHÈNES ET DE ROME

DEUXIÈME SÉRIE (Format grand in-4° raisin).

OUVRAGES EN COURS DE PUBLICATION

1° LES REGISTRES D'INNOCENT IV (1242-1254), publiés ou analysés d'après les manuscrits originaux du Vatican et de la Bibliothèque nationale de Paris, par M. Elie Berger. Grand in-4° sur deux colonnes. — N. B. Ce grand ouvrage paraît par fascicules de dix à quinze feuilles environ. Il se composera de 270 à 300 feuilles, devant former quatre beaux volumes. — Le prix de la souscription est établi à raison de *cinquante centimes* par feuille. Les neuf premiers fascicules composant les deux premiers volumes et le commencement du troisième ont paru. Prix de ces neuf fascicules : 90 fr. 25. — Le 10° fascicule est sous presse.
Ouvrage auquel l'Académie des inscriptions et belles-lettres a décerné le **1er prix Gobert**.

2° LE REGISTRE DE BENOIT XI (1303-1304), Recueil des bulles de ce pape, publiées ou analysées d'après les manuscrits originaux des archives du Vatican, par M. Charles Grandjean. — Cet ouvrage formera un beau volume grand in-4° raisin, à deux colonnes. Il est publié en fascicules de 15 à 20 feuilles environ, de 8 pages chacune, avec couverture imprimée. Le prix est fixé à *soixante centimes* par chaque feuille, et à *un franc* par planche de fac-similé. Aucun fascicule n'est vendu séparément. L'ouvrage complet se composera de 80 à 100 feuilles. — Les quatre premiers fascicules sont en vente. Prix : 43 fr. 80 c. — Le 5° et dernier fascicule est sous presse.

4° LES REGISTRES DE BONIFACE VIII (1293-1303), Recueil des bulles de ce pape, publiées ou analysées par MM. Georges Digard, Maurice Faucon et Antoine Thomas. — Cet ouvrage formera trois volumes grand in-4° à deux colonnes, et sera publié en 260 feuilles environ. — Le prix de chaque feuille est fixé à *soixante centimes*. — Aucun fascicule n'est vendu séparément. — Les trois premiers fascicules, le 5° et le 6° sont en vente. Prix : 54 fr.

5° LES REGISTRES DE NICOLAS IV (1288-1292), Recueil des bulles de ce pape, publiées ou analysées par M. Ernest Langlois. — *N. B.* Cet ouvrage formera environ 150 feuilles. Le prix de la souscription est établi à raison de *soixante centimes* la feuille. Les neuf premiers fascicules sont en vente. Prix : 97 fr. 80. Le 10° et dernier fascicule devant contenir l'introduction, l'errata et le titre est sous presse.

6° LE LIBER CENSUUM DE L'ÉGLISE ROMAINE, texte, introduction et notes par M. Paul FABRE. — *N. B.* Cet ouvrage formera environ 130 à 150 feuilles, divisées en deux volumes. Le prix de la souscription est établi à raison de *soixante centimes* par feuille. Les planches qui pourront être publiées seront vendues *un franc* chacune. — Le premier fascicule est en vente. Prix : 10 fr. 80. — Second fascicule sous presse.

9° LES REGISTRES DE GRÉGOIRE IX (1227-1241), publiés ou analysés d'après les manuscrits originaux du Vatican, par M. L. AUVRAY. — Cet ouvrage paraît par fascicules de 15 à 20 feuilles grand in-4°, sur deux colonnes. Le tout formera 2 volumes de 80 feuilles environ chacun. — Le prix est établi à raison de *soixante centimes* la feuille. — Les quatre premiers fascicules ont paru. Prix : 37 fr. 80.

11° LES REGISTRES DE CLÉMENT IV (1265-1268), Recueil des bulles de ce pape, publiées ou analysées d'après les manuscrits originaux des archives du Vatican, avec appendice et introduction, par M. Édouard JORDAN, membre de l'École française de Rome. — Cet ouvrage formera un volume in-4° raisin imprimé sur deux colonnes, et sera publié par fascicules de 15 à 20 feuilles environ, à raison de *soixante centimes* par feuille. L'ouvrage complet formera 70 feuilles environ. — Les trois premiers fascicules ont paru. Prix : 25 fr. 80.

12° LES REGISTRES DE GRÉGOIRE X ET DE JEAN XXI (1271-1277), Recueil des bulles de ces deux papes, publiées ou analysées d'après les manuscrits originaux des archives du Vatican, par MM. J. GUIRAUD et L. CADIER, membres de l'École française de Rome. — Les Registres de *Grégoire X* et de *Jean XXI* (réunis en une seule publication) formeront un beau volume in-4° raisin, imprimé sur deux colonnes. Ils seront publiés par fascicules de 15 à 20 feuilles environ. Le prix en est fixé à raison de *soixante centimes* par feuille. — L'ouvrage entier se composera de 60 feuilles environ. — Les deux premiers fascicules ont paru. Prix : 16 fr. 20. — Le troisième fascicule est sous presse.

13° LES REGISTRES D'URBAIN IV (1261-1264), Recueil des bulles de ce pape, publiées ou analysées d'après les manuscrits originaux des archives du Vatican, par MM. L. DOREZ et J. GUIRAUD, membres de l'École française de Rome. — Cet ouvrage formera quatre volumes grand in-4° raisin, dont un sera occupé par le Registre caméral. Il sera publié par fascicules de 15 feuilles environ inviron. L'ouvrage complet formera environ 180 feuilles. Aucun fascicule ne sera vendu séparément. — Le premier fascicule est en vente. Prix : 8 fr. 40.

14° LES REGISTRES DE NICOLAS III (1277-1280), Recueil des bulles de ce pape, publiées ou analysées d'après les manuscrits originaux des archives du Vatican, par M. Jules GAY, ancien membre de l'École française de Rome. — Cet ouvrage formera un vol. grand in-4° raisin et paraîtra en 4 fascicules. Il formera 80 feuilles comprenant, avec les bulles, une introduction, un appendice et les tables. Aucun fascicule ne sera vendu séparément. — Le premier fascicule est sous presse.

15° LES REGISTRES D'ALEXANDRE IV, Recueil des bulles de ce pape, publiées ou analysées d'après les manuscrits originaux des archives du Vatican, par MM. B. DE LA RONCIÈRE, DE LOYE et COULON, anciens membres de l'École française de Rome. — Les Registres d'*Alexandre IV* formeront deux volumes in-4° raisin, imprimés sur deux colonnes. Ils seront publiés par fascicules de 15 à 20 feuilles environ. — L'ouvrage entier se composera de 250 feuilles environ. Les deux premiers fascicules ont paru (avril 1895). Prix : 19 fr. 20. — Le troisième fascicule est sous presse.

16° LES REGISTRES DE MARTIN IV, Recueil des bulles de ce pape, publiées ou analysées d'après les manuscrits originaux des archives du Vatican, par M. SOEHNÉE, ancien membre de l'École française de Rome. — Les Registres de *Martin IV* formeront un volume grand in-4° raisin, imprimé sur deux colonnes, et paraîtront en 4 fascicules. — L'ouvrage formera environ 80 feuilles. Le premier fascicule est sous presse.

A suivre.

OUVRAGES TERMINÉS

3° LE LIBER PONTIFICALIS, texte, introduction et commentaires, par M. l'abbé L. Duchesne, membre de l'Institut, directeur de l'Ecole française de Rome. Deux beaux volumes in-4° raisin, *avec un plan de l'ancienne Basilique de Saint-Pierre et sept planches en héliogravure (Epuisé)*. 200 fr.

7° LES REGISTRES D'HONORIUS IV (1285-1287), Recueil des bulles de ce pape, publiées ou analysées d'après les manuscrits originaux des archives du Vatican, par M. Maurice Prou. Un beau volume grand in-4° raisin. . . . . 45 fr.

8° LA NÉCROPOLE DE MYRINA, Fouilles exécutées au nom de l'Ecole française d'Athènes, de 1880 à 1882, par MM. E. Pottier, Salomon Reinach et A. Veyries. Texte et notices par Edm. Pottier et S. Reinach. — Ce magnifique ouvrage forme deux beaux volumes grand in-4°, dont un de texte, et un de 52 planches en héliogravure, tirées sur papier de chine. . . . . 120 fr.
Ouvrage couronné par l'Institut (**Prix Delalande-Guérineau**).

10° FOUILLES DANS LA NÉCROPOLE DE VULCI, par M. Stéphane Gsell, ancien membre de l'Ecole française de Rome. Un beau volume grand in-4° de 568 pages, avec 101 vignettes dans le texte, une carte et 23 planches. . . . . 40 fr.

N. B. — *Les numéros placés en tête des ouvrages ci-dessus énoncés indiquent l'ordre dans lequel ces ouvrages sont publiés dans la collection.*

ÉLÉONORE D'AUTRICHE ET DE BOURGOGNE
REINE DE FRANCE
UN ÉPISODE DE L'HISTOIRE DES COURS AU XVIe SIÈCLE

PAR

Charles MOELLER

Professeur à l'Université de Louvain

Un beau volume grand in-8°. . . . . 10 fr.

HISTOIRE DE LA POÉSIE
MISE EN RAPPORT AVEC LA CIVILISATION ITALIENNE
DEPUIS LES ORIGINES JUSQU'A NOS JOURS

PAR

Ferdinand LOISE

Membre des Académies de Belgique et d'Espagne.

Un fort volume in-8°. . . . . 5 fr.

UN
HYMNE A APOLLON
LA MUSIQUE DU NOUVEL HYMNE DE DELPHES

PAR

MM. WEILL et Th. REINACH

Une brochure in-8°, suivie de deux héliogravures, une phototypie et neuf planches de musique. . . . . 2 fr. 50

BIBLIOTHÈQUE DES ÉCOLES FRANÇAISES D'ATHÈNES ET DE ROME.
PUBLIÉE
SOUS LES AUSPICES DU MINISTÈRE DE L'INSTRUCTION PUBLIQUE

FASCICULE SOIXANTE-QUATORZIÈME

CATALOGUE DES BRONZES
TROUVÉS
SUR L'ACROPOLE D'ATHÈNES

Publié sous les auspices
de l'Académie des Inscriptions et Belles-Lettres
(Fondation Piot)

PAR

A. DE RIDDER

ANCIEN MEMBRE DE L'ÉCOLE FRANÇAISE D'ATHÈNES
MAÎTRE DE CONFÉRENCES A LA FACULTÉ D'AIX

DEUXIÈME PARTIE

Avec cent trente figures intercalées dans le texte
et huit héliogravures

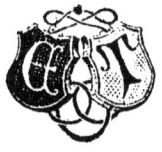
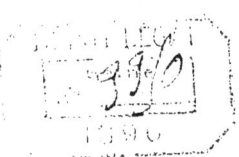

PARIS

LIBRAIRIE THORIN ET FILS
ALBERT FONTEMOING, Éditeur
LIBRAIRE DES ÉCOLES FRANÇAISES D'ATHÈNES ET DE ROME
DU COLLÈGE DE FRANCE, DE L'ÉCOLE NORMALE SUPÉRIEURE
DE LA SOCIÉTÉ DES ÉTUDES HISTORIQUES
4, RUE LE GOFF, 4

1896

NOTA. — Cette deuxième partie contient le titre et la couverture de l'ouvrage complet.

Ci-inclus deux cartons de remplacement pour les fig. 2 et 23 qui se trouvent dans un mauvais sens (premier fascicule).

BIBLIOTHÈQUE DES ÉCOLES FRANÇAISES D'ATHÈNES ET DE ROME

FASCICULE I. 1. Étude sur le Liber Pontificalis, par M. l'abbé Duchesne. 2. Recherches sur les manuscrits archéologiques de Jacques Grimaldi, par M. Eugène Müntz. 3. Étude sur le mystère de sainte Agnès, par M. Clédat. 10 fr.

II. Essai sur les monuments grecs et romains relatifs au mythe de Psyché, par M. Maxime Collignon . . . . 5 fr. 50

III. Catalogue des vases peints du Musée de la Société archéologique d'Athènes, par M. Maxime Collignon (avec sept planches gravées). . . . . 10 fr.

IV. Les arts a la cour des papes pendant le XV° et le XVI° siècle, par M. Eugène Müntz, membre de l'Institut. Première partie. (*Ouvrage couronné par l'Institut*) » »
  N. B. — Ce fascicule ne se vend qu'avec le IX° et le XXVIII° contenant les 2° et 3° parties du travail de l'auteur. Le prix net des 3 vol. déjà publiés est de 45 fr. pris ensemble.

V. Inscriptions inédites du pays des Marses, recueillies par M. E. Fernique, ancien membre de l'École française de Rome. . . . . 1 fr. 50

VI. Notice sur divers manuscrits de la bibliothèque Vaticane. Richard le Poitevin, par M. Élie Berger. 1 vol. (avec une planche en héliogravure). . . . . . 5 fr.

VII. Du rôle historique de Bertrand de Born, par M. Léon Clédat. . . . . 4 fr.

VIII. Recherches archéologiques sur les îles Ioniennes. I. **CORFOU**, par M. Othon Riemann (avec deux planches hors texte, et trois bois intercalés dans le texte). 3 fr.

IX. Les arts a la cour des papes pendant le XV° et le XVI° siècle, par M. Eugène Müntz. Deuxième partie. 1 vol. avec deux planches en héliogravure. . . 12 fr.
  N. B. — Ce fascicule ne se vend qu'avec le XXVIII° contenant la 3° partie du travail de l'auteur (Voir également ci-dessus, fascicule IV ou 1re partie de cet ouvrage).

X. Recherches pour servir a l'histoire de la peinture et de la sculpture chrétiennes en Orient avant la querelle des iconoclastes, par M. Ch. Bayet 4 fr. 50

XI. Études sur la langue et la grammaire de Tite-Live, par M. Othon Riemann. 9 fr.

XII. Recherches archéologiques sur les îles Ioniennes. II. **CÉPHALONIE**, par M. Othon Riemann (*avec une carte*). Voir fasc. VIII et XVIII. . . . . . 3 fr.

XIII. De codicibus mss. graecis Pii II, in Bibliotheca Alexandrino-Vaticana schedas excussit L. Duchesne, gallice in Urbe scholae olim socius. . . . . . . 1 fr. 50

XIV. Notice sur les manuscrits des poésies de saint Paulin de Nole, suivie d'observations sur le texte, par M. E. Chatelain. . . . . 4 fr.

XV. Inscriptions doliaires latines. Marques de briques relatives à une partie de la *gens Domitia*, recueillies et classées par M. Ch. Descemet (*avec figures*). 12 fr. 50

XVI. Catalogue des figurines en terre cuite du Musée de la Société archéologique d'Athènes, par M. J. Martha (avec 8 belles planches en héliogravure hors texte, et un bois intercalé dans le texte). . . . . 12 fr. 50

XVII. Étude sur Préneste, ville du Latium, par M. Emmanuel Fernique, avec une grande carte et trois planches en héliogravure. . . . . 7 fr. 50

XVIII. Recherches archéologiques sur les îles Ioniennes. III. **ZANTE**. IV. **CÉRIGO**. V. **APPENDICE**, par M. Othon Riemann (avec deux cartes hors texte). . . 3 fr. 50

XIX. Chartes de Terre Sainte provenant de l'abbaye de N.-D. de Josaphat, par H.-François Delaborde, avec deux planches en héliogravure. . . . . 5 fr.

XX. La Trière athénienne. Étude d'archéologie navale, par M. A. Cartault, avec 99 bois intercalés dans le texte et 5 planches hors texte). . . . . . . 12 fr.
  Ouvrage couronné par l'Association pour l'encouragement des études grecques en France.

XXI. Études d'épigraphie juridique. De quelques inscriptions relatives à l'administration de Dioclétien. I. *L'Examinator per Italiam*. II. *Le Magister sacrarum cognitionum*, par M. Édouard Cuq. . . . . 5 fr.

XXII. Étude sur la chronique en prose de Guillaume le Breton, par H.-François Delaborde. . . . . 2 fr.

XXIII. L'Asclépieion d'Athènes d'après de récentes découvertes, par M. Paul Girard (*avec une grande carte et 3 planches en héliogravure*). . . . . 5 fr. 50

XXIV. Le manuscrit d'Isocrate Urbinas cxi de la Vaticane. Description et histoire. Recension du Panégyrique, par M. Albert Martin. . . . . 1 fr. 50

XXV. Nouvelles recherches sur L'Entrée de Spagne, chanson de geste franco-italienne, par M. Antoine Thomas. . . . . 2 fr.

XXVI. Les Sacerdoces athéniens, par M. Jules Martha. . . . . 5 fr.

XXVII. Les Scolies du manuscrit d'Aristophane a Ravenne. Étude et collation, par M. Albert Martin. . . . . 10 fr.

XXVIII. Première section. Les arts a la cour des papes pendant le XV° et le XVI° siècle, par M. Eugène Müntz, membre de l'Institut. Troisième partie. Première section (avec deux planches). Voir fasc. IV et IX. . . . . 12 fr.
  Ouvrage couronné par l'Institut.

XXIX. Les origines du Sénat romain. Recherches sur la formation et la dissolution du Sénat patricien, par M. G. Bloch. . . . . 9 fr.

XXX. Étude sur les lécythes blancs attiques a représentations funéraires, par M. E. Pottier (avec quatre planches en couleurs). . . . . 6 fr.

A suivre.

BIBLIOTHÈQUE

DES

ÉCOLES FRANÇAISES D'ATHÈNES ET DE ROME

FASCICULE SOIXANTE-QUATORZIÈME

CATALOGUE DES BRONZES TROUVÉS SUR L'ACROPOLE D'ATHÈNES

PAR A. DE RIDDER

PARIS. — IMP. A. GAUTHERIN, 131, RUE DE VAUGIRARD

CATALOGUE DES BRONZES

TROUVÉS

SUR L'ACROPOLE D'ATHÈNES

Publié sous les Auspices
de l'Académie des Inscriptions et Belles-Lettres
(Fondation Piot)

PAR

A. DE RIDDER

ANCIEN MEMBRE DE L'ÉCOLE FRANÇAISE D'ATHÈNES
MAITRE DE CONFÉRENCES A LA FACULTÉ DES LETTRES D'AIX

OUVRAGE CONTENANT

Trois cent quarante figures intercalées dans le texte
et huit héliogravures hors texte

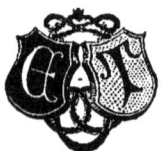

PARIS
LIBRAIRIE THORIN ET FILS
ALBERT FONTEMOING, Éditeur
LIBRAIRE DES ÉCOLES FRANÇAISES D'ATHÈNES ET DE ROME
DU COLLÉGE DE FRANCE, DE L'ÉCOLE NORMALE SUPÉRIEURE
DE LA SOCIÉTÉ DES ÉTUDES HISTORIQUES
4, RUE LE GOFF, 4

1896

BRONZES

TROUVÉS

SUR L'ACROPOLE D'ATHÈNES

BRONZES
TROUVÉS
SUR L'ACROPOLE D'ATHÈNES

II

STATUETTES (690-835)

FIGURINES VIRILES (690-770)

STATUETTES PRIMITIVES

690. — Haut., 3·2 (de la tête, 1·5). Ep., 0·3 à 1·3. — Cassé au buste, les bras conservés un peu au-dessous des aisselles.

Fragment de statuette, les bras pendant droit, la taille mince, le corps en forme de planche. La tête, primitive, a les cheveux massés, le front presqu'horizontal, le nez et les yeux ronds et saillants.

691 (6777). — Haut., 11·4. Larg., 1·4 à 2. Ep. aux hanches, 1·8. — Cassé à la taille et à l'attache des pieds, la jambe gauche conservée un peu plus bas que la droite. — Fig. 209.

Figurine primitive, coupée à pans droits, les bourses longues et la jambe droite avançant quelque peu sur la gauche.

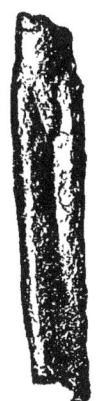

Fig. 209 (**691**).

692 (6616) [1413]. — Trouvé à l'E. du Parthénon ('Εφημ. 'Αρχαιολ., 1883, p. 46,8). — Haut., 21 (de la tête, 3·2). — Les deux jambes cassées et la gauche plus haut que la droite. — Fig. 210.

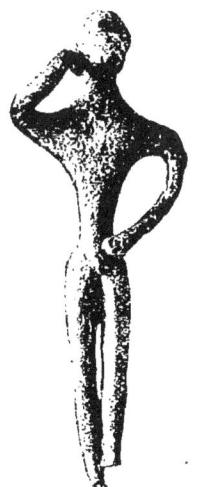

Fig. 210 (**692**).

Figurine primitive, non ithythallique, la tête rejetée en

arrière, les oreilles et les yeux creux, le nez haut et crochu, en bec d'oiseau, seul saillant dans la face ovale — le haut du corps en forme de triangle plat, s'amincissant jusqu'à la taille par deux courbes concaves, les jambes en bâtonnets droits, dont l'un, celui de gauche, est légèrement en avant. Des bras, celui de droite est à la hauteur de l'oreille, la main en battoir et percée : la main gauche, trouée de même, est à la hanche.

Cf. passim les planches XV-XVI d'OLYMPIA — p. e., pour les cavités des yeux, la courbe des aisselles... le n° 245 (pl. XVI, p. 39), pour la forme du pénis le n° 247 (pl. XV, p. 39). Il est difficile de juger si comme dans les n°s 244 et 246 (pl. XVI, p. 39), le bras gauche tenait une javeline, ou comme dans le n° 243 (pl. XVI, p. 39), un bouclier. Le bras droit brandissait la lance.

Si l'on rapproche une ou deux figurines mycéniennes, (PERROT, *H. de l'Art*, VI, fig. 359, 363-4), les statuettes dites cariennes, trouvées dans les Iles grecques et les silhouettes des vases du « Dipylon », on se convaincra que le type n'est pas phénicien, ni sarde ou chypriote, mais sans doute purement grec.

693 (6583). — Haut., 12. — Conservé de la taille un peu en bas des genoux.

Semblable.

694 (6620) [1450]. — Haut., 8 (de la tête, 2·5). — Cassé au buste, le bras gauche brisé dès l'attache. — Fig. 211.

Figurine semblable, mais le visage est redressé, mieux modelé et de forme arrondie. Des hachures au trait, de sens alterné, indiquent la chevelure et d'autres, irrégulières, la barbe.

Cf., pour les stries de la chevelure, OLYMPIA, 616, pl. XXVII,

p. 87-9. Le n° **773** (cf. OLYMPIA, 266ª, pl. XV, p. 42) a

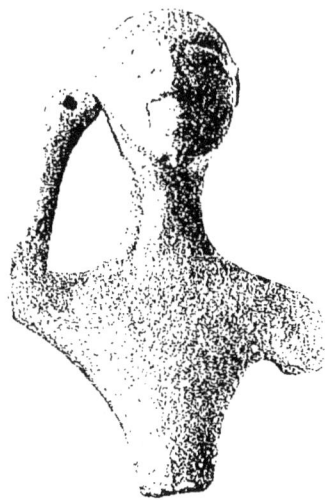

Fig. 211 (694).

les hachures inscrites dans des baguettes verticales simulant des tresses.

695 (6593) [1502]. — Haut., 11·1 (de la tête, 1·9) — Fig. 212.

Figurine plate comme les n°ˢ **692-3**, mais la taille moins mince et les bras également écartés du corps, les mains terminées en moignons, étant censées tenir les rênes d'un attelage (la droite est percée d'un trou vertical). Les jambes sont sur la même ligne et unies vers le bas par une mince plaque qui remplace les pieds et s'enfonçait dans la caisse d'un char. — La tête, engoncée et sans front, rappelle, par son nez comme par ses yeux en losange, l'une des amphores de Milo (1), mais les cheveux sont partagés par une raie et deux tresses sont *incisées* de chaque côté sur les épaules.

Cf., pour le motif très fréquent des conducteurs de chars

---

(1) RAYET-COLLIGNON, *H. de la Céramique*, pl. 3.

archaïques, OLYMPIA, pl. XV-XVI, 248-253, p. 39-40; MARTHA,

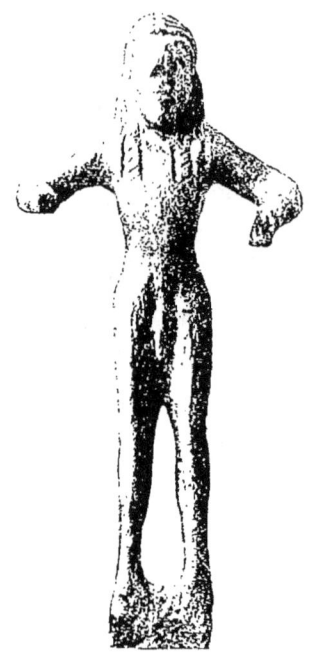

Fig. 212 (695).

Catal. des T. C. du Polytechneion, 820, 965 — pour la forme du pénis, OLYMPIA, pl. XV, 247, p. 39.

696 (6619) [1444]. — Haut., 17·2 (de la tête, 3). — Cassé aux chevilles et aux avant-bras, qui sont en forme de moignons. — Fig. 213.

La taille mince, les bras séparés, les avant-bras tendus en avant rappellent les bronzes précédents, mais la figurine porte un caleçon à haut rebord et avec pan retombant par devant. La tête est remplacée par un demi-cylindre, coupé net à la partie supérieure, où six goujons sont ménagés. Par devant, les sept cannelures horizontales, qui simulent la chevelure, laissent entre elles et en retrait une plaque rectangulaire; un trou, un cercle incisé, et quelques traits transversaux y figurent les détails du visage.

Cf. les bronzes de Dodone où une tige cylindrique servant de support passe à travers une tête humaine (CARAPANOS, pl. X, 2, 2 bis). Pour le caleçon, cf. MICALI, *Storia*, pl. 22, et un bronze d'Égine ('Εφημ. Ἀρχαιολ., 1895, pl. 7). — La tête n'est guère mieux modelée dans la statuette d'ivoire trouvée sur l'Acropole et que nous rappelons dans la préface (n° 6532 de l'inventaire).

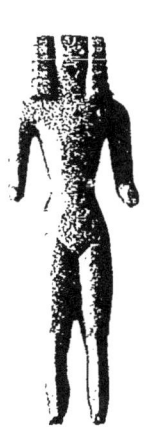

Fig. 213 **(696)**

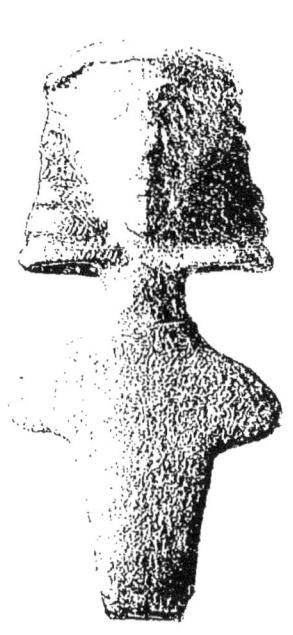

Fig. 214 **(697)**

697 (6627). — Haut., 9·3 (de la tête, 3·4). Larg. maxima de la tête, 4. — Cassé en bas. — Fig. 214.

Lame plate finissant en pointe, avec deux rudiments d'épaules et un décor gravé, composé d'une bande de zigzags, de deux rosettes et de traits entrecroisés. Au-dessus, tête triangulaire, aux sourcils très relevés, saillant en plein relief sur les cheveux : ceux-ci tombent en perruque comme dans le n° **696**, mais les sept bourrelets sont incisés

Cf., pour la saillie du visage sur le plan des cheveux, les n⁰ˢ **764-6**, pour les bourrelets de la coiffure, l'Artemis de Délos, l'Apollon de Tenea, le sphinx du Pirée (CAVVADIAS, Γλυπτά, 76).

La plaque, étant courbe à la partie inférieure, devait s'appliquer sur la panse d'un vase : la tête regardait vers l'intérieur.

698 (6617) [1439]. — Haut., 21·5 (de la tête, 4). — Cassé aux genoux et peut-être aux poignets. — Fig. 215.

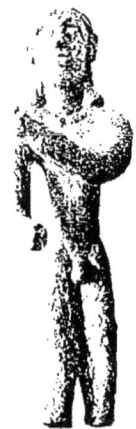

Fig. 215 (**698**).

Combattant, nu et sans arme, le bras gauche ramené devant le corps, l'avant-bras droit tendu, dans une attitude de pugiliste. Les mains devaient, dès l'origine, se terminer en moignons.

Le corps est en progrès sur les n⁰ˢ **692-3**, la taille moins fine, les clavicules et les seins indiqués. — La tête, bien détachée, a les yeux gros, saillant dans des poches profondes, le nez moins haut, les lèvres droites et égales, les cheveux partagés par une raie et tombant en épais bourrelets verticaux.

Cf., pour le type de la tête, la cuirasse OLYMPIA, pl. LIX (*BCH*, VII, pl. 1-4 — MURRAY, *Handbook of Archæology*,

1892, pp. 121-3), pour la chevelure, des monuments assyriens, ioniens et étrusques : PERROT, *H. de l'Art*, II, fig. 129, 130, 248 ; n° 32 de la Glyptothèque (*Rœmische Mittheilungen*, 1895, p. 258-260); MICALI, *monum.*, pl. 26.2.

699 (6618) [1440]. — Haut., 20·5 (de la tête, 4). — Cassé de même, les bras brisés près de l'épaule. — Fig. 216.

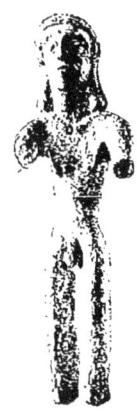

Fig. 216 (**699**).

Semblable, la jambe gauche légèrement en avant.

700 (6621) [1452]. — Haut., 11·5. — Cassé à la taille et aux genoux. — Fig. 217.

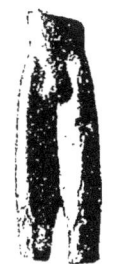

Fig. 217 (**700**).

Semblable au précédent.

701 (6612) [1442]. — Trouvé à l'E. du Parthénon ('Εφημ. Ἀρχαιολ., 1883, p. 46,4). — Haut., 21·2 (de la tête, 4·5). — La jambe gauche cassée au-dessus du genou. — Fig. 218.

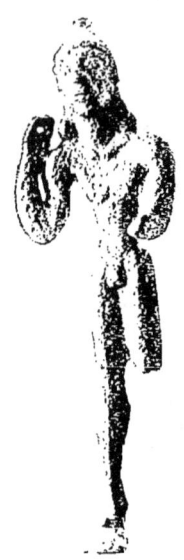

Fig. 218 (**701**).

Semblable aux n°ˢ **698-9** par la tête et la chevelure, comme par le relief des clavicules et des seins et l'avancée de la jambe gauche (**699**), la statuette en diffère par son casque à panache et à calotte hémisphérique. Des bras, le gauche est abaissé, l'avant-bras en avant, le droit ramené à l'épaule, la main, percée, brandissant la lance. Le pied droit conservé pose à plat sur le sol où il est fixé par un clou.

Cf. le haut bonnet assyrien (PERROT, *H. de l'Art*, II, fig. 125, 212, pl. XII) et celui des terres-cuites chypriotes (*ibid.*, III, pl. 11). — Le casque primitif d'Olympie est différent.

702 (6613) [1441]. — Haut., 20·5 (de la tête, 4·4). — Cassé aux chevilles. — Fig. 219.

L'attitude est celle du n° **701**, mais l'avant-bras droit est plus écarté du corps, qui est plat et non modelé. Le bonnet, plus conique, est semblable, mais la tête est plus avancée, de

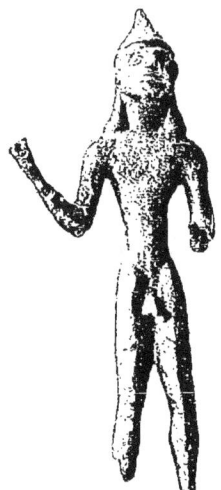

Fig. 219 (**702**).

forme plus carrée, avec le nez moins fort, la bouche largement fendue, les yeux marqués par un trait saillant dans un ovale régulier, enfin les cheveux divisés en tresses gravées.

FIGURINES SERVANT DE MANCHES

L'Antiquarium de Munich possède une patère conservée, supportée par un « Apollon » et venant d'Athènes, très probablement de l'Acropole (identique à notre n° **709**). Le diamètre de la patère est de 27 c.

703 (6576) [1448]. — Haut., 13 (de la tête, 2·2). — Cassé aux jarrets. — Fig. 220.

Figurine nue servant de manche de patère, les deux mains ramenées à la hauteur des tempes, comme dans le n° suivant.

FIGURINES VIRILES 249

Les jambes sont soudées aux mollets, le corps plat a les plis inguinaux obliques, les hanches effacées, les mamelons très rapprochés — les bras sont ridiculement atrophiés. La tête

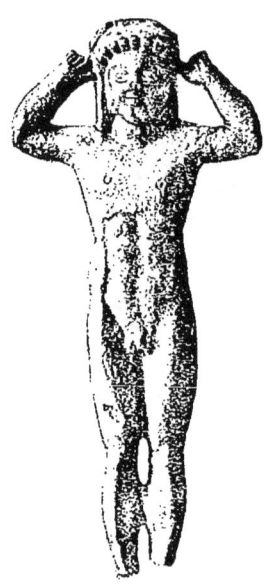

Fig. 220 (**703**).

carrée, avec ses cheveux tombant en voile, sa rangée de touffes frisées en haut du front, ses yeux obliques aux bords saillants, sa bouche réduite, rappelle un bronze du Louvre, quelque peu plus moderne que la statuette (1).

Le geste des mains relevées se rapproche de l'attitude classique du Diadumène.

704 (6559) [1504]. — Haut., 11·5 (de la tête, 2·2). — Les jambes cassées au-dessus des genoux, le bras gauche dès l'attache. — Fig. 221.

Figurine servant de support de miroir, les deux mains relevées aux tempes. La tête carrée a les yeux entourés de bords

(1) *Jahrbuch*, 1892, pl. IV, 127-140 (Kalkmann).

saillants, la bouche petite aux lèvres épaisses, les cheveux

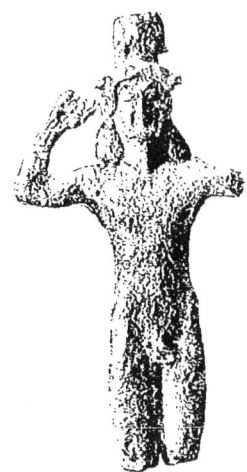

Fig. 221 (**704**)

tombant en nappe sur le dos et retenus par un diadème orné de deux rosettes. Une partie de l'attache du miroir est conservée.

705 (6588) [1506]. — Haut., 10·5 (de la tête, 2). — Les bras cassés à l'attache, les jambes en bas des cuisses. — Fig. 222.

« Apollon » primitif semblable. La face antérieure est seule modelée et un tenon conservé à gauche de la tête servait à arrêter l'attache. Mais les bras n'étaient pas relevés comme dans les exemplaires suivants — les mains devaient être fermées et appuyées aux hanches. Sur les épaules tombantes, deux tresses pendent de chaque côté, tandis que d'autres encadrent le haut du visage. Celui-ci, long, ovale, rappelle l'Apollon de Thera (CAVVADIAS, Γλυπτά, 8).

La technique est curieuse et rappelle celle des coroplastes. Jusqu'au bas des reins, tout le derrière de la statuette est creux. Il est peu probable qu'une seconde moitié, postérieure, ait pu être soudée sur la première. L'attache devait descendre jusque là, aussi était-elle exceptionnellement forte et ne pouvait guère supporter qu'un objet très lourd, peut-être un candélabre. La jambe gauche avance d'ailleurs légèrement, ce qui prouve que les pieds n'étaient pas réunis : le support était *fixe*, et non mobile comme les manches qui suivent.

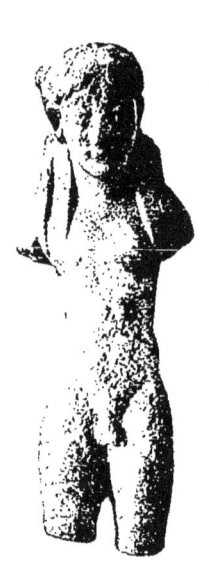 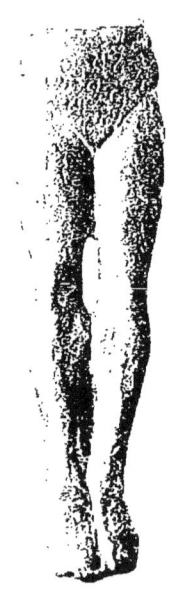

Fig. 222 (**705**)   Fig. 223 (**706**)

706 (6578). — *J. of Hellen. Stud.*, 1892-3, p. 239. — Haut., 9. — Cassé à la ceinture, la palmette de base non conservée. — Fig. 223.

« Apollon », les jambes réunies, les doigts de pied non indiqués, avec une fente au-dessus des genoux. Caleçon de peau, tacheté et serré à la taille par une ceinture, avec pan retombant par devant et passant entre les jambes.

Cf., entre autres, le n° **701** — une statuette d'Égine, Ἐφημ. Ἀρχαιολ., 1895, pl. 7 et une terre-cuite en bucchero, *Anzeiger*, 1889, p. 164. Le caleçon de Dodone (CARAPANOS, pl. XII.1, p. 32, 182) et d'Olympia, pl. IX, 86, p. 26 est différent.

707 (6560) [1398]. — Haut., 19·2 (de la figurine, 13·2 [hauteur vraie, *jusqu'au talon*, 12·6], de la tête, 2, de la palmette, 3·8). — L'attache conservée au milieu seulement. — Fig. 224.

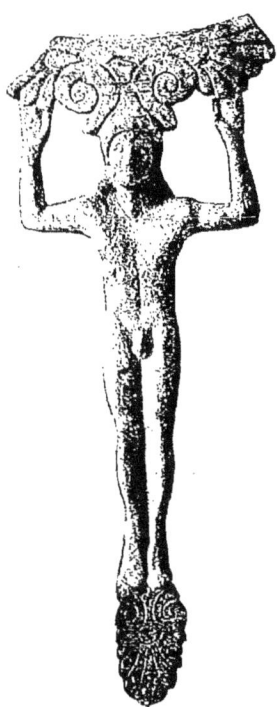

Fig. 224 (**707**)

« Apollon », les jambes réunies sur une palmette, les doigts des pieds non figurés, les avant-bras levés à angle droit et soutenant par derrière l'attache de la patère. Celle-ci, en forme d'arc, se compose, à droite et à gauche, de deux demi-palmettes éployées — au milieu, de deux volutes ioniennes opposées, les centres des spirales unis par une barre horizontale. Une palmette, détachée, était soudée sur la tranche de la phiale.

FIGURINES VIRILES

La figure, portée par un cou assez court, est pleine, le menton rond, la bouche petite, droite et en relief, les narines non détaillées et haut placées, les yeux aux bords marqués, ronds et saillants dans une orbite losangiforme, presque circulaire. Les cheveux tombent en masse sur les épaules.

Le corps est plat, les hanches non saillantes, la ligne blanche faiblement marquée, le nombril rapproché de l'attache du pénis. Celui-ci est à mi-corps, et la distance des seins, quand elle est mesurable, est égale à leur hauteur au-dessus de l'ombilic. Ce dernier est le plus souvent marqué, comme les mamelons, par un cercle gravé, cf. OLYMPIA, pl. VIII, 49, p. 19.

708 (6564) [1392]. — Haut., 19 (de la figurine, 13·5 [12·5], de la palmette, 3·5). — Fig. 225.

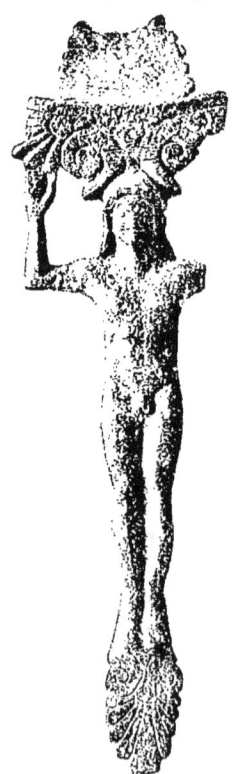

Fig. 225 (**708**)

254   BRONZES DE L'ACROPOLE

Semblable, le bras gauche cassé, la palmette supérieure en partie conservée.

709 (6567) [1397]. — Haut., 19·5 (de la figurine, 13·6 [12·7], de la palmette, 3·5). — Fig. 226.

Semblable, la palmette supérieure non conservée.

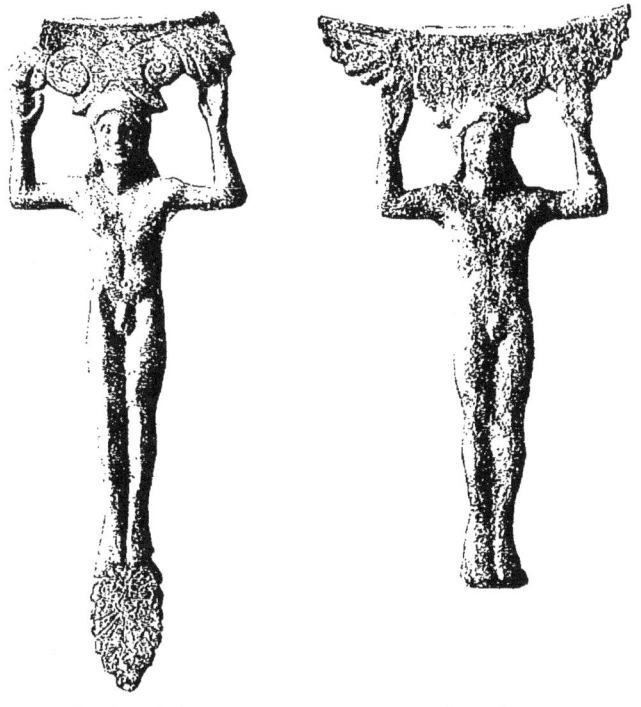

Fig. 226 **(709)**.   Fig. 227 **(710)**.

710 (6561) [1396]. — Haut., 16 (de la figurine, 14 [13], de la tête, 2). — Fig. 227.

Semblable, l'attache entière, mais les deux palmettes détachées.

FIGURINES VIRILES 235

711 (6571) [1395]. — Haut., 14 (de la figurine, 12). — Fig. 228.

Semblable, l'attache de même, les jambes cassées au cou de pied.

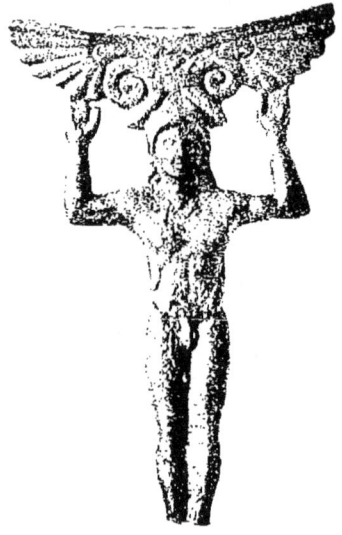
Fig. 228 (711).

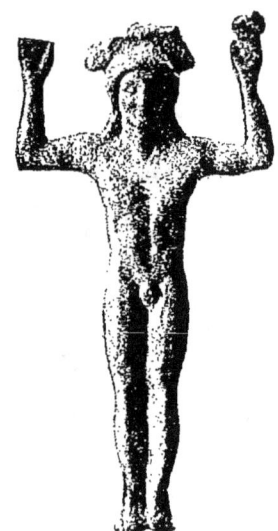
Fig. 229 (712).

712 (6558) [1401]. — Haut., 13 (de la tête, 2). — Fig. 229.

Semblable, la figurine seule conservée.

713 (6565) [1393]. — Haut., 18 (de la figurine, 13·6 [12·8], de la palmette, 3·7, de la tête, 2). — Fig. 230.

Semblable, mais les avant-bras *légèrement obliques*. La main droite est cassée aux doigts, le bras gauche au poignet. Le bas de l'attache est seul conservé.

714 (6570) [1394]. — Haut., 15·7 (de la figurine, 13·8 [13·2], de la tête, 2·1). — Fig. 231.

256 BRONZES DE L'ACROPOLE

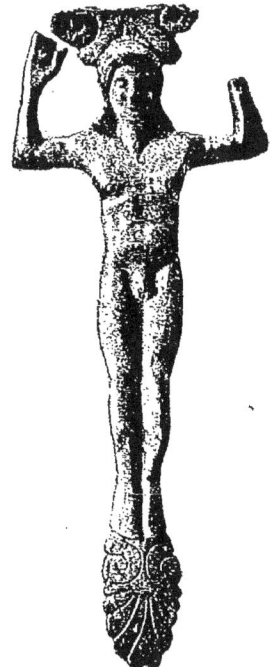

Fig. 230 (**713**).

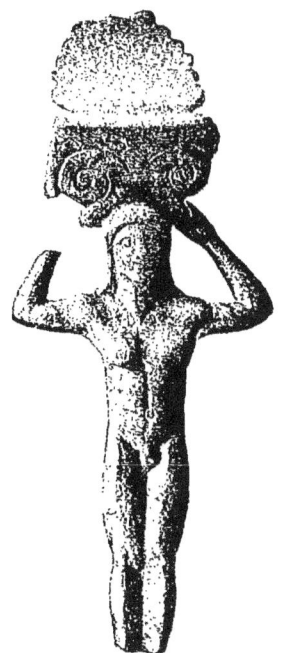

Fig. 232 (**715**).

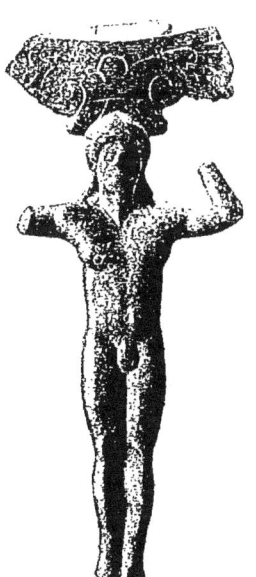

Fig. 231 (**714**).

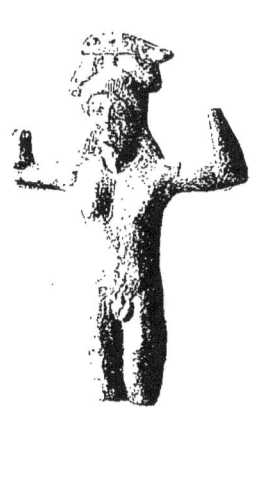

Fig. 233 (**717**).

Semblable, l'obliquité des bras plus prononcée. L'attache est à demi conservée, la palmette détachée, le bras droit cassé avant le coude, le gauche en bas du poignet.

715 (6575) [1390]. — Haut., 13·7 (de la figurine, 11·7, de la tête, 2). — Fig. 232.

Semblable, les bras très obliques et les mains touchant presque le haut de la tête. Celle-ci est de type un peu différent, plus large et la bouche relevée aux coins. Le bras droit est cassé au poignet, les jambes aux jarrets.

716 (6582). — Haut., 7·5 (de la palmette, 2·2). Ep., 0·4. — Cassé au-dessus des genoux.

Partie inférieure d'une figurine semblable.

717 (6562) [1403]. — Haut., 9·2 (de la figure, 1·3). — Les jambes cassées au-dessus des genoux, les bras près des poignets. — Fig. 233.

« Apollon » semblable, les bras presque verticaux, mais la bande horizontale de l'attache est croisillée. La figure, plus ovale, est de meilleur style, les yeux amandiformes, le nez plus bas, le menton plus saillant, le cou plus dégagé, les cheveux tombant de même en nappe, mais serrés par un bandeau et striés de hachures parallèles. Le corps est modelé plus exactement, les seins plus en relief et les hanches mieux indiquées.

718 (6574) [1391]. — Haut., 13 (de la figurine, 9·9, de la tête, 1·9). — Les jambes cassées de même, mais l'attache conservée presque entière. — Fig. 234.

Semblable, de style plus libre, presque maniéré, le cou très

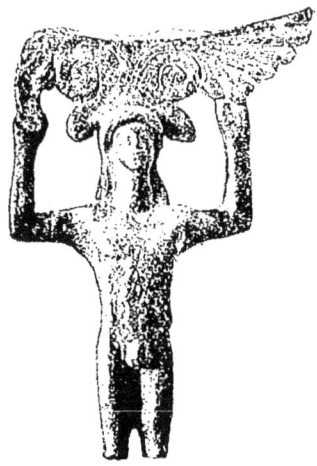

Fig. 234 (**718**).

élevé, presqu'aussi long que le visage, les hanches marquées, les jambes séparées.

719 (6579). — Haut., 7·7 (des jambes, 4·7). Larg. de la palmette, 2·8. Ep., 0·3.

Bas de figurine semblable.

720 (6581). — Haut., 7·9 (des jambes, 5). Larg. de la palmette, 2·8. Ep., 0·25.

Semblable, les doigts marqués.

721 (6580). — Haut., 8·2 (des jambes, 5). Larg. de la palmette, 2·8. Ep., 0·3.

Semblable, sauf qu'une bande croisillée unit dans la palmette les centres des volutes.

722 (6577). — Haut., 10·5 (de la palmette, 5·6, de la tête, 2). Larg., 8·5. — Fig. 235.

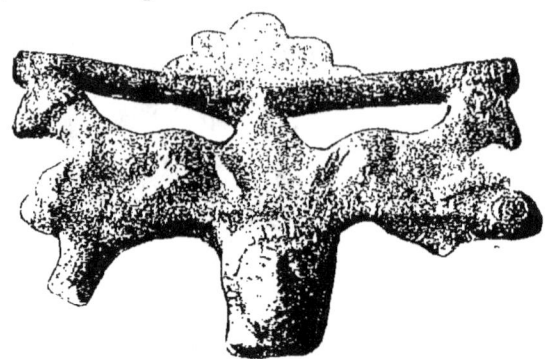

Fig. 235 **(722)**.

« Apollon », dont la tête et les mains sont seules conservées. Celles-ci soutiennent un cadre rectangulaire, à l'intérieur duquel, à droite et à gauche d'une palmette, deux béliers sont couchés en sens inverse. La tête, courte et pleine, a la bouche droite, les yeux longs et ovales, les cheveux partagés en haut du front par des gaufrures verticales.

Cf., pour le motif, GERHARD, *Etruskische Spiegel*, 60. — *C. R. de St-Pétersbourg*, 1877, pl. I, 9. — OLYMPIA, pl. VII, p. 26. — KARLSRUHE, 489. — Musée de Vienne, 30, etc.

723 (6573) [1449]. — *J. of Hellen. Stud.*, 1892-3, p. 239. — Haut., 14 (de la tête, 2·1). — Les pieds cassés, ainsi que les têtes des béliers. — Fig. 236.

Semblable, les jambes séparées, la tête plus fruste et plus carrée. Les hanches sont saillantes, les plis inguinaux suivent les bords du trochanter — mais seins et nombril sont marqués par deux grands cercles concentriques.

724 (6568) [1402]. — Haut., 13·2 (de la tête, 2·1). — Fig. 237.

Semblable, avec une attache simple. Le bras droit près de

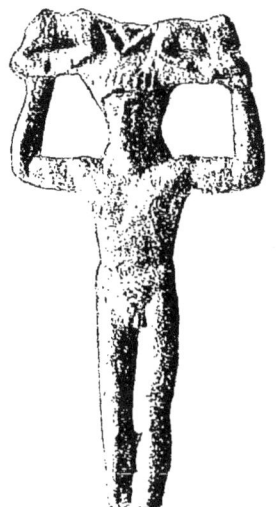

Fig. 236 (**723**).

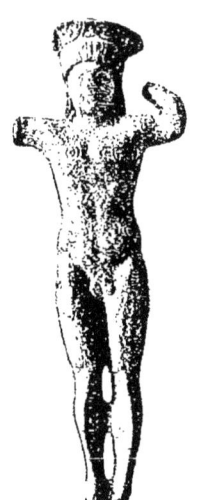

Fig. 237 (**724**).

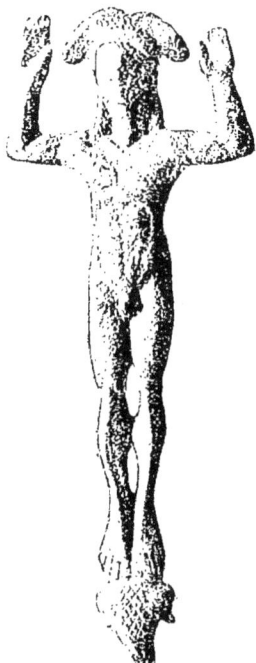

Fig. 238 (**725**).

l'attache, le gauche près du coude, et, semble-t-il aussi, les pieds se terminent en moignons, ce qui prouve que l'attache était uniquement supportée par la tête.

Celle-ci a les yeux ovales et les cheveux striés. Les seins sont seuls indiqués comme dans le n° **723** et l'attache du pénis est triangulaire.

725 (6566) [1400]. — Haut., 18·5 (de la figurine, 15·8, de la tête, 2). — Fig. 238.

Semblable, debout sur une tête de bélier. La tête, très dégagée et de beau style, a le front fuyant : les cheveux, striés, semblent ceints d'un diadème. — Le dessin de la cage thoracique est celui des vases à figures rouges de style sévère.

Pour la tête de bélier, cf. GERHARD, *Etruskische Spiegel*, I, 60.

726 (6572) [1393]. — Trouvé à l'E. du Parthénon. Ἐφημ. Ἀρχαιολ., 1883, p. 46, 71. — Haut., 17 (de la figurine, 15·5, de la tête, 2·2). — Fig. 239.

Semblable, les divisions de l'attache seulement gravées et les centres des volutes non réunis par une bande horizontale.

La tête, osseuse et carrée, a les yeux triangulaires, la bouche droite aux lèvres serrées. Les cheveux qui tombent en nappe sur le dos sont ceints d'un bandeau et striés de gaufrures espacées. — Le corps est d'un modelé médiocre.

727 (6563) [1388]. — Haut., 15·5 (de la figurine, 13·7 [12·7], de la tête, 2). — La palmette de base seule non conservée. — Fig. 240.

Semblable, le visage plus arrondi du bas, les yeux moins schématiques, aux paupières alourdies, les doigts des pieds non indiqués.

262 BRONZES DE L'ACROPOLE

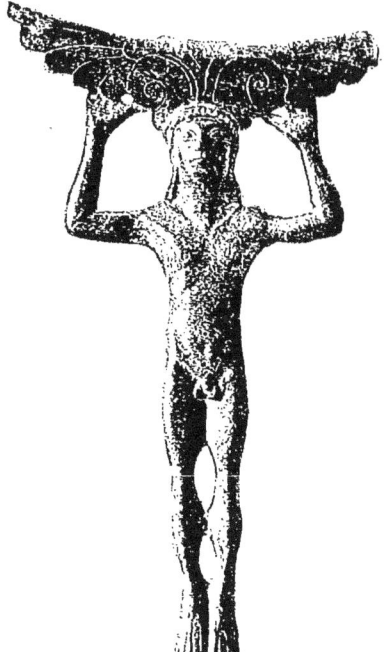

Fig. 239 (**726**).

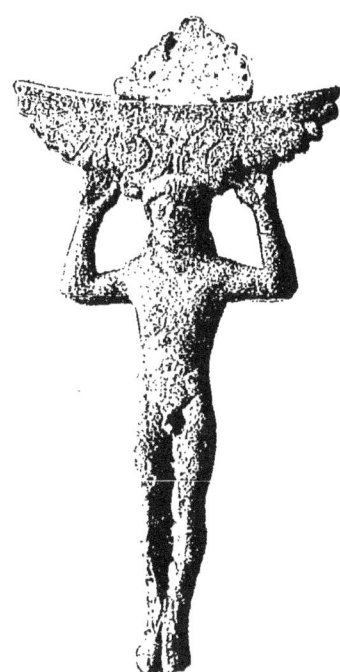

Fig. 240 (**727**).

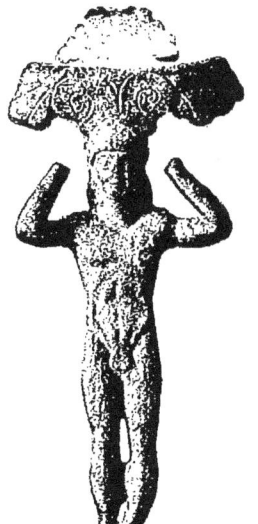

Fig. 241 (**728**).

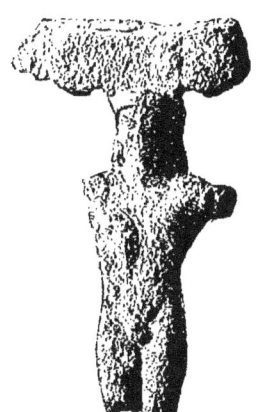

Fig. 242 (**729**).

FIGURINES VIRILES

728 (6569) [1389]. — Haut., 11·5. — Les bras cassés aux poignets, les jambes au cou de pied. — Fig. 241.

Semblable, les bras plus obliques. La tête plus libre, aux traits forts, rappelle la grande tête **768**.

729 (6557) [1404]. — Haut., 8·5 (de la tête, 2). — Les bras cassés, ainsi que les jambes au-dessus des genoux. — Fig. 242.

Semblable, la tête annonçant déjà les sculptures du Theseion.

« APOLLONS »

730 (6587) [1447]. — Haut., 13·2 (de la tête, 2·2). — Les bras cassés au poignet, les jambes au jarret. — Très altéré. — Fig. 243.

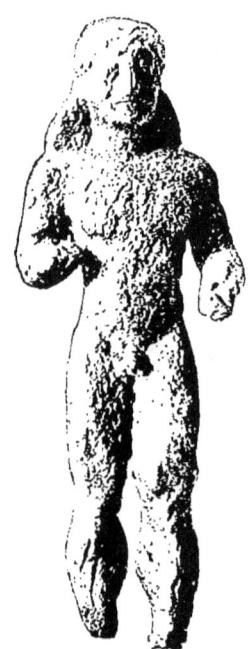

Fig. 243 (**730**).

« Apollon » marchant, la jambe gauche en avant, les avant-bras tendus, le gauche légèrement relevé et portant un attribut indistinct. — La tête, pleine, le menton carré, est coiffée de cheveux tombant en nappe et bouffant aux épaules.

731 (6608) [1431]. — Haut., 9 (de la tête, 1·2). Base, 2 sur 2. — Fig. 244.

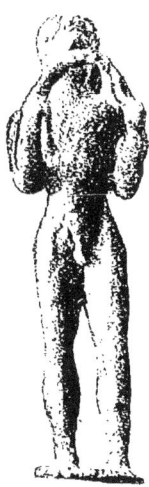

Fig. 244 (**731**).

Semblable, debout, les jambes écartées sur une base carrée. Les avant-bras relevés tiennent les extrémités d'une guirlande dont la partie supérieure touche le visage. La tête, engoncée et carrée, a le nez saillant des figurines primitives.

Cf., pour la guirlande, le bas-relief de Thasos, COLLIGNON, *H. de la Sculpture,* fig. 138-140.

732 (6599) [1498]. — Haut., 8 (de la tête, 1·5, de la base, 0·3). Diam. de la base, 3. — Fig. 245.

Semblable, de type presque enfantin, la jambe gauche en

avant, les pieds sur une base ronde. Les cheveux, retenus par une guirlande et tombant en nappe sur le dos, entourent un

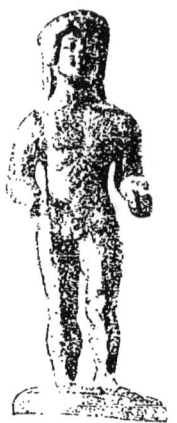

Fig. 25 (732).

visage aux yeux obliques, plein et souriant, de pur style attique. Les avant-bras sont tendus en avant et les mains tenaient des attributs. Jambes courtes et trapues.

Sur la base est l'inscription : ΓΕΔΙΙ

733 (6596) [1495]. — Haut., 9·8 (de la tête, 1·8). Base, 3·3 sur 1·6. — Le bras droit cassé au poignet. — Planche I, 4.

« Apollon », le pied gauche en avant, portant sur une base rectangulaire. La main gauche pend le long du corps, le coude droit relevé et la main non conservée devant tenir quelque objet. Un long fourreau, collant, brodé au cou, couvre le corps. La tête, quoique de style libre, a les yeux obliques et la bouche relevée aux coins.

734 (6606) [1500]. — Haut., 9·7 (de la tête, 1·7). — Planche II, 4.

Semblable, les avant-bras tendus et terminés en moignons,

les pieds en forme de lamelles, le droit en arrière. Corps mince et long, sans modelé. La tête, allongée, barbue, est couronnée d'un diadème, les cheveux relevés à la nuque suivant la mode attique, le crobyle serré par un bandeau qui semble partir des oreilles (1).

735 (6600) [1503]. — Trouvé à l'E. du Parthénon. Ἐφημ. Ἀρχαιολ., 1883, p. 46, 5. — Haut., 8·5 (de la tête, 1·7). — Les bras cassés dès l'attache, la jambe gauche au genou, la droite au-dessous. — Fig. 246.

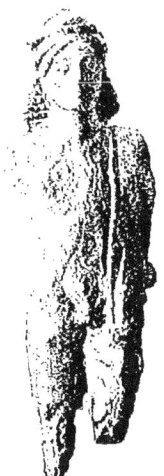

Fig. 246 (**735**).

Figurine virile, marchant la jambe gauche en avant, un manteau pendant verticalement sur l'épaule de même sens. La tête allongée, mais de style plus libre que le n° **734** rappelle, surtout de profil, les sphinx de la plaque **350**, A. Le nez long, le menton pointu sont bien attiques. Les cheveux tombent en nappe, striée d'ondulations horizontales, encadrent le front

---

(1) Cf., entre autres, deux bas-reliefs de l'Acropole : LE BAS, *Voy. Archéol.*, pl. I. — CONZE, *Memorie dell' Instituto*, II, pl. 13, etc.

de deux rangs de tresses partagées par une raie, et sont coiffés d'un pilos plat.

736 (6607) [1496]. — *B. C. H.*, 1894, p. 46. — Haut., 9 (de la tête, 1·7). — Les deux jambes cassées aux jarrets. — Planche II, 1.

Semblable, marchant franchement en avant, les bras fléchis au coude, la main gauche tenant une flûte de Pan. Le corps est plat, les hanches non marquées, les inscriptions mal figurées, mais la tête, d'un contour doux, a la bouche droite, les narines haut placées, les yeux non saillants, au coin extérieur prolongé (1). La coiffure, bien attique (2), se compose d'un bandeau retenant des tresses, striées de traits transversaux, partant du sinciput, faisant bourrelet aux bords de la tête et tombant en nappe sur les épaules.

737 (6597) [1499]. — *B. C. H.*, 1894, p. 46. — Haut., 10 (de la tête, 1·6, de la base, 0·7). Bases, 3·3 sur 2·4 et 2·8 sur 2. — Planches I, 1 et II, 3.

Semblable, sur double base rectangulaire, les pieds chaussés, les mains ne tenant pas d'attributs conservés, les tresses non striées.

738 (6598) [1497]. — *B. C. H.*, 1894, p. 46. — Haut., 10·5 (de la tête, 1·7, de la base, 0·6). Bases, 3·5 sur 2·6 et 3 sur 1·9. — Planches I, 2 et II, 2.

Semblable, les tresses striées de traits transversaux et retenues par un bandeau décoré de chevrons.

---

(1) Cf., déjà, les sculptures en tuf trouvées sur l'Acropole (*Revue archéologique*, 1891, pl. XVI — Ἐφημ. Ἀρχαιολ., 1891, pl. 14).

(2) Cf. FURTWÆNGLER, *50° Progr. de Winckelmann*, p. 131-2, note 25 (monnaies de Siphnos, vases de Brygos et d'Euphronios — vases trouvés sur l'Acropole...)

739 (6586) [1501]. — Trouvé à l'E. du Parthénon, Ἐφημ. Ἀρχαιολ., 1883, p. 45, 21. — Haut., 11 (de la tête, 1·6). — Le bras gauche cassé au poignet, la jambe droite au jarret. — Fig. 247.

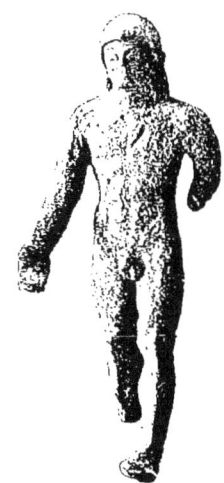

Fig. 247 (**739**).

Semblable, présentant la paume de la main droite et levant à demi l'avant-bras gauche. Le style est plus libre que celui des figurines **736-8**. La tête a l'occiput plus rapproché du sinciput et les cheveux massés tombent en longue queue sur le dos.

740 (6445) [1368]. — Haut., 0·27. — Planches III et IV.

Trouvé le 24 mars 1888 entre le Parthénon et le Musée. — *Deltion*, mars 1888, p. 44. — *J. of Hellen. Stud.*, 1888, p. 134-5. — *B. C. H*, 1888, p. 4. — Olympia, p. 20 (n° 52). — 50° *Programme de Winckelmann*, p. 128, note 8. — *B. C. H.*, 1894, p. 44-52, pl. V-VI (A. de Ridder).

« Apollon », dont la pose est semblable aux n°ˢ **736-8**. Les épaules tombantes, le corps largement modelé, les plis inguinaux presque droits rapprochent la figurine des sculptures franchement attiques (1). La tête, ronde, aux cheveux massés en bourrelet, aux joues pleines, aux yeux droits, à la bouche souriante, ne dément pas cette attribution (2).

FIGURINES GUERRIÈRES

741 (6603) [1429]. — Haut., 7·3 (de la tête, 1·3). — Les jambes cassées au cou de pied. — Fig. 248.

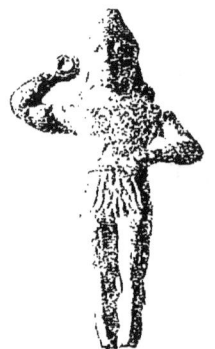

Fig. 248 (**741**).

Guerrier debout, les jambes unies, la main droite à l'épaule et brandissant la lance, l'avant-bras gauche devant la poitrine. Sous la cuirasse à spirales gravées apparaît le chiton, court et plissé. Le casque, aux paragnathides obliques, encadre une tête barbue, de style déjà libre, les cheveux coiffés en ondes étagées.

742 (6601) [1430]. — Haut., 8 (de la tête, 1·7). — Les jambes cassées aux jarrets, les bras près des poignets. — Fig. 249.

Semblable, en marche rapide vers la gauche, la jambe droite

---

(1) Cf. la statue *Athen. Mittheil.*, 1880, pl. I et Ἐφημ. Ἀρχαιολ., 1888, pl. 3, etc.
(2) Cf. la tête du relief d'Héraklès, *Athen. Mittheil.*, 1887, pl. III, 2.

en arrière, l'avant-bras gauche tendu en avant. Les cheveux

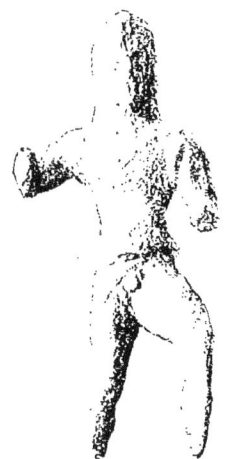

Fig. 270 (742).

tombent en nappe sous le casque corinthien et la tunique s'ouvre devant les parties (1).

743 (6623) [1428]. — Haut., 7·2. Diam. du bouclier, 4·5. — La tête non conservée, le bras droit cassé au poignet.

De mouvement semblable à la figurine précédente, mais vêtu, au lieu de la cuirasse, d'un lourd chiton de cuir. Un trou rond percé au milieu de la poitrine servait à y attacher quelqu'emblème (?). Sur le bouclier est figurée en relief une protome de lion à gauche, une patte levée, la gueule ouverte.

Cf. MÉDAILLES, 176. — Pour l'épisème, cf. *Catal. des vases du British Museum*, B. 207, 326, 484 et passim.

744 (6611) [1494]. — Haut., 10·5 (de la tête, 4·5). — La

---

(1) Cf. PERROT, *H. de l'Art*, I, fig. 177 (tombe de la 5ᵉ dynastie). — BENNDORF, *Métopes de Sélinonte*, pl. 5. — STUDNICZKA *Altgriechische Tracht*, p. 69, note 40.

FIGURINES VIRILES

partie droite du buste et la tête seules conservées. — Fig. 250.

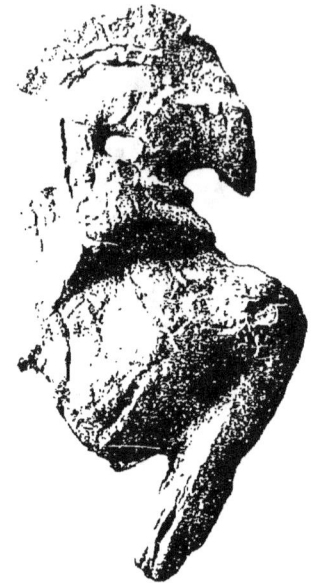

Fig. 250 (744).

Géant, la tête à gauche et légèrement inclinée, vêtu d'une peau de lion (?), coiffé d'un casque à panache bas, la barbe en pointe avec la mouche nettement indiquée.

Ce relief, malheureusement écaillé, est tout ce qui reste d'un groupe analogue à celui du Trésor des Mégariens (1). Le style est celui des vases à figures rouges.

745 (6594) 1505. — Haut., 10·5 (de la tête, 2·2). — Les jambes cassées aux genoux, le bras gauche près du poignet et le droit à l'attache. — Fig. 251.

Combattant marchant la jambe droite en avant et levant la

---

(1) *Ausgrabungen v. Olympia*, IV, pl. 18-9. — LALOUX-MONCEAUX, *Olympie*, p. 125. — COLLIGNON, *H. de la Sculpture*, p. 238, fig. 114.

main gauche, la tête baissée, comme s'il frappait de la lance

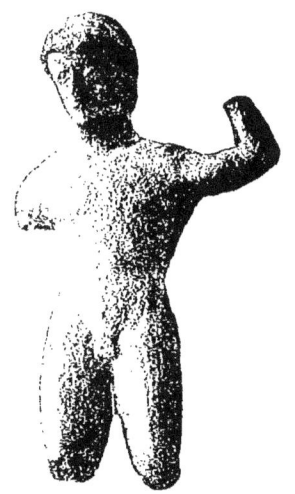

Fig. 251 (745).

ou d'une pierre. La tête a les cheveux formant calotte, le visage rappelant les n⁰ˢ 750, 757, mais de style plus libre.

ATHLÈTES ET LUTTEURS

746 (6595) [1453]. — FURTWÆNGLER, *Meisterwerke*, p. 448, note 1. — Haut., 12 (de la tête, 2). — Le bras gauche cassé au poignet. — Planche I, 3.

Pugiliste, debout sur la jambe droite, la jambe gauche pliée au genou, le pied oblique et posant sur les doigts. Le poing droit fermé est ramené pour parer devant l'épaule. Le gauche est levé pour frapper. Tête de trois quarts à gauche, très altérée.

Style postérieur, dérivé d'un modèle polyclétéen.

747 (6605) [1432]. — Haut., 7·5 (des têtes, 1·5). — L'un des lutteurs a les jambes cassées aux genoux. — Fig. 252-3.

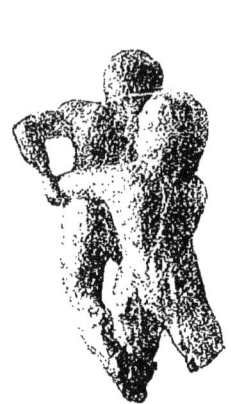
Fig. 252 (**747**).

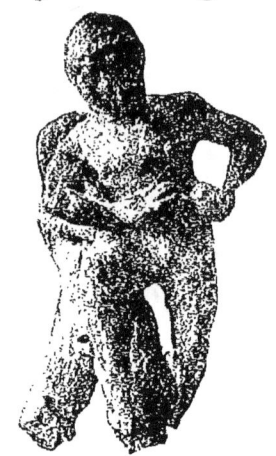
Fig. 253 (**747**).

Groupe de lutteurs nus et imberbes. L'un, de ses bras noués, soulève son adversaire qui essaie vainement de détacher le lien, les pieds passés autour de la cuisse gauche du premier. — Les têtes fortes et trapues, mais de style libre, rappellent les reliefs du Theseion.

Le motif, très fréquent (GRÉAU, pl. XXXIII, n° 965. — MÉDAILLES, 595. — LONGPÉRIER, 364. — CLARAC, 802, 2014. — *Anzeiger*, 1890, 158,14), est emprunté aux légendes d'Héraklès et de Thésée (cf., p. e., la coupe d'Aison, *Antike Denkmæler*, II, pl. 1).

748 (6630) [1427]. — Haut., 5·5 (de la tête, 1·4). Long., 5·5. Larg. de la base, 0·5. — Fig. 254.

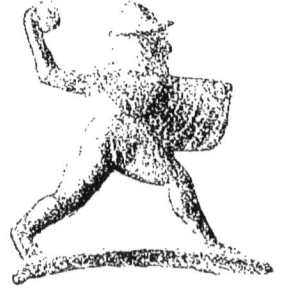
Fig. 254 (**748**).

Personnage viril et nu, allant vivement à droite, le [bras gauche tendu en avant et couvert du manteau replié comme d'un bouclier, la main droite en arrière et lançant la pierre. La tête barbue est couverte d'un chapeau conique.

La base, faite d'une languette courbe, rappelle les appliques soudées aux bords des disques de miroirs (1).

Pour le motif, cf. Persée combattant le Kétos (RAYET-COLLIGNON, *Céramique*, p. 75, fig. 38).

749 (6592) [1426]. — Trouvé près du mur Sud, *Deltion*, 1888, p. 44. *B. C. H.*, 1888, p. 336. — Haut., 10 (de la tête, 1·9). — Le bras gauche cassé au-dessous du coude, la jambe droite au jarret, la gauche près du genou. — Fig. 255-6.

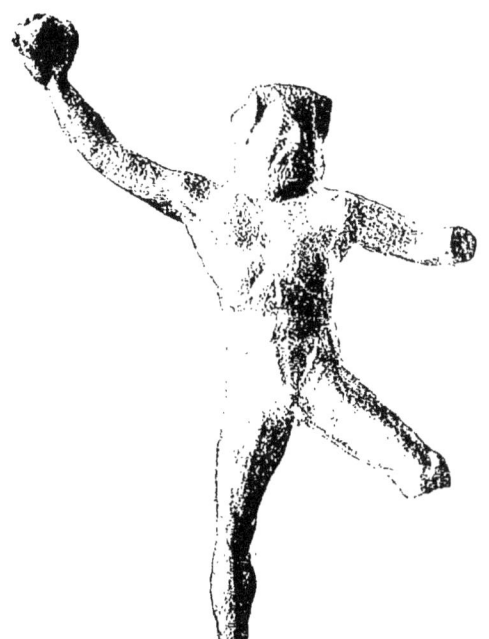

Fig. 255 (**749**).

Géant (?), sans doute Porphyrion, marchant vivement à

(1) Cf. POLYTECHNEION, p. 37, n°ˢ 153, 155.

droite, le bras gauche tendu en avant, la main droite en arrière, tenant une pierre qu'elle est sur le point de lancer (1). Le genou gauche est plus fléchi que dans les répliques ordi-

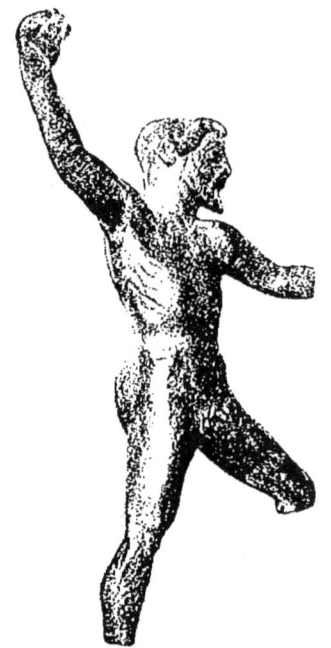

Fig. 236 (749).

naires du motif (2). Le dessin des côtes, des inscriptions épigastriques, le modelé du dos (3) et de la poitrine sont du plus beau style archaïque. La tête courte et forte a les cheveux relevés aux tempes, la barbe carrée, le nez fort et les yeux enfoncés. Quoique d'art plus sévère, elle a certains rapports avec la grande tête 768.

750 (6614) [1446]. — Trouvé au Sud du Parthénon. *Del-*

---

(1) Cf. *Wiener Vorlegeblætter*, Ser. VIII, pl. VII (amphore du Louvre), etc.
(2) Que l'on rattache au Zeus d'Hageladas. Cf. Polytechneion, 805, etc.
(3) A rapprocher d'Olympia, n° 43 (p. 18).

tion, 1888, p. 82. Cf., cep., Ἐφημ. Ἀρχαιολ., 1883, p. 46, 6. — *J. of Hellen. Stud.*, 1888, p. 268-9. — Haut., 17 (de la tête, 3). — Les jambes cassées en haut des jarrets, le bras droit au poignet, le gauche dès l'attache. — Fig. 257-8.

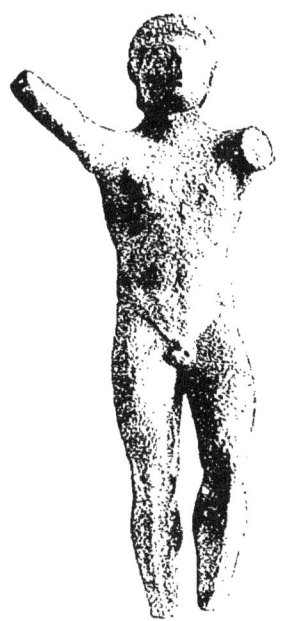
Fig. 257 **(750)**.

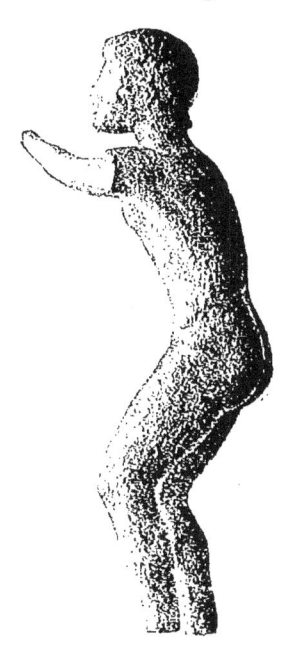
Fig. 258 **(750)**.

Homme nu, les genoux fléchis, le droit plus bas que le gauche, les deux bras tendus et levés, la tête regardant en l'air. Celle-ci, très abîmée, les cheveux formant calotte, annonce le n° **757**. Le corps, de beau modelé, rappelle les sculptures d'Égine ou certains vases à figures rouges (1).

Il est difficile d'expliquer le mouvement des bras et surtout du bras gauche. Si la main droite était seule relevée, on pourrait penser soit à un discobole, soit à un coureur qui, parvenu à la *meta*, tourne sur lui-même pour achever le

(1) Cf. Kalkmann, *Jahrbuch*, 1892, 127-140.

diaulos (1). Mais les deux bras également levés excluent cette hypothèse. On peut songer à un sauteur qui tend en avant les haltères et, au moment de prendre son élan, afin de rejeter plus vivement les bras en arrière, les élève légèrement.

M. Gardner (*J. of Hellen. Stud.*, v. pl. h.) a rapproché avec raison cette figurine de l'Hoplitodrome de Tübingen (2), mais le style seul est analogue, car la tête de notre bronze n'est pas casquée.

CAVALIERS

751 (6629) [1434]. — *Jahrbuch*, 1893, p. 136, note 2. — Haut., 4·1 (de la tête, 0·6). Long., 4·8. — Fig. 259.

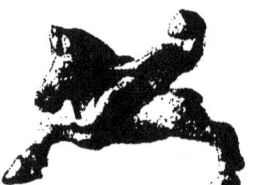

Fig. 259 (**751**).

Cavalier, le corps en arrière sur un cheval galopant. Les proportions pouponnes du cavalier, massives du cheval, rappellent certains vases de Céré (3). — Le tout devait servir d'applique, peut-être sur la tranche d'un miroir.

752 (6687) [1435]. — *Jahrbuch*, 183, p. 136, note 2. — Haut., 8·5. Long., 10. — Le buste, le pied droit du cavalier,

---

(1) Ce que l'hoplitodrome, à cause du poids du bouclier, fait à gauche et non à droite, comme l'a cru Hauser (*Jahrbuch*, II, p. 105).
(2) *Jahrbuch*, I, pl. IX, 163-175. — *Ibidem*, II, p. 94-107.
(3) Cf. Dumont-Chaplain, *Céramiques*, p. 248, fig. 51, etc… — Le motif est, comme on le sait, fréquent sur les vases de Chalcis et de Corinthe (Gerhard, *Auserlesene Vasenbilder*, II, pl. 105-6; III, 190-1; IV, 322, etc…). Il n'est pas sûr qu'il soit d'origine phénicienne ou chypriote.

278   BRONZES DE L'ACROPOLE

la queue et les jambes du cheval sont cassés. — Fig. 260.

Ephèbe nu, assis, comme dans les groupes de marbre trouvés sur l'Acropole (1), sur un cheval en marche. Celui-ci porte la tête haute et bridée, sa crinière tombant en tresses verticales.

CONDUCTEURS DE CHARS

753 (6609) [1491]. — Haut., 8·5 (de la tête, 1·7). — **Cassé aux jarrets.** — Fig. 261.

Conducteur de char, le corps penché en avant, les jambes fléchies, la main droite à la hanche, le bras gauche tendu, comme pour retenir les rênes. La tête penchée et de trois quart à droite est de style libre, les cheveux en bourrelet, le visage arrondi, les yeux effilés à l'extrémité.

La position du corps se rapproche de SACKEN, pl. XVII.5; KARLSRUHE, 941.

FIGURINES ASSISES

754 (6602) [1493]. — Haut., 8·5 (de la tête, 1·5). — Fig. 262.

Figurine nue, assise les jambes réunies, le poing droit sur la hanche, le gauche écarté du corps, dans un geste de commandement (?). La tête ovale aux yeux obliques rappelle le n° **733** : les cheveux, retenus par un bandeau, sont relevés par derrière en un court chignon.

755 (6626) [1433]. — Trouvé au S.E. du Parthénon. *Deltion*,

---

(1) Cf. *Musées d'Athènes*, pl. XII. — Ἐφημ. Ἀρχαιολ., 1887, pl. 2. — *Catal. de l'Acropole*, n°ˢ 590, 597, 606...

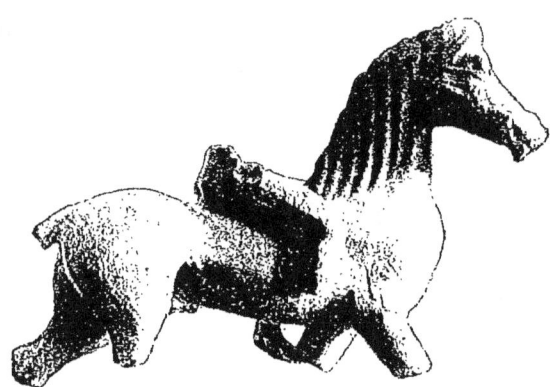

Fig. 260 (**752**).

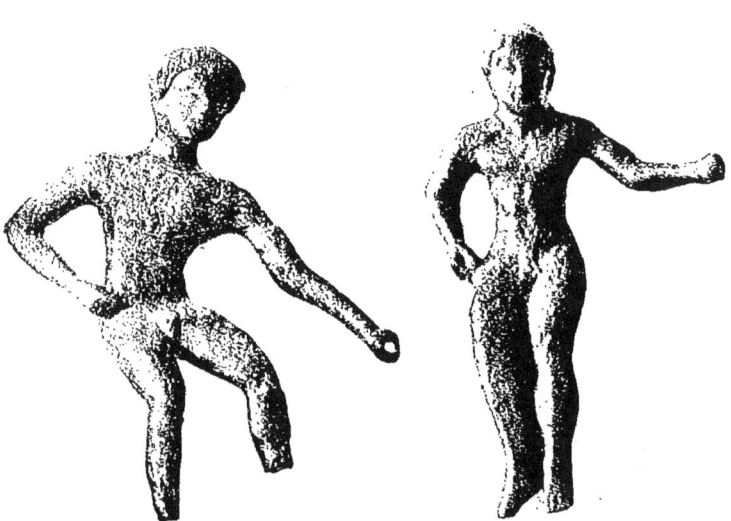

Fig. 261 (**753**).   Fig. 262 (**754**).

1888, p. 54. — *J. of Hellen. Stud.*, 1888, p. 125. — Haut., 7·5 (de la tête, 1·5). Long., 10·5. — Fig. 263.

Ephèbe (Phalanthos, Taras, Arion, Palémon, Melikertes) assis le buste en arrière sur un dauphin que sa main gauche saisit à la crête. Le bronze est un des plus délicats que les fouilles nous aient conservés. La tête d'un ovale doux, au nez long, les yeux à demi-voilés, au bord extérieur effilé, se rapproche de la tête **767**. Les cheveux sont retenus par un anneau visible, autour duquel ils s'enroulent en bourrelet (1).

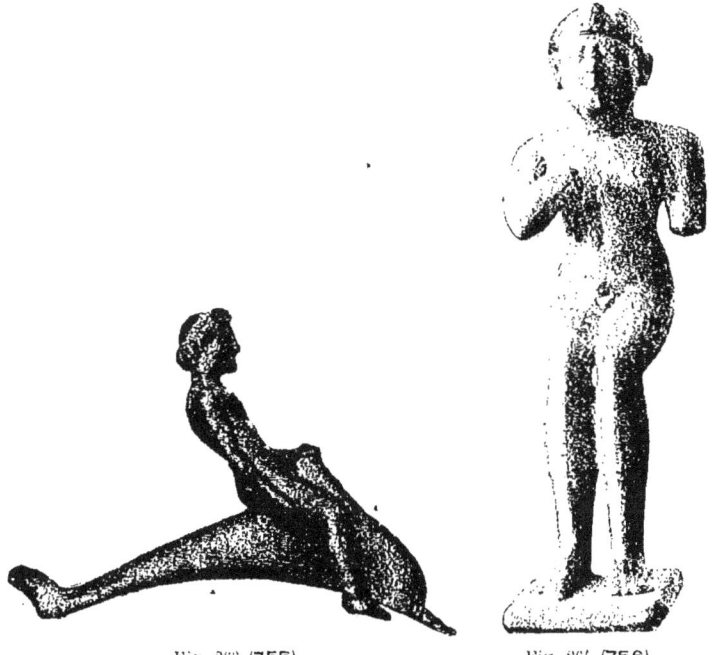

Fig. 263 (**755**).   Fig. 264 (**756**).

756 (6591) [1492]. — *J. of Hellen. Stud.*, 1892-3, p. 240. — Haut., 11·2 (de la tête, 2·2, de la base, 0·5). Base, 2·5 sur

---

(1) Même coiffure dans la belle tête en marbre de l'Acropole (Ἐφημ. Ἀρχαιολ., 1888, pl. 3).

FIGURINES VIRILES 281

2·8. — Le bras droit cassé au poignet et le gauche près de l'attache. — Fig. 264.

Horus enfant, assis, la main droite au menton, avec la tresse sur le côté droit et l'uræus en haut du front.
Ce bronze, d'art saïte, peut remonter au milieu du VIIe siècle (1). Les répliques en abondent dans les Musées.

HOMME DANSANT (?)

757 (6615). — *Deltion*, 1888, p. 154 (trouvé au S. du Parthénon). — Haut., 20·1 (de la tête, 3). Long. du pied, 3. L'attache du pénis à 10. L'écartement des seins et leur

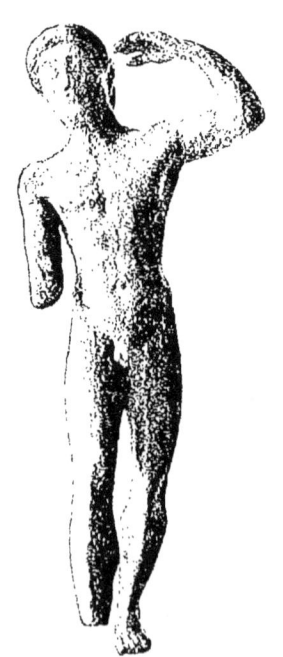

Fig. 265 (**757**).

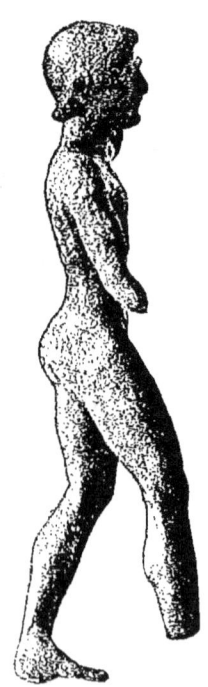

Fig. 266 (**757**).

(1) Je dois ce renseignement à l'obligeance de M. Mallet.

hauteur au-dessus du nombril sont de 2·7. — L'avant-bras droit cassé près du coude et la jambe droite à la cheville. — Fig. 265-6.

Homme en marche, le pied droit devant être franchement en avant du gauche. Le coude droit est serré près du corps et l'avant-bras devait être incliné — la main gauche est relevée à la hauteur du visage, la paume tournée vers la terre. Les doigts réunis, le pouce écarté, font un geste difficile à expliquer.

La coiffure, la forme générale du visage et du crâne et la calotte rappellent de très près le n° 750, le menton est seulement plus saillant.

Le mouvement présente certaines analogies avec MÉDAILLES, 957.

GROUPES

758 (6625) [1455]. — Haut., 6·3 (de la tête, 1·2). Larg., 4. — Fig. 267.

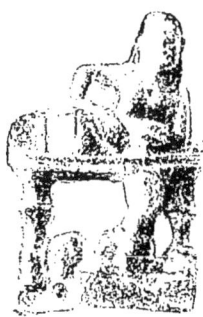

Fig. 267 (**758**).

Applique fixée par deux clous à la partie inférieure. Lit à pieds tournés, sur lequel un homme appuyé sur le coude gauche est à demi-couché, une patère dans la main gauche, le bas du corps roulé dans l'himation. La tête, ovale, a la bouche droite. Sous le lit est assis à droite un chien, la tête retournée et de face.

Cf. OLYMPIA, pl. VII-VIII, 76-7, p. 24-5 — un skyphos chalcidien de Nola (à Copenhague), *Annali*, 1839, pl. F, etc. — Le motif est très fréquent dans l'art campanien, KARLSRUHE, 475.

759 (6610). — Haut., 4·8 (de la tête, 1). — Le bras droit cassé au poignet, le bras gauche à l'attache, les jambes aux genoux. — Fig. 268.

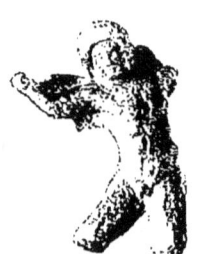

Fig. 268 (**759**).

Lutteur, la tête baissée, le genou fléchi et le bras droit levé pour frapper un ennemi à terre. Derrière la tête et les épaules une lame conservée montre que la statuette était soudée sur une applique.

La tête, de beau style, rappelle le Trésor des Athéniens et annonce le Theseion. Le corps est modelé avec soin. La ligne blanche y descend plus bas que le nombril (pour ce détail, c les vases à figures rouges de style sévère — et non le seules sculptures d'Egine).

Faisait partie d'un groupe mythologique. — Cf., pour style, l'Héraklès de Vienne (*Anzeiger*, 1892, 49), groupe pr venant du Péloponnèse(?), mais de style certainement attiqu

760 (6511) [1456]. — OLYMPIA, p. 128. — Haut., 14·8 (groupe, 8·5, des têtes, 2). Larg., 12·2 (entre les têtes, 1

de la base, 9·5). Epais. maxima, 1·8. — La figure de gauche cassée à mi-corps. — Planche V et fig. 269.

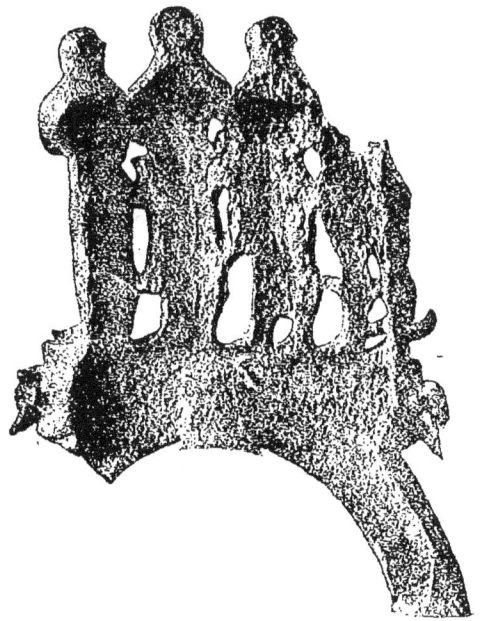

Fig. 269 (**760**).

Groupe couronnant le haut d'un trépied (1), à l'endroit où les contreforts partis de deux pieds différents s'unissent par une courbe. Celle-ci, décorée de languettes parallèles, supporte une base moulurée que flanque de droite et de gauche une protome d'Acheloos (2). Un fort crochet derrière la base, et deux clous dont l'un conservé dans les figurines de droite et de gauche, fixaient le groupe à la cuve du trépied. Les figurines sont creuses par derrière.

Le groupe se compose de quatre personnages, deux virils, Hermès (?) et Héraklès, deux féminins, Iole (?) et une joueuse de double flûte. Le sujet est l'apothéose d'Héraklès (3).

(1) Cf. le trépied de Vulci, *Museo Gregoriano,* I, pl. 83.
(2) *Anzeiger*, 1892, 161.
(3) Roscher, *Lexikon*, p. 2218, 2238.

Les pieds sont de profil à droite, mais les corps sont de trois quarts : celui du personnage principal, Héraklès, est entièrement de face.

Les pieds sont chaussés de brodequins recourbés (1), ceux d'Hermès ont des talonnières. Le vêtement est le long chiton brodé sur lequel l'himation tombe à multiples plis. Héraklès seul a la peau de lion nouée sous le cou et tombant sur le côté droit. Les gestes sont monotones, les trois bras droits pliés de même. Les têtes (2), massives, sont presque carrées, très engoncées, les traits gros, les yeux effacés, le nez fort, le menton lourd. Celle d'Héraklès se rapproche du Silène 762.

SILÈNES

761 (6585). — Haut., 6 (de l'anse, 3, de la figure, 1·5). — Fig. 270.

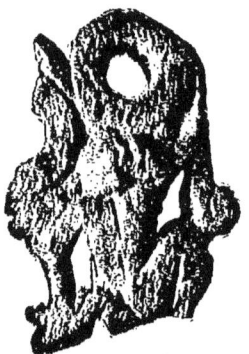

Fig. 270 (**761**).

Silène, vu de dos, accroupi sous une bélière qu'il soutient du bras droit, la main gauche appuyée sur la base. La tête écrasée sous le poids semble placée en large sur les épaules : chauve

---

(1) Cf., sur l'Acropole, la statue Ἐφημ. Ἀρχαιολ., 1883, pl. 8 et nos reliefs de trépieds (v. pl. h.).
(2) Elles rappellent de nombreuses têtes étrusques, *Monumenti*, VI, pl. 46. MICALI, *Storia.*, pl. 21, 8 9; pl. 51, 3.

et grossière, elle se rapproche du type reproduit sur les vases à figures rouges. L'attache devait être compliquée : une deuxième bélière commence à gauche, une volute descend à droite, une autre part du sommet.

762 (7117). — *J. of Hellen. Stud.*, 1892-3, p. 237, fig. 5. — Haut., 4 (totale, 7). Larg. de l'anse, 5·3. Épais., 1·1. — Fig. 271.

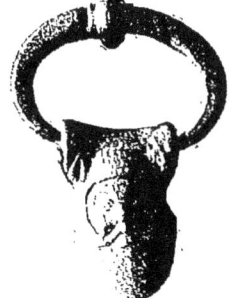

Fig. 271 (**762**).

Tête de Silène de très beau style, la figure pleine et souriante, avec la mouche de la grande tête **768**. En haut, manchon par lequel passe une anse ovale.

763 (6604). — *J. of Hellen. Stud.*, 1892-3, p. 239-240, fig. 12. — Long., 6·9. Haut., 3 (de la tête, 1·7). Ép., 2·5. — Fig. 272.

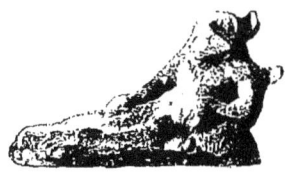

Fig. 272 (**763**).

Silène à pieds de cheval, à demi couché les jambes étendues, le buste redressé, la tête relevée, et, comme le haut du corps, tournée à gauche. Le coude gauche s'appuie sur l'outre et la main tient une corne à boire, l'autre bras reposant sur le corps. Les griffes d'une peau de fauve sont visibles sur le devant et derrière l'épaule gauche paraît un objet indistinct. La tête aux oreilles pointues, à la large bouche moustachue, est de style archaïque.

Cf. Médailles, 412-5. — Friederichs, 1490[pq]. — Karlsruhe, 474. — Musée de Vienne, 470, 823. — Musée de Dresde, 89.

APPLIQUES A FIGURE HUMAINE

764 (6519) [1483]. — Trouvé près de l'Erechtheion. Olympia, p. 117. — Haut., 10·8 (de la tête, 2·8). Larg., 14·5 (du cercle, 8·5). — Le bras gauche cassé. — Fig. 273.

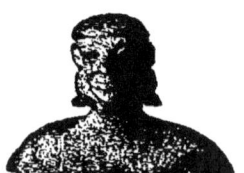

Fig. 273 (**764**).

Applique en forme de buste ailé fixé sur le bord d'un trépied. Les bras légèrement fléchis au coude, sont étendus à plat de droite et de gauche : un demi-cercle et une longue bélière complètent par derrière le buste, qui se terminait vers le bas en une longue queue d'oiseau.

Le buste est bordé vers le bas d'une bande en zigzags, le même ornement décorant le demi-cercle.

La tête, large, imberbe et carrée, est encadrée de cheveux tombant sur les côtés par une section nette, divisés par derrière en zônes horizontales, incisées de traits de sens opposé. Les yeux sont haut placés et percés d'un trou rond, le nez est pyramidal, la bouche droite aux lèvres minces.

Une tête d'applique du musée de Dresde, sans ailes, ni

bélière, présente mêmes caractères, ainsi que notre n° **770** et une figurine virile trouvée à Dodone (Antiquarium de Berlin, 7979. *Jahrbuch*, 1888, 249). — Pour ces appliques, cf. *B. C. H.*, 1888, 380-395 (Holleaux) et les nouveaux exemplaires de Delphes.

765 (6518) [1484]. — Haut., 10·5. Larg., 13·3.

Semblable, le buste décoré d'une sorte de quadrillé, le bord des manches orné de postes, le demi-cercle de champs avec croix inscrites.

La tête, entourée de boucles, a les yeux amandiformes et la bouche ouverte par un rictus.

766 (6517) [1465]. — Haut., 14. Larg., 17.

Semblable, mais de style plus libre, le buste orné d'une bande de postes, le demi-cercle de chevrons. — La tête plus allongée a les yeux plus réguliers, le nez plus effilé, la bouche moins large, les cheveux massés et formant calotte.

TÊTES

767 (6590) [1375]. — Haut., 13. — Pl. VI et fig. 274-5.

Trouvée (en 1866?) dans les fondations du Musée. — *Athen. Mittheil.*, XII, 1887, p. 372-5 (Studniczka).—*Musées d'Athènes*, pl. XVI. — BRUNN-BRUCKMANN, *Denkmæler*, 40. — COLLIGNON, *H. de la Sculpture*, 322-4, fig. 163, etc.

Tête, peut-être féminine [1], de demi-grandeur. Le crâne, arrondi, est de forme relevée. Les cheveux descendent du

---

[1] FURTWÆNGLER, *Meisterwerke*, p. 80.

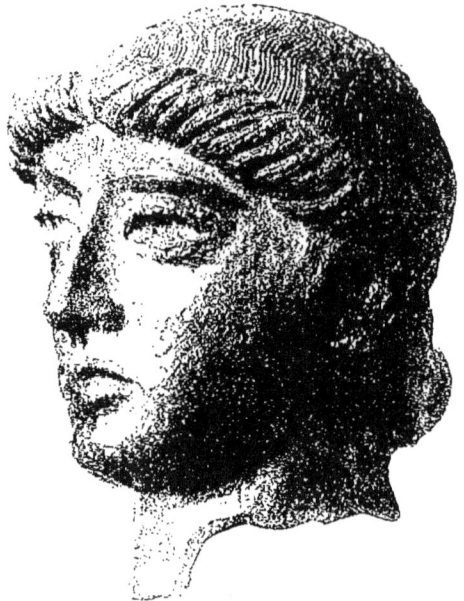

Fig. 274. 767.

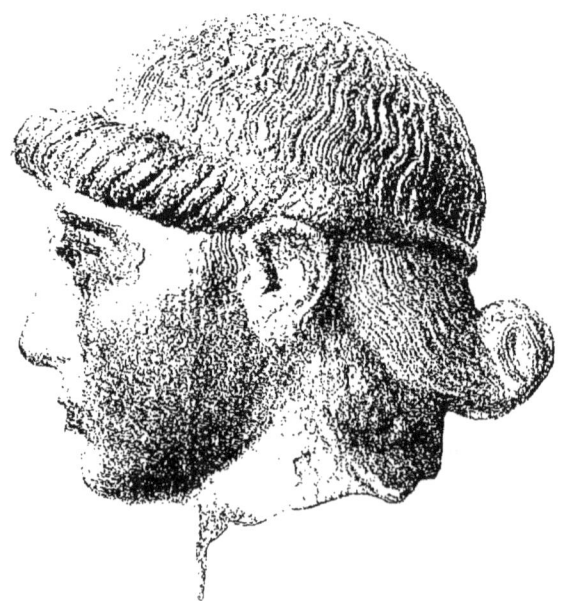

Fig. 275 (767).

sinciput en tresses sinueuses, s'enroulent par devant de droite et gauche sur un anneau de cuivre rouge et finissent par derrière en un catogan retenu par une longue épingle disparue.

Le visage, ovale, s'amincit jusqu'au menton qui est rond et ferme, les joues, larges de profil, formant l'une vers l'autre deux plans convergents. La bouche sinueuse est abaissée aux coins, le nez mince, les yeux ovales, à demi fermés et aux paupières fortes. Les lèvres et les sourcils sont incrustés de cuivre rouge, les cils gravés à part, l'œil fait d'un émail blanchâtre, la prunelle brune avec un trou pour la pupille.

L'original était célèbre. Cf. l'Apollon de Pompei, de Mantoue (OVERBECK, *Kunstmythologie*, pl. XX, 25-6), etc. — Sur l'Acropole, une belle tête de marbre (Ἐφημ. Ἀρχαιολ., 1888, pl. 11 a dû sortir d'une école voisine.

768 (6446) 1369. — Haut., 27. — Fig. 276-7.

Trouvée en juillet 1886 près des Propylées. — *Chroniques d'Orient*, p. 276. — Ἐφημ. Ἀρχαιολ., 1887, pl. III, p. 73-8 (Sophoulis). — *Musées d'Athènes*, pl. XV. — BRUNN-BRUCKMANN, *Denkmæler*, pl. 11. — COLLIGNON, *H. de la Sculpture*, 305-6, fig. 151.

Grande tête autrefois casquée. Un rivet près de la tempe droite, un trou au sinciput servaient à l'attache du casque disparu. — La tête est pleine, les joues fortes, le nez gros du bout, les sourcils en relief (1), les yeux placés bas et obliques, remplis d'un émail blanchâtre, un trou central figurant seul aujourd'hui la prunelle. La bouche, aux lèvres fortes (autrefois incrustées), est encadrée par une courte moustache à coins tombants ; sous la lèvre inférieure, une mouche (2) est ménagée dans la barbe étalée en collier, les poils indiqués,

(1) Pour ce détail, cf. RAYET, *Mon. de l'Art antique*, pl. XXVI (Herculanum) — l'Apollon de Piombino (COLLIGNON, *H. de la Sculpture*, pl. V) — l'Apollon Sciarra-Jacobsen, *Römische Mittheil.*, II, pl. IV-V, etc...

(2) Cf. une série nombreuse de têtes archaïques, p. e. la tête Dodwell (n° 40 de la Glyptothèque).

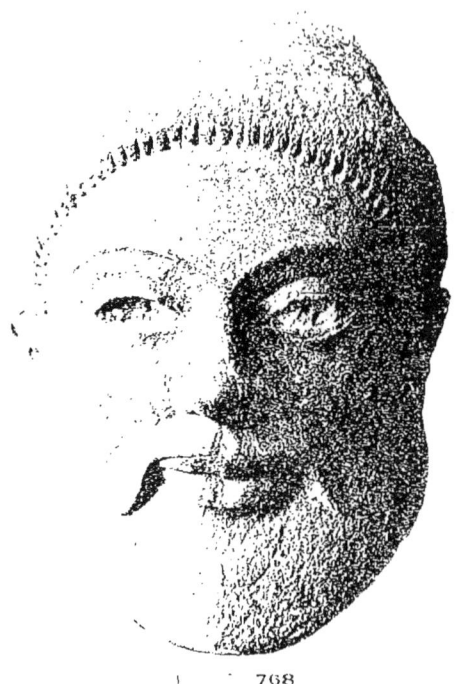

768

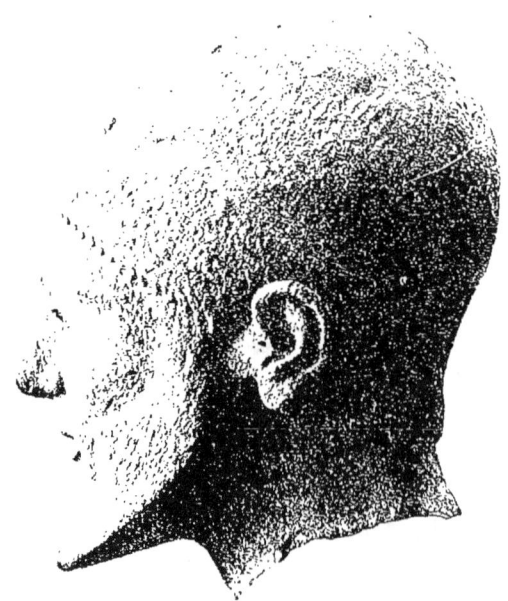

Fig. 768.

comme sur le bord de la chevelure, par des incisions fines et rapprochées.

769 (6783). — Haut., 3·3. Larg., 1·7.

Tête très abîmée, le bas de la figure emporté. Il semble que les cheveux aient été tuyautés sur le front, avec tresses derrière les oreilles. La forme rappelle le nº **827**.

770 (6492). — Haut., 4 (de la tête, 2·8). Larg., 2·3. — Fig. 278.

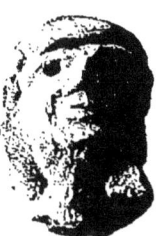

Fig. 278 (**770**).

Tête se rapprochant des appliques **764-6**. Les yeux sont ronds et creux, la bouche entourée d'un large rictus. Les cheveux, finement incisés, sont partagés par une raie.

2. — FIGURINES FÉMININES (771-835)

STATUETTES PRIMITIVES

771 (6503) [1459].—Haut., 15·8 (de la tête, 2, du cou, 1·3).
Larg. de la plaque de base, 2 sur 1·7. Ep., 0·3. — Fig. 279.

Femme debout, nue, les pieds sur la même ligne, les jambes unies, les mains posant à plat en bas des hanches. La tête, portée par un cou allongé, est comme taillée au couteau, le nez très haut placé, les détails frustes et d'ailleurs altérés.
L'attitude est celle de certains « Apollons », comme celui de la collection Carapanos (*Gazette Archéologique*, VI, p. 77-9).

772 (6493) [1462]. — Haut., 11 (de la figurine, 10, de la tête, 2·1). — Fig. 280.

Ξόανον, les bras pendants, les pieds nus sur une base ronde, portée par de larges griffes, le corps modelé comme une poutre mal équarrie, traversé latéralement par une fente verticale qui servait à fixer la statuette (?). — Une sorte de diploïdion très primitif couvre le corps. La tête, grosse et lourde, aux traits épais et aux yeux saillants, est coiffée de cheveux en frange sur le front, en nappe sur la nuque.

L'origine ionienne de ce bronze est indéniable. — Cf., pour les plis verticaux entre les jambes et les incisions latérales, OLYMPIA, pl. VI, 75, p. 24, et de nombreuses terres-cuites trouvées sur l'Acropole, *Anzeiger*, 1893, p. 142-3 — pour la tête, cf. *ibidem*, p. 147, fig. 28.

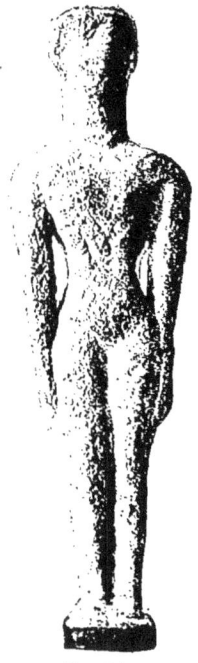

Fig. 279 **(771)**.

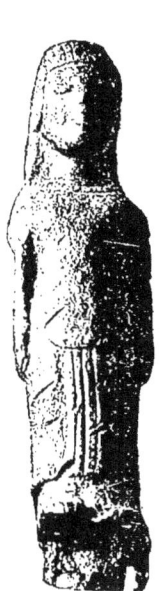

Fig. 280 **(772)**.

773 (6495) [1464]. — Haut., 3 (de la tête, 1·2). — Fig. 281.

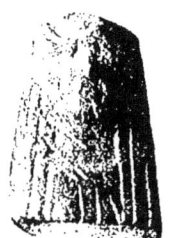

Fig. 281 **(773)**.

Buste dont le visage est presque triangulaire, le nez très saillant. De la plate-forme supérieure, les cheveux tombent en nappe de droite et de gauche, les tresses parallèles striées au hasard de traits transversaux (comme dans OLYMPIA, pl. XV, 266, p. 42).

Pour le type du visage, cf. les plaques rhodiennes (SALZMANN, *Camiros*, pl. 1).

774 (6516) [1461]. — Haut., 9·2 (de la tête, 2·1). — Les ailes à demi brisées. — Fig. 282.

Figure ailée, les deux pieds sur une base carrée (1), le long chiton collant qui la couvre orné de bandes horizontales, le plus souvent décorées de chevrons. La tête, encore triangulaire, a le nez saillant de même, mais les cheveux coiffés en ondes horizontales étagées.

L'analogie est évidente avec les Κόραι, comme la statue dédiée par Nikandra (CAVVADIAS, Γλυπτά, 1).

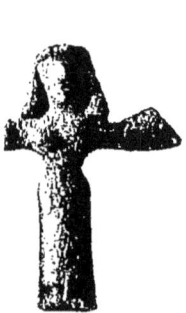
Fig. 282 (**774**).

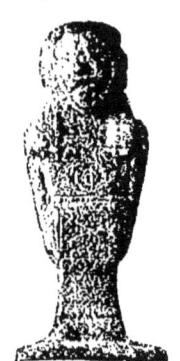
Fig. 283 (**775**).

775 (6501) [1463]. — Haut., 5·7 (de la tête, 1·5). Base, 2·2 sur 2·5. — Fig. 283.

(1) Entre les pieds est un clou, qui revient par devant.

Ξόανον curieux, le corps fait de deux troncs de cône dont l'un, renversé, sert de buste, l'autre de base à la statuette. Les bras tombent sur les côtés. La tête, triangulaire, est encadrée de cheveux qui pendent en pan droit.

La base est décorée de dents de loup, le corps, sur ses deux faces, orné d'incisions. A l'avers, chevrons et rectangle à diagonales croisées. Au revers, spirales et doubles rosettes.

On peut rappeler l'Athena Khalkiœkos et certains bustes de la Polledrara (MICALI, *Monumenti*, pl. 6).

776 (6513) [1460]. — Haut., 8·3 (de la tête, 1·7). — Les bras cassés. — Fig. 284.

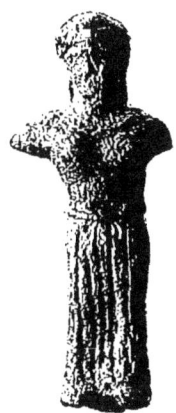

Fig. 284 (**776**).

Figurine vêtue du long chiton ποδήρης, serré à la ceinture et tombant depuis la taille en cannelures verticales. La tête, de style assez libre, est malheureusement très altérée : les cheveux tombent sur le dos en nappe allongée se terminant en pointe.

ATHENAS

Aucune des Athenas trouvées dans les dernières fouilles de l'Acropole n'a la raideur archaïque du ξόανον de Lenormant, MÉDAILLES, 148. Le terme d'Athenas est d'ailleurs tout général et guère plus exact, pour un certain nombre de nos statuettes (cf., p. e., **786, 787**) que celui de Κόραι appliqué aux grandes statues de marbre trouvées dans les mêmes fouilles.

777 (6457) [1376]. — Haut., 22·7 (de la statuette, 18·3, de la tête, 3). Base, 4·5 sur 4. — Les deux avant-bras cassés au-dessous du poignet. — Fig. 285.

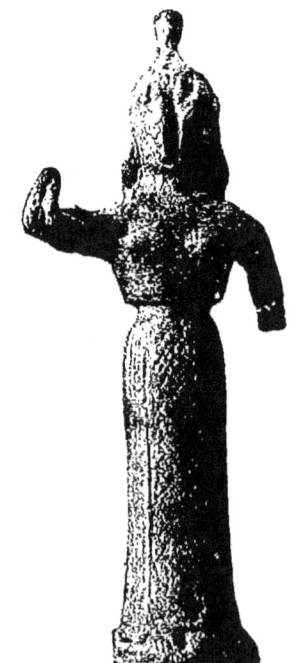

Fig. 285 (**777**).

Ξόανον, debout sur une base rectangulaire, le bras droit levé brandissant la lance, le bras gauche abaissé. Un fourreau collant, avec pan retombant jusqu'à la ceinture, couvre la statuette et est orné de zigzags parallèlement gravés. La tête est malheureusement entaillée par devant : sous le casque à panache, les cheveux tombent en nappe sur la nuque.

778 (6526) [1466]. — Haut., 5·8 (des bases, 1·6). Bases, 7·2 sur 5, et 5·6 sur 3·5. — Cassé au-dessous du genou. — Fig. 286.

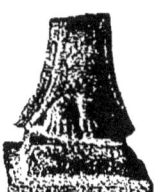

Fig. 286 (778).

Reste d'un ξόανον debout, les pieds réunis sur une double plate-forme rectangulaire. Le fourreau brodé sur le bord, dont la statuette était vêtue, s'élargissait aux pieds et finissait en pointe de droite et de gauche. La section à la cassure est d'une poutre plus large qu'épaisse.

779 (6515) [1457]. — *Monuments et Mémoires Piot*, II, 1895, p. 146, note 4. — Haut., 25·5 (de la tête, 4). — Les pieds cassés au bout, l'avant-bras droit rapporté. — Fonte pleine. — Fig. 287.

Statuette archaïque debout, au repos, vêtue, par dessus le long chiton brodé au cou, d'un himation en écharpe sur l'épaule droite, les vêtements rigides et sans plis. L'avant-bras droit tendu en avant était rapporté, comme celui des Κόραι de marbre, dans un goujon hémisphérique : le bras gauche pend raide, la main saisissant un pan de l'étoffe. La tête, diadémée, est ovale, les yeux obliques, la bouche relevée aux coins, d'ailleurs très effacée. Les cheveux, ondés sur le front, tombent en nappe sur la nuque.

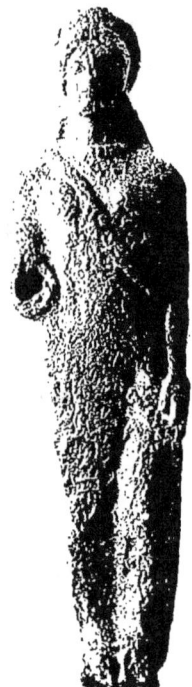

Fig. 287 (**779**).

Cf. le masque en terre-cuite trouvé sur l'Acropole, *Anzeiger*, 1893, p. 144, fig. 19.

780 (6452) (1372). — Trouvé au printemps de 1887 à l'E. de l'Erechtheion (Ἐφημ. Ἀρχαιολ., 1887, p. 134-7). — Haut., 15·5 (de la tête, 2). — Le panache cassé. — Planche VIII.

Athena Promachos en marche rapide, le pied gauche en avant, l'avant-bras droit levé à la hauteur de la tempe et brandissant la lance, le bras gauche ramené devant le corps et tenant le bouclier.

Sur la tunique talaire à pan tombant sur la ceinture, l'égide descend en demi-cercle des épaules et forme par dessous cette pèlerine comme un corset rigide à pointes squameuses. Le casque, athénien, laisse tomber par derrière les cheveux taillés courts. La tête, souriante, à demi tournée vers la droite, a le nez fort et les yeux saillants.

Studniczka, Ἐφημ. Ἀρχαιολ., 1887, p. 135, attribue à la statuette la base **598**.

781 (6458) [1373]. — Trouvé au commencement de 1886 à l'O. de l'Erechthéion. Ἐφημ. Ἀρχαιολ., 1887, p. 138-9 (Studniczka). — Haut., 15.2 (de la tête, 2). — Le bras droit cassé. — Fig. 288.

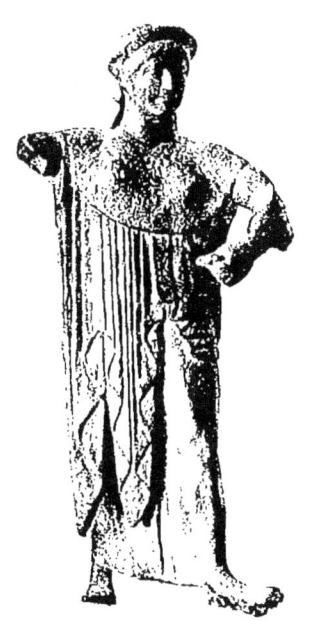

Fig. 288 **(781)**.

Semblable, la tête plus de profil, les pieds nus moins informes, l'himation ionien attaché sur l'épaule droite et passant sous l'égide. Celle-ci tombe en chape sur le dos, en pèlerine sur la poitrine.

La tête se rapproche du [n° précédent et la base **581** est attribuée par Studniczka à la statuette.

782 (6457) [1374]. — Trouvée à l'O. du Parthénon. Ἐφημ. Ἀρχαιολ., 1887, pl. 8.3, p. 140-2 (Studniczka). — Haut., 19·2 (de la tête, 3). — Le panache et les pieds cassés. — Fig. 289.

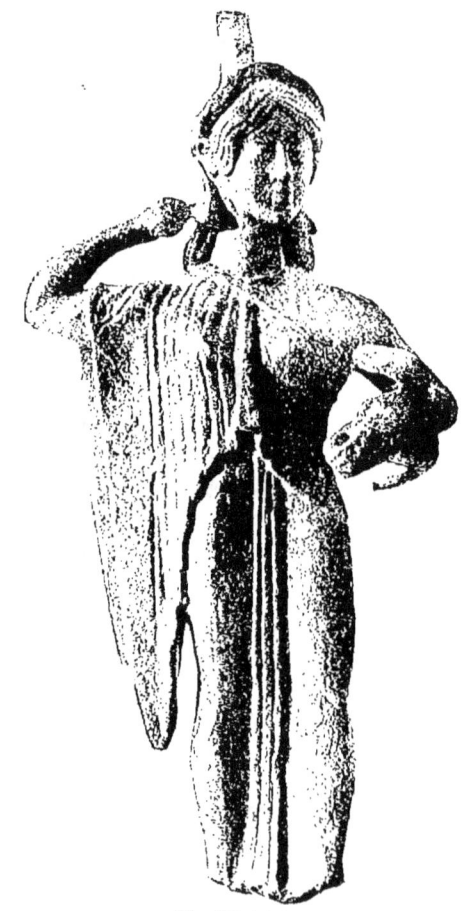

Fig. 289 **(782)**.

Athena Promachos, sans égide, vêtue simplement du chiton

fin, visible à l'épaule gauche, et du grand himation dont un pan tombe à droite. Le bras gauche porte, comme dans le n° précédent, l'attache du bouclier. Les cheveux, partagés par une raie, sont coiffés par tresses ondulées. La tête allongée, de profil assez ferme, a les yeux obliques et saillants, la bouche très légèrement relevée aux coins. Elle rappelle à la fois l'Athena des Pisistratides et la planche 13 des *Musées d'Athènes*.

783 (6455) [1378]. — Haut., 11·4 (de la tête, 1·7). — Le panache, les bras, les pieds cassés. — Fig. 290.

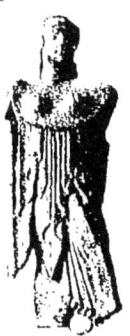

Fig. 290 (**783**).

Semblable, avec l'égide du n° **781**, les plis du chiton et de l'himation plus nombreux. La tête, d'un ovale plus fin, a les yeux presque droits. Les cheveux, rabattus sur les tempes, tombent en frange en haut du front.

784 (6504) [1384]. — Haut., 20 (de la figurine, 17·2, de la tête, 2·5). — Le pied droit cassé. — Planche VII, 1 et 2.

Support de miroir, l'attache composée d'un simple arc de cercle, avec l'amorce d'une palmette qui soutenait le disque. Le tout posait directement sur la tête de la statuette.

Celle-ci, le pied gauche chaussé et portant en avant, est vêtue du chiton et de l'himation. Ce dernier, roulé en écharpe sur l'épaule gauche, ne descend pas au-dessous des hanches.

Le chiton est brodé au cou et incisé de lignes fines qui reparaissent sous l'himation. Les deux avant-bras sont tendus en avant dans un geste hiératique : la main droite élève un bouton de fleur, la gauche une grenade.

La tête, de très beau style, a les yeux droits, le nez allongé, la bouche infléchie aux lèvres épaisses. De simples bandeaux encadrent le front : par derrière, de courtes boucles s'échappent d'un large bandeau gravé. Des pendeloques pendent des oreilles.

785 (6490) [1385]. — Haut., 17·5 (de la figurine, 11, de la tête, 1·8). — Les pieds et l'avant-bras gauche cassés. — Fig. 291.

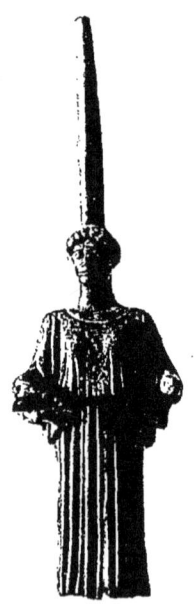

Fig. 291 (**785**).

Statuette vêtue du diploïdion sans plis transversaux, à simples cannelures verticales. L'avant-bras droit, seul conservé, tient une coquille. Sur la tête une longue tige conique. Les cheveux, partagés sur le front et simplement relevés en chignon, encadrent un visage régulier, quoiqu'encore archaïque.

Un « Apollon » du Musée de Berlin (8093) porte une tige semblable, mais cassée et qui n'était peut-être qu'un fût de candélabre. D'autre part, je ne crois pas qu'il faille y voir l'attache d'un ménisque.

786 (6512) [1387]. — Haut., 11 (de la tête, 1·8). — La main et le pied droits cassés. — Fig. 292.

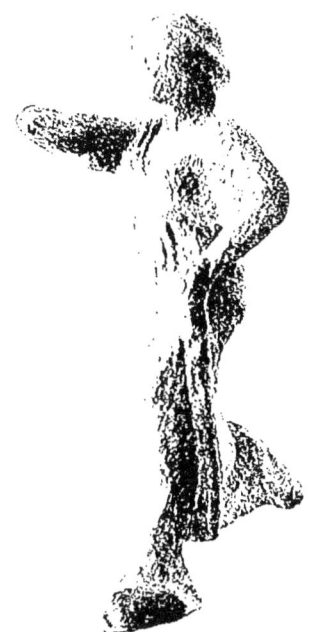

Fig. 292 (786).

Figurine en marche rapide, comme les Promachoi, mais le bras droit tendu en avant et le gauche relevant à la hanche l'himation passé sur l'épaule droite. Les cheveux massés forment bourrelet. La tête, arrondie, est de style libre.

787. — (6514) [1386]. — Trouvé en 1885. *Chroniques d'Orient*, p. 202. — Haut., 11·2 (de la tête, 1·7). — **Le pied gauche et une partie du pied droit cassés.** — Fig. 293.

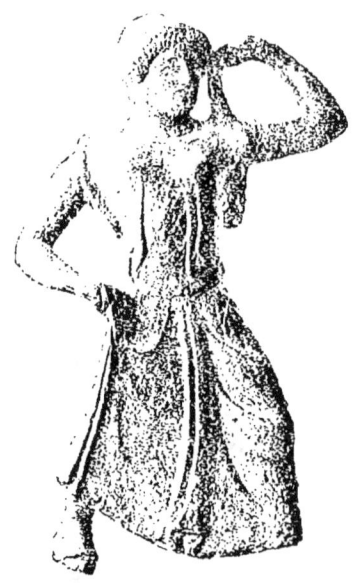

Fig. 293 (787).

Figurine, vêtue d'une sorte de diploïdion, dansant (?) en marche vers la droite, la figure de trois quarts. De la main droite, elle relève le chiton à la hanche, de la main gauche renversée, elle tire le diploïdion à l'épaule.

La tête est de style plus sévère, rappelant davantage l'Athena des Pisistratides. Une sorte de résille entoure les cheveux coupés court.

On peut comparer, pour le motif, GERHARD, *Auserl. Vasenb.*, 3, pl. CLXVII(1), pour le style, l'Athena de Berlin (*Arch. Zeit.*, 1873, pl. X, 95-9), trouvée au Sud de l'Acropole.

788 (6454) [1377]. — *Deltion*, 1888, p. 83. — Haut., 15. —

---

(1) Cf. *Élite Céramographique*, II, pl. LV, pp. 162-6 et le mouvement inverse dans l'Amymone, *ibidem*, IV, pl. XXII, pp. 58-60.

306　BRONZES DE L'ACROPOLE

La tête, les pieds, le bras gauche et le bras droit au-dessous du coude, non conservés. — Fig. 294.

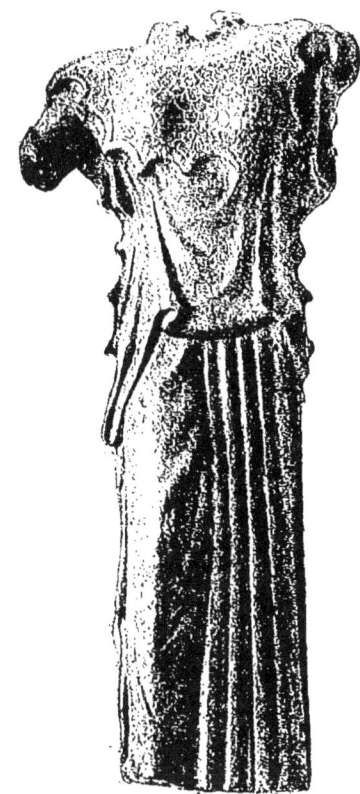

Fig. 294 (**788**).

Athena Promachos, vêtue du diploïdion, marchant la jambe droite en avant. L'égide, échancrée aux bords, a la forme du n° 781.

789 (6456) [1379]. — Haut., 10·5 (de la tête, 1·5). Bases, 5·5 sur 3·5 et 4·5 sur 2·5. — Les deux bras cassés près du poignet. — Fig. 295.

Athena Promachos, le pied gauche en avant, sur une base à double plate-forme rectangulaire. L'égide, non échancrée, est de la forme ordinaire. L'himation, aux plis compliqués, est, comme le chiton, orné de deux bandes brodées et passé sur l'épaule droite. — La tête, de style libre, aux yeux largement ouverts, a la bouche petite. Les cheveux, ondulés et tressés sur le front, tombent en natte sur la nuque.

Le mouvement est celui de la statuette Oppermann trouvée en 1836 sur l'Acropole (Ross, *Arch. Aufsætze*, I, pl. VII, p. 106-7. — MÉDAILLES, 149).

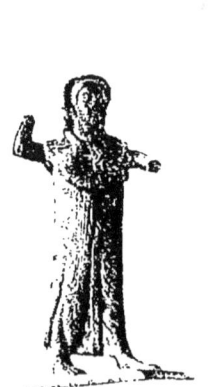

Fig. 295 (**789**).

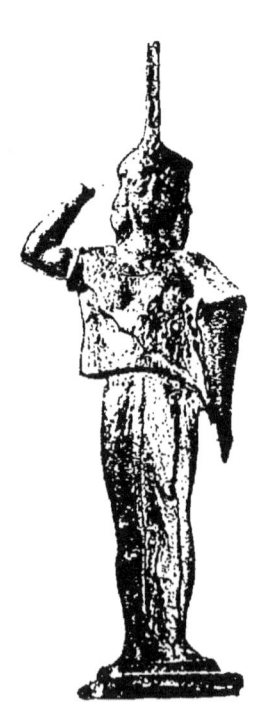

Fig. 296 (**790**).

790 (6459) |1380[1]. — Trouvé au Sud du Parthénon. *Deltion*, 1888, p. 102. — Haut., 11 (de la statuette, 9·2, de la tête, 1·3). Bases, 4 sur 2·5 et 3·5 sur 1·8. — Fig. 296.

Athena Promachos, sur double base rectangulaire fixée par du plomb, vêtue d'une sorte d'épais diploïdion. L'égide, tendue comme une draperie sur le bras gauche (Millin, II, pl. 757, etc.), sert de bouclier. Le panache du casque est conservé, la tête malheureusement très abimée.

791 (6453) [1382]. — Trouvé au Sud du Parthénon. *Deltion*, 1888, p. 102. — Haut., 12·8 (de la tête, 2). — Le panache, le bras droit, une partie du chiton et les pieds cassés. — Planche VIII.

Semblable, sans égide, avec le bouclier, la tête oxydée, informe. — Sur la poitrine, l'inscription :

XAP

792 (6451) [1381]. — *Deltion*, 1888, p. 83. — Haut., 12.

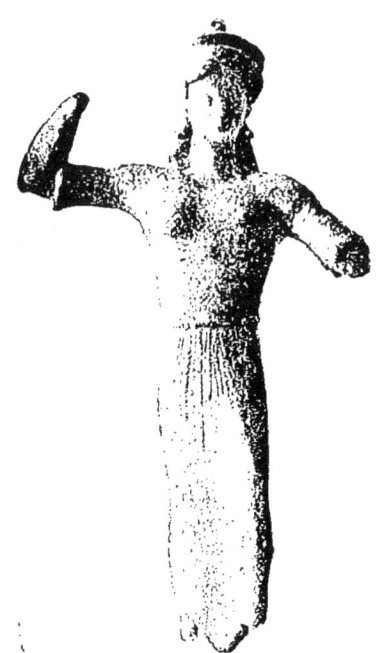

Fig. 297 **(792)**.

(de la tête, 2·5). — Le panache, la main droite, l'avant-bras gauche, le pied gauche cassés. — Fig. 297.

Athena Promachos, vêtue d'une simple tunique collante, serrée à la ceinture. — La figure, allongée et amincie, a les yeux très arqués, le nez long et pointu, la bouche mince et le menton en lame de couteau.

793 (6491) [1458]. — Trouvé à l'O. de l'Erechtheion. Ἐφημ. Ἀρχαιολ., 1886, p. 73. — Haut., 17 (de la tête, 2·5, de la base, 1·2). Côté de la base, 5·8. — Le panache cassé. — Fig. 298.

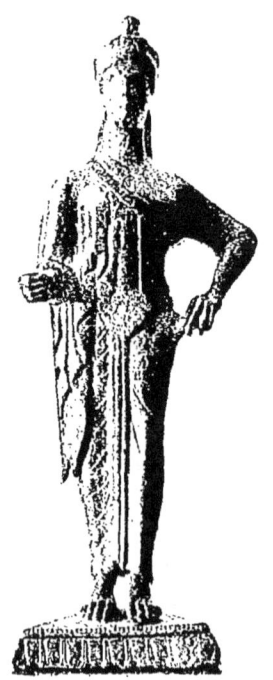

Fig. 298 (**793**).

Athena casquée, vêtue du chiton et de l'himation ionien, debout, le pied gauche légèrement en avant, sur une base triangulaire ornée d'oves et d'un grènetis. L'avant-bras droit est tendu en avant, la main fermée et percée d'un trou vertical. La main gauche pince le chiton à la taille.

Les proportions minces de la tête, l'élégance de l'ajustement rappellent la figurine **792**.

794 (6448) [1370]. — Trouvée sur un tambour de colonne au N. de la porte de l'Erechtheion. — Ἐφημ. Ἀρχαιολ., 1887, pl. 4, p. 31-4 (Staïs). — BRUNN-BRUCKMANN, *Denkmæler*, pl. 81. — COLLIGNON, *H. de la Sculpture Grecque*, I, fig. 197, pp. 380-1. — Haut., 35·8 (de la tête, 5·5). — La main gauche cassée. — Fig. 299-300.

Statuette faite de deux lames minces, travaillées au repoussé et juxtaposées de telle sorte qu'elle puisse être vue des deux faces, bien qu'elle dût l'être le plus souvent du côté droit. Les rivets d'attache sont en partie conservés. Le tout était cloué sur une base et décorait peut-être une anse de trépied (1). — La statuette était dorée. Certaines bavures du métal proviennent d'une fonte occasionnelle, causée par l'incendie (2).

La statuette est figurée en marche. Les bras sont à demi pliés aux coudes, l'avant-bras fléchi, la main étendue. Peut-être la main non conservée tenait-elle un casque comme dans le putéal de Corinthe (3), relief qui pouvait fort bien être archaïque (4).

Les pieds, de forme ionienne, sont nus. La tunique talaire, l'himation ionien sont plissés avec une élégance raffinée. L'égide, aux bords enlacés de serpents, tombe en pèlerine sur le dos et la poitrine.

Les cheveux, librement ondulés, sont retenus par un diadème : frangés en haut du front, ramenés sur les tempes, ils tombent bas sur le dos, une tresse pendant sur les seins. — Le profil est allongé, les yeux amandiformes, le nez droit,

---

(1) POLYTECHNEION, 5, p. 4.
(2) Ἐφημ. Ἀρχαιολ., p. 34.
(3) BRUNN-BRUCKMANN, Denkmæler, pl. 81.
(4) *Monuments et Mémoires Piot*, 1895, pp. 63-7 (S. Reinach).

FIGURINES FÉMININES

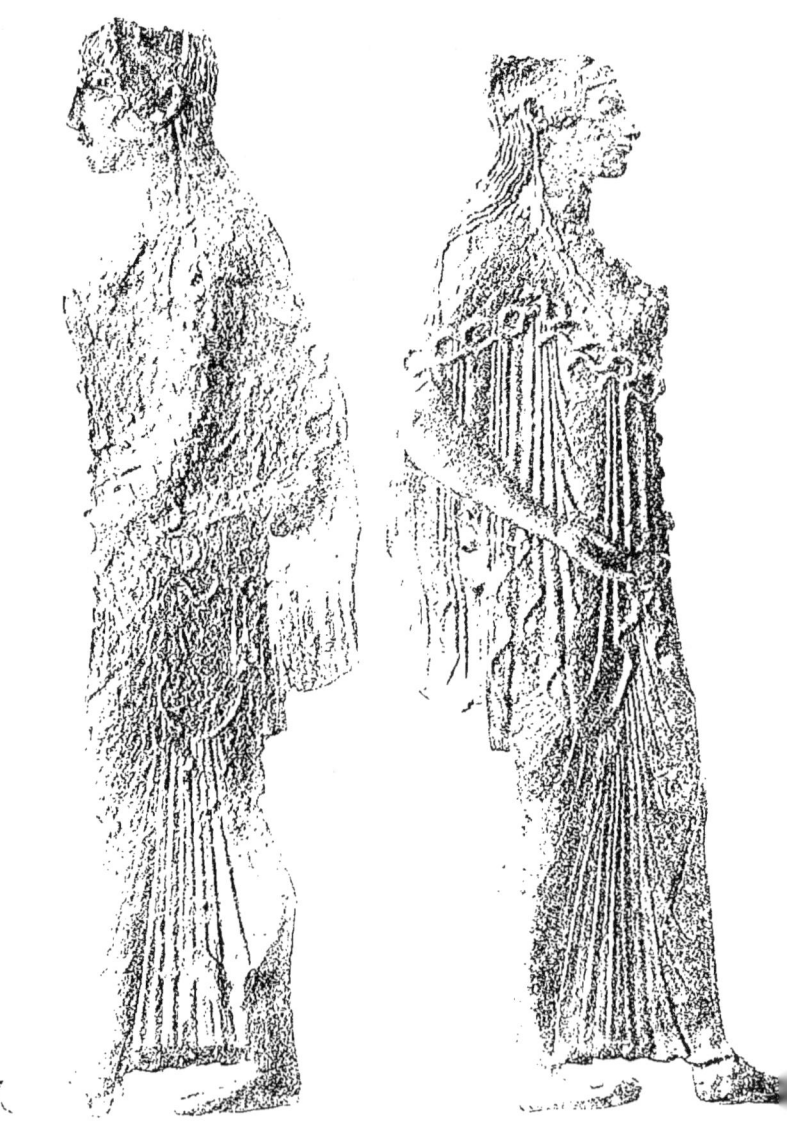

Fig. 299 (794).   Fig. 300 (794).

le bas de la figure en retrait, la bouche infléchie et serrée.

On peut comparer deux Korai de marbre, si inférieures qu'elles soient à notre statuette (1), un certain nombre de monnaies d'Athènes (2), surtout des vases à figures rouges (3) et deux bas-reliefs trouvés sur l'Acropole (4). M. Reinach a justement montré le maniérisme de cette école (5).

795 (6449) [383]. — Haut., 12. — Cassé au-dessus des genoux. — Fig. 301.

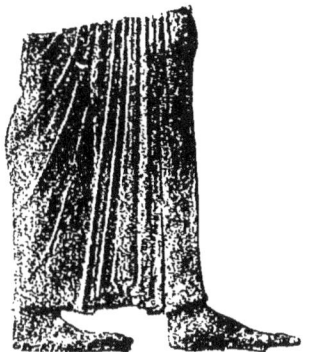

Fig. 301. 795.

Bas de figurine semblable. Les pieds semblent percés d'un trou qui ne continue pas. L'applique ne pouvait donc être clouée.

C'est peut-être à cette statuette qu'appartient le n° 933 du POLYTECHNEION.

796 (6447) [1371]. — Haut., 28·8 (de la statuette, 22·6, de la tête, 3·7). — Base, 11·8 sur 5·3. — Fig. 302.

---

(1) *J. of Hellen. Stud.*, p. 167, fig. 3. Cf. *B. C. H.*, 1892, p. 497, 1-2.
(2) *Catal. of coins of the British Mus.*, pl. 44.
(3) Coupe de Sikanos, *Rœm. Mittheil.*, 1888, pl. 1.
(4) BRUNN-BRUCKMANN, *Denkmæler*, pl. 40. Ἐφημ. Ἀρχαιολ., 1886, pl. 9.
(5) *Monuments et Mémoires Piot*, 1895, p. 70.

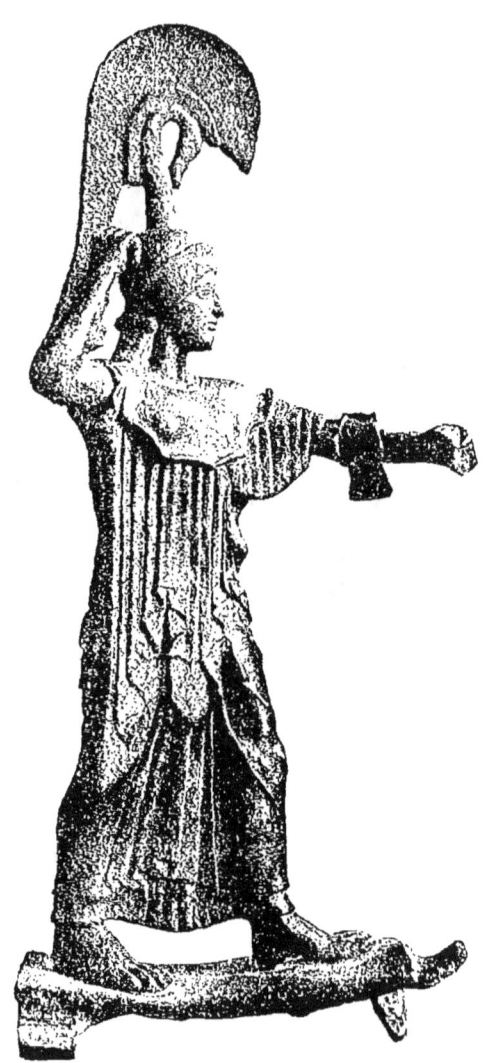

Fig. 302 (**796**).

Trouvé en mai 1887 à l'E. de l'Erechtheion. — *Athen. Mittheil.*, 1887, 143. — Ἐφημ. Ἀρχαιολ., 1887, p. 142-7, pl. 7 (Studniczka). — COLLIGNON, *H. de la Sculpture Grecque*, I, p. 352, fig. 177.

Athena Promachos, sur une base rectangulaire, portée par trois pieds divergents et trouvée sans la statuette.

L'himation et un long chiton couvrent le corps, le chiton paraissant en bas sous l'himation, détail assez fréquent dans les statues archaïques. Un pan de l'himation revient par-dessus l'épaule gauche et couvre le haut du bras. — L'égide, dorée, est légèrement échancrée aux bords. Le casque est à haut panache, la tige portée par un col de cygne (n° 261).

Les cheveux, ramenés sur les tempes, frangés en haut du front, tombent en nappe sur le dos. Le visage est d'un ovale très ferme. Les yeux sont larges et rapprochés des paupières, le nez plutôt fort, la bouche infléchie, mais abaissée aux coins; l'expression générale demeure sérieuse.

L'inscription suivante est gravée sur la base :

ΜΕΛΕϟΟΑΝΕΦΕΚΕΝΔΕΚΑ|ΤΕΝΤΑΦΕΝΑΙΑΙ

BUSTES DÉTACHÉS

797 (6631). — Haut., 5 (de la tête, 1·8). — Cassé à la ceinture, les bras non conservés. — Fig. 303.

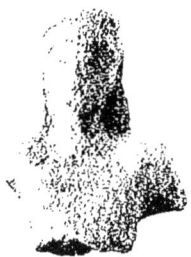

Fig. 303 (**797**).

Support de miroir? — Les cheveux, en bourrelet sur le front, en nappe sur la nuque, encadrent une tête ronde, mal conservée. — Derrière l'épaule gauche, une excroissance métallique semble témoigner que deux animaux, lions ou sphinx, aidaient la statuette à supporter le disque de métal (1).

798 (6525). — Haut., 6·5 (de la tête, 3·2). — Cassé à la ceinture, les bras conservés jusqu'au coude. — Fig. 304.

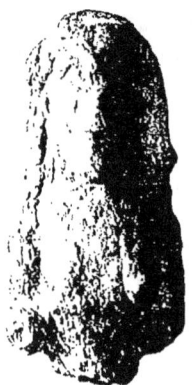

Fig. 304 (**798**).

Buste très archaïque, les seins tombants sous un chiton collant (?) qui semble serré à la ceinture. L'avant-bras droit, tendu horizontalement, devait tenir un attribut. — La tête, osseuse et très allongée, est de forme curieuse, le nez très long, les yeux triangulaires et haut placés, le front court et fuyant. Deux tresses encadrent la figure et des chevrons parallèles strient par derrière la masse de la chevelure. — Mal conservé.

NIKÈS

Ces appliques, dont trois au moins sont masculines (**802-4**), ne représentent pas plus toutes des « Nikès », que les figurines

---

(1) Cf. *Archæologische Studien H. Brunn dargebracht*, p. 25-8, etc.

316 BRONZES DE L'ACROPOLE

masculines au repos des « Apollons » ou les statuettes féminines trouvées sur l'Acropole des « Athenas ». — On peut y voir, sinon des Gorgones, du moins des Eidolons, des Eris, des Boréades, etc. De même les sujets masculins peuvent être des Boréades, ou des divinités comme Deimos, Phobos, ou simplement des génies indéterminés.

Il est plus intéressant de chercher l'emploi de ces appliques. — La barre, droite ou spiraliforme, est à rapprocher de celle qui décore les pieds de vases et de trépieds (68 et suiv.), et supporte ou soutient les sphinx (1) et Gorgones (2). Beaucoup de ces appliques servaient par suite à décorer les supports de vases ou les pieds de coffrets.

D'autres ornaient les anses verticales de grands vases (3).

D'autres enfin, (comme le n° 806), devaient couronner des vases, des candélabres (4) ou les montants des grands sièges liturgiques.

799 (6487) (1409). — Haut., 8·3 (de la tête, 2). Larg., 10. — Cassé à la ceinture. — Fig. 305.

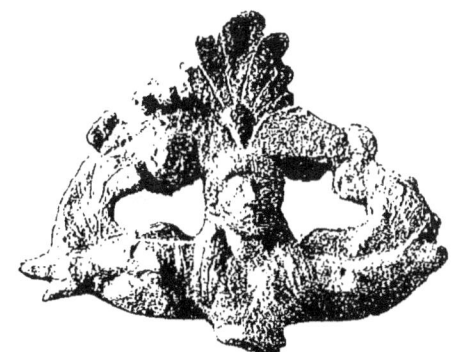

Fig. 305 (**799**).

Figurine féminine, courant à droite, les bras étendus pres-

(1) *Museo Italiano*, II, pl. XII. 18, p. 746.
(2) Olympia, pl. VIII, 79, p. 25.
(3) *Gazette Archéologique*, 1887, pl. 33; 1888, pl. 13. — Zannoni, *Certosa*, pl. XXXV.
(4) *Museo Gregoriano*, I, pl. 79. 2.

qu'horizontalement sur les ailes recroquevillées. Celles-ci portent l'attache à double volute, d'où part, en son milieu, une palmette.

Chiton collant serré à la ceinture, sur lequel tombent de chaque côté trois tresses parallèles, deux autres faisant le tour du front. — Le visage est massif, les yeux amandiformes et saillants, le nez fort et la bouche droite.

800 (6483) [1422]. — Haut., 10·6 (de la tête, 2). Larg., 9. — Le pied droit cassé au milieu, la jambe gauche au jarret. Le support disparu. — Fig. 306.

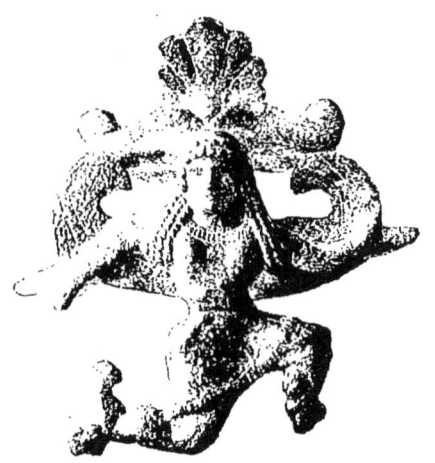

Fig. 306 (800).

Semblable, les jambes conservées, les pieds chaussés garnis d'ailettes, les bras plus infléchis aux coudes, le chiton brodé haut et bas.

801 (6488). — Haut., 7·7 (de la tête, 1·6). Larg., 7·5. — Cassé à la ceinture. — Fig. 307.

Semblable, à quatre ailes, les bras pliés à angles plus droits, l'avant-bras gauche presque vertical. Zigzags gravés sur la ceinture et à la bordure supérieure du chiton. — Les cheveux

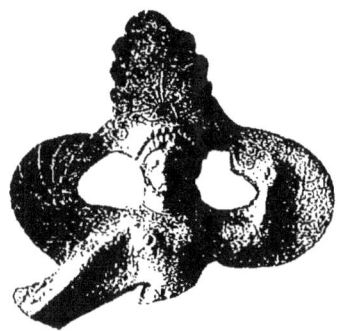

Fig. 307 (**801**).

sont frangés en haut du front sous une guirlande de grènetis.

Cf. Médailles, 706 (trouvé de même sur l'Acropole), et l'applique du Musée de Vienne, 826, *Anzeiger*, 1892, p. 49. 64. — Pour le grènetis, cf. Olympia, p. 17, note 1.

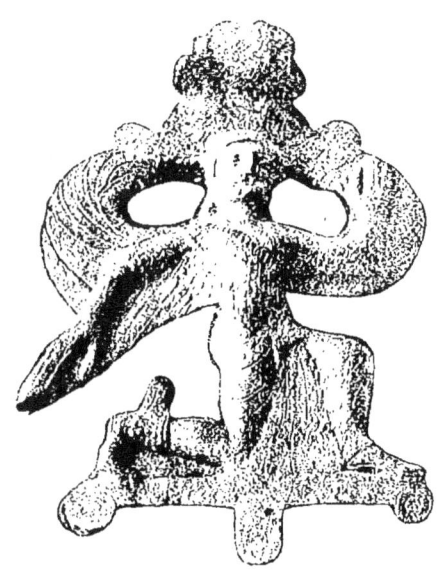

Fig. 308 (**802**).

802 (6489). — Haut., 11·5 (de la figurine, 7·7, de la tête, 1·7). Larg., 8. — Fig. 308.

Semblable, les pieds chaussés et ailés portant sur une barre horizontale, avec tenon en son milieu et deux volutes aux extrémités. Le costume est, sur le chiton, l'himation ionien en écharpe sur l'épaule droite et sous lequel la figurine apparaît nettement virile (1). Les cheveux entourent d'une frange le front et tombent en nappe sur la nuque.

803 (6484) [1407]. — Haut., 12·4 (de la figurine, 8·5, de la tête, 1·6). Larg., 9·2. — La jambe droite depuis le genou, et la tige inférieure presqu'entière cassées. — Fig. 309.

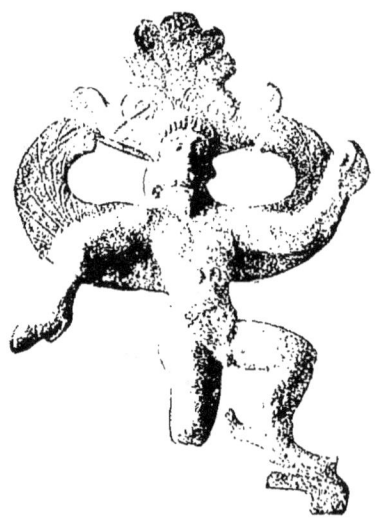

Fig. 309 (**803**).

Figurine virile semblable, mais nue. Le corps robuste est surmonté d'une tête forte, assez semblable à celle des n°s **799-800**.

(1) Cf. la statue de l'Acropole, 633 (p. 107 du *Catalogue des Musées d'Athènes*) et OLYMPIA, pl. VII, 40, p. 17.

Cf. la belle figurine de la collection Pourtalès (PANOFKA, pl. 40. — Antiquarium de Berlin, 2172) et les figures à quatre ailes, assez fréquentes dans la Grande-Grèce, tenant le plus souvent en main des coquilles recroquevillées (n° 149. — n°ˢ 64-6 du Musée de Dresde).

804 (6485) [1406]. — Haut., 13·7 (de la figurine, 8·5, de la tête, 1·6). Larg., 10. — Fig. 310.

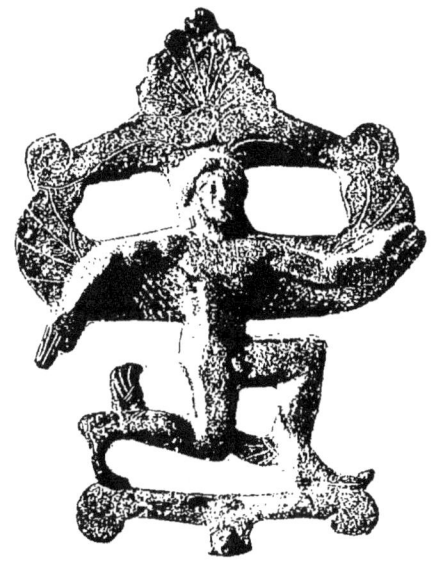

Fig. 310 (**804**).

Semblable, les bras, surtout le gauche, plus allongés, et l'applique supérieure plus large, les pieds chaussés de même. Le modèle du corps est simplifié. La tête, plus ovale et de contours plus mous, a les cheveux tombant en masse avec tresses encadrant le visage de droite et de gauche.

805 (6486) [1410]. — Haut., 7·8 (de la figurine, 6·1, de la tête, 1·8). Larg., 5·3. — La jambe gauche cassée au jarret, la droite au-dessus du genou. — Fig. 311.

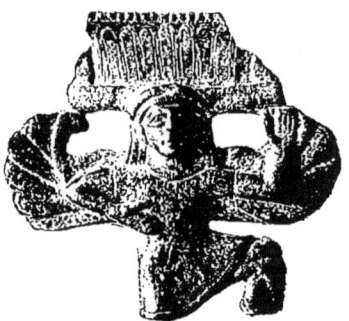

Fig. 311 (805).

Figurine féminine vêtue, assez différente des précédentes. Les ailes, plus carrées de forme, sont faites de feuilles, superposées comme des feuilles d'éventail. L'attache supérieure est courte, rectangulaire, décorée, dans un rebord, d'oves surmontés d'un grènetis.

Le chiton est celui du n° 800, mais l'avant-bras gauche est levé à angle droit, le droit étant ramené sur la poitrine. La tête, dont les trois tresses s'arrêtent à l'épaule, est coiffée d'une double frange en haut du front. Le visage est presque triangulaire, mais de style relativement libre.

806 (6477) [1405]. — *Athen. Mitheil.*, XI, pl. 11[b]. — Haut., 15 (de la figurine, 10·5, de la tête, 2·2). — Le bras droit cassé au poignet, l'aile gauche au milieu. — Fig. 312.

Semblable, allant à droite, l'himation ionien en écharpe sur l'épaule droite. Les ailes sont éployées de droite et de gauche; la base, en forme de chapiteau renversé, est en retrait sur le plan de la statuette, la tête étant couronnée d'un fleuron.

Les pieds sont chaussés de brodequins à ailettes, les bras étendus sans presqu'être pliés. La tête, de beau style, est malheureusement mal conservée.

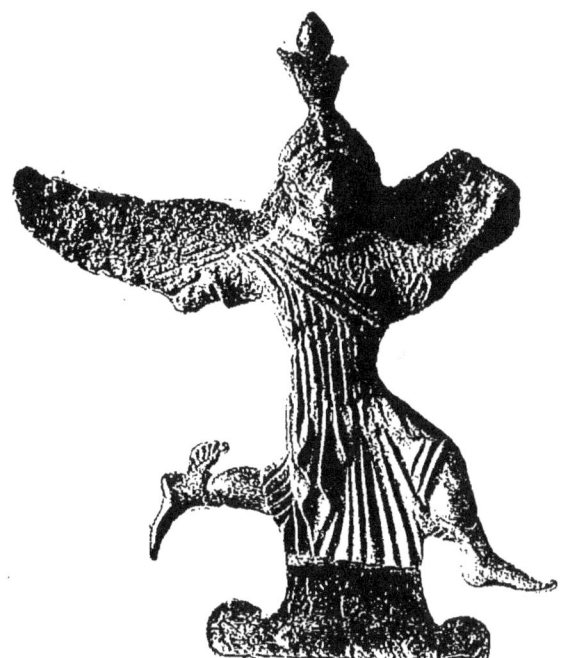

Fig. 312 (**806**).

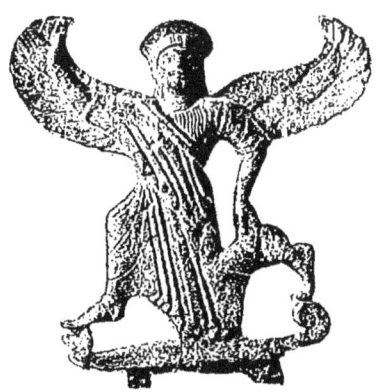

Fig. 313 (**807**).

FIGURINES FÉMININES 323

807 (6479) [1411]. — Haut., 8·5 (de la figurine, 7·3, de la tête, 1·8). Larg., 8. — Fig. 313.

Semblable, allant à gauche, les pieds sur une tige semblable à celles des nᵒˢ **803-4**, les ailes légèrement recroquevillées, mais à la pointe seulement. La main gauche relève le chiton près de l'ailette du brodequin. — La tête, diadémée, a les cheveux tuyautés sur le haut du front. Les yeux sont ovales, les contours plutôt arrondis.

808 (6480) [1417]. — *Athen. Mittheil.*, pl. 11ᶜ. COLLIGNON, *H. de la Sculpture*, p. 140, fig. 70. — Haut., 12·3 (de la statuette, 9·9, de la tête, 2). — L'aile et le pied gauche à demi cassés, comme les volutes de l'attache inférieure. — Fig. 314.

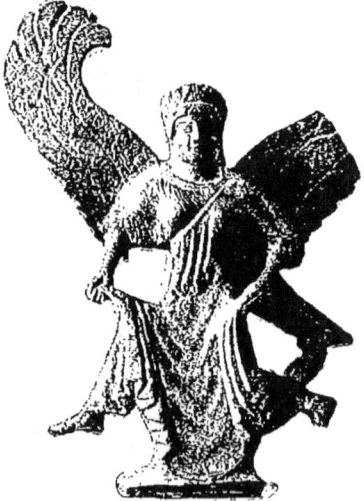

Fig. 314 (**808**).

Semblable, les ailes plus relevées, longues et recroquevillées à leur extrémité. L'himation est passé sur l'épaule gauche et les deux mains relèvent le chiton à la hauteur des hanches. La tête est diadémée, les cheveux frangés en haut du front et couvrant les tempes, les yeux en fente droite, très allongés.

809 (6474) [1418]. — Haut., 4·2 (de la tête, 2). — Cassé à la ceinture. — Fig. 315.

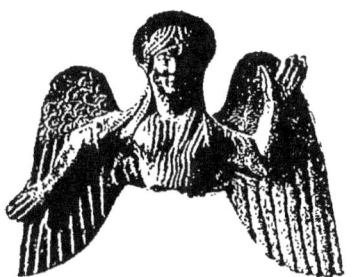

Fig. 315 (**809**).

Semblable (?), allant à droite, l'avant-bras gauche levé et le droit abaissé presqu'à angle droit. Les ailes sont repliées comme des ailes d'anges et le chiton n'est pas recouvert de l'himation. Sous le diadème, des tresses, partagées en haut du front, tombent au nombre de deux sur chaque épaule. La tête, de travail soigné, a encore les yeux légèrement obliques.

810 (6476) [1414]. — Haut., 11 (de la figurine, 8·6, de la tête, 1·8). Larg., 7. — L'aile gauche et le pied droit cassés, l'attache supérieure non conservée. — Fig. 316.

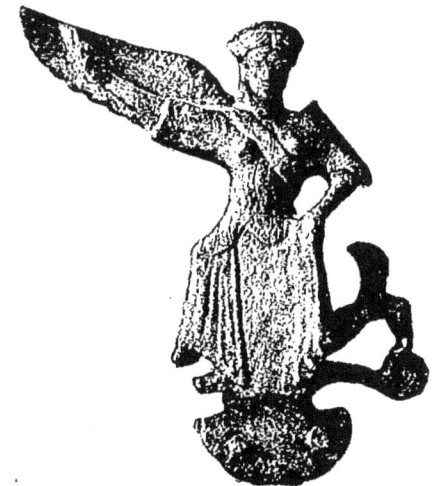

Fig. 316 (**810**).

Semblable, en marche vers la gauche, les ailes éployées, mais non recroquevillées, les pieds sur deux volutes minces et recourbées partant d'une plaque d'applique triangulaire. Des bras, le droit est étendu, le gauche relève à la hanche l'himation ionien, fixé sur l'épaule droite par une écharpe brodée.

La tête, de beau style, est d'un ovale très doux, les cheveux retenus par un diadème et partagés par une raie sur le haut du front, avec bandeaux sur les tempes. Les yeux sont allongés et obliques, la bouche droite.

811 (6478) [1412]. — *Athen. Mittheil.*, XI, pl. 11ª. — Haut., 9·5 (de la statuette, 8·3, de la tête, 1·7). Larg., 7·6. — La main droite, le bout de l'aile gauche et une partie de l'applique inférieure cassés. — Fig. 317.

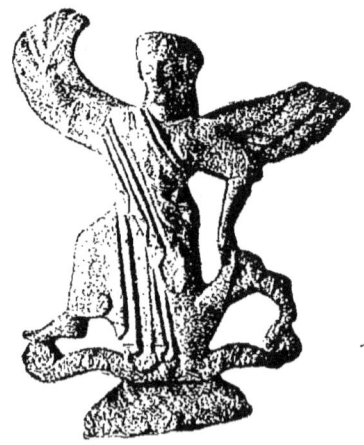

Fig. 317 (**811**).

Semblable, les pieds sur une même volute, les ailes seulement recroquevillées à la pointe et la main gauche relevant le chiton près de l'ailette du brodequin.

Sur le cou, collier avec pendeloque. La tête, diadémée, les cheveux, partagés par une raie, couvrant les tempes et tombant en nappe sur la nuque, a les yeux effilés à demi voilés, le nez plus allongé, le menton plus carré. Cf. KARLSRUHE, 811

812 (6475) [1413]. — Haut., 9·5 (de la figurine, 8·3, de la tête, 1·7). Larg., 9. — La main et le pied droits cassés. — Fig. 318.

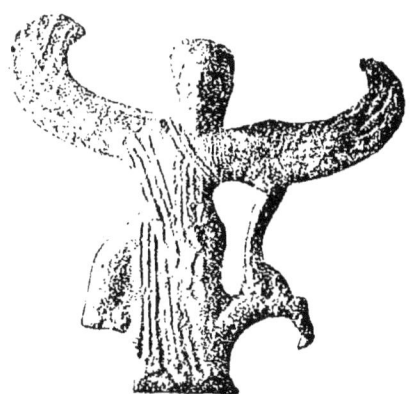

Fig. 318 **(812)**.

Semblable, la tête redressée, mal conservée.

813 (6481) [1415]. — Haut., 10·3 (de la figurine, 7·8, de la tête, 1·6). — Le bras droit, le bout du pied droit, les ailes cassées. — Fig. 319.

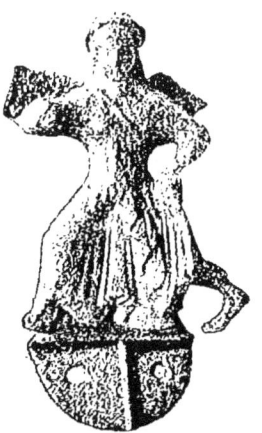

Fig. 319 **(813)**.

Semblable, la main gauche relevant le chiton à la hanche. Les plis de l'himation sont plus simples, la tête de style plus libre. — Les pieds semblent sans ailes.

814 (6482) [1416]. — Haut., 8 (de la tête, 1·8). Larg., 8·4. — Les pieds cassés. — Fig. 320.

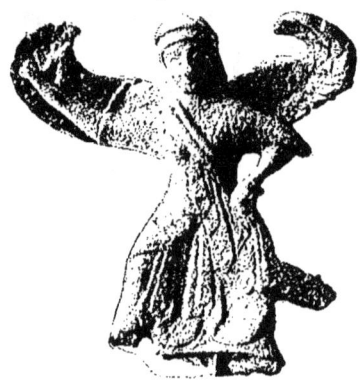

Fig. 320 (**814**).

Semblable, la main droite élevant entre le pouce et les autres doigts un bouton allongé.

AMAZONES

Il n'y a pas de doute que les trois figurines suivantes, toutes trois semblables entre elles, également imberbes et destinées au même usage, ne doivent représenter des Amazones. — Non seulement l'attitude agenouillée et la tête retournée en arrière caractérisent les Amazones sur les vases archaïques (1), mais le sein découvert du n° **815** (2), le chiton (3) et la

---

(1) Botho Græf dans PAULY-WISSOWA (p. 2 du tirage).
(2) Le chiton des guerriers est parfois roulé en écharpe, mais, dans notre exemplaire, le sein est nettement indiqué.
(3) Cf. la Penthésilée d'Exekias (*Wiener Vorlegeblætter*, 1888, pl. VI, 2ᵉ). — l'Atalante, CARAPANOS, pl. XI-1. — l'hydrie de Karithaios (*Wiener Vorlegeblætter*, 1889, pl. VI, 2ᶜ).

patte (1) du n° 816 désignent clairement des femmes. On sait d'ailleurs que ces représentations d'Amazones sont très fréquentes sur les vases peints à figures noires.

815 (6589) [1468]. -- OLYMPIA, p. 127-8. — Haut., 14 (de la tête, 2·5). Diam. de la tige, 1·4. — Les deux jambes cassées, la droite au-dessous, la gauche au-dessus du genou. — Fig. 321.

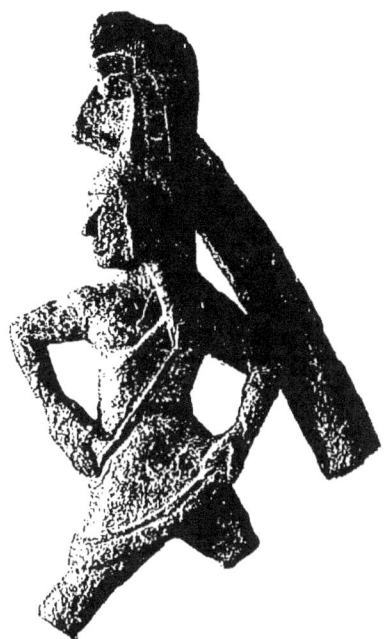

Fig. 321 (**815**).

Amazone fuyant à droite, la tête tournée vers la gauche, coiffée du casque à haut panache, sans géniastères ni nazal (2),

(1) Cf. le Vase François *passim* et GERHARD, *Auserlesene Vasenbilder*, I, pl. 61, 71; II, pl. 104, 113, 117-8, 119-120, 122-3, 139; IV, pl. 305-6, etc., etc.

(2) Le casque semble d'origine asiatique. Cf. certains monuments assyriens et chypriotes (*Gazette Archéologique*, 1878, pl. 24; *ibidem*, 1880, p. 154. — PERROT, *H. de l'Art*, IV, fig. 345).

vêtue de l'himation en écharpe sur l'épaule gauche, le côté droit à découvert. Le mouvement des bras et des jambes est celui du *Knielauf* (1), la tête, large, a le nez court et l'œil losangiforme et deux tresses tombent sur la poitrine.

Le casque et le coude gauche sont soudés à une tige courbe et les pieds reposaient sur une barre horizontale, à l'endroit où les contreforts, partis de deux pieds différents, se réunissent par une courbe (2). L'Amazone décorait par suite le haut d'un trépied, — un vis-à-vis à gauche devait lui faire pendant. — Les deux figurines occupaient la place du bœuf marchant dans le trépied de Métaponte (3).

816 (6624) [1469]. — Haut., 6·2 (de la tête, 2·3). — Cassé à la ceinture, les bras et le panache non conservés.

Semblable, et de même sens, le costume seul différant. L'Amazone est vêtue d'un chiton court, attaché sur l'épaule droite par une patte arrondie. Le casque est échancré à la nuque et les tresses légèrement plus écartées.

817 (6622) [1470]. — Haut., 6·7 (de la tête, 2·3).

Semblable, conservé de même.

APPLIQUES

818 (6524). — Haut., 5. Larg., 6·5. Ep., 0·05. — La figure et le coude non conservés. — Fig. 322.

Plaque irrégulière, sur laquelle une femme (?) est assise à

---

(1) POLYTECHNEION, 909.
(2) POLYTECHNEION, 1.
(3) A l'Antiquarium de Berlin (PANOFKA, *Cab. Pourtalès*, pl. XIII). — Cf., pour les figurines soudées à des tiges montantes, OLYMPIA, pl. XXXV, 683, p. 98.

gauche, le haut du corps dressé et s'appuyant sur le coude gauche. La main droite, disparue comme le bras, devait

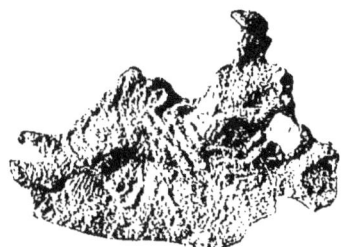

Fig. 322 (**818**).

reposer sur les genoux. Un ample himation couvre le corps, laissant paraître aux chevilles un chiton finement plissé. Les pieds sont nus.

TÊTES SERVANT DE POIGNÉES ET D'APPLIQUES

819 (6194) [1473]. — Haut., 6·5 (de la tête, 3·5). — Fig. 323.

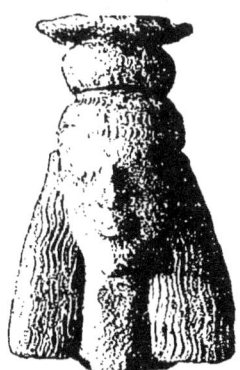

Fig. 323 (**819**).

Tête portée sur un long cou et supportant une espèce de

FIGURINES FÉMININES

coussinet (1), que surmonte un disque légèrement concave. Les cheveux tombent de droite et de gauche en nappe épaisse, comme dans les canopes et les piliers hathoriques (2). En haut du front, trois bandes horizontales sont, comme dans une célèbre tête mycénienne, ornées d'arcs de sens alternant (3).

La tête même est très allongée et triangulaire, les sourcils prolongés, les yeux très saillants, le nez fort, la bouche coupée net et relevée aux coins.

L'influence « égypto-phénicienne » semble évidente.

820 (6472) [1477]. — Haut., 8·7 (de la tête, 3·5). — Le fleuron et une partie du buste cassés. — Fig. 324.

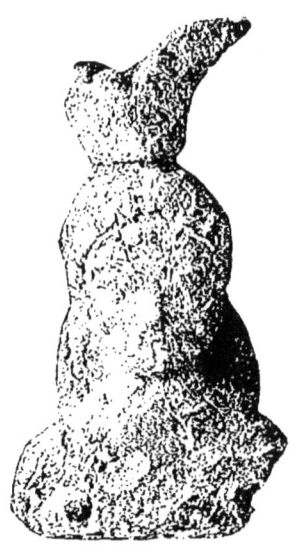

Fig. 324 (**820**).

Buste d'applique fixé en bas par deux clous, la tête surmontée d'un fleuron (*B. C. H.*, 1890, 341-2). Les cheveux, ondulés sur le front, tombent simplement en nappe sur le

---

(1) OLYMPIA, pl. VII,74, p. 23-4. Cf., *ibidem*, pl. XV,266, p. 42.
(2) PERROT, *H. de l'Art*, I, p. 311,563. — Cf. MICALI, *Storia*, pl. 17-2.
(3) PERROT, *H. de l'Art*, VI, p. 814, fig. 380.

332   BRONZES DE L'ACROPOLE

dos. La tête est archaïque, les joues fortes et les yeux saillants.

821 (6467) [1482]. — Haut., 9·5 (de la tête, 3·4). — Le fleuron en partie cassé. — Fig. 325.

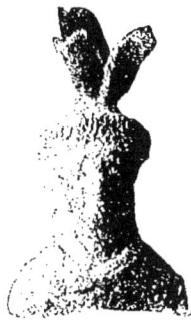

Fig. 325 **(821)**.

Semblable, le chiton bordé d'une bande brodée. Un diadème ceint les cheveux qui entourent le front de tresses et tombent en nattes sur la nuque. — La figure est de style plus libre.

822 (6462) [1472]. — Haut., 8·5 (de la tête, 3·6). — Le panache cassé. — Fig. 326.

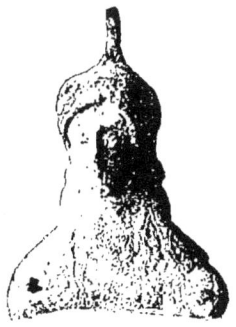

Fig. 326 **(822)**.

Semblable, la tête casquée, les cheveux coiffés en tresses

FIGURINES FÉMININES

sur le haut du front et tombant par deux boucles, ondulées et gravées, sur chaque épaule. Une palmette, entourée de deux boutons, est brodée sur le haut du chiton. La tête, plus fine, a le nez allongé, le menton pointu.

823 (6461) [1471]. — Haut., 8·5 (de la tête, 3). — Le panache cassé. — Fig. 327.

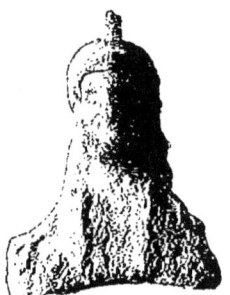

Fig. 327 (**823**).

Semblable, casquée de même, le chiton simplement brodé au bord, avec deux boucles en relief sur chaque épaule, les cheveux partagés par une raie et ramenés sur les tempes. Les yeux sont obliques, la figure allongée, le menton pointu.

824 (6465) [1479]. — Haut., 9·5 (de la tête, 2·6). — Le fleuron en partie cassé. — Fig. 328.

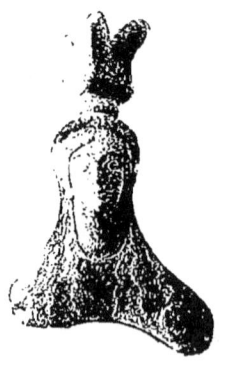

Fig. 328 (**824**).

Semblable, fleuronnée, les boucles gravées, les cheveux simplement partagés par une raie, sans être ramenés sur les tempes.

825 (6471) [1481]. — Haut., 10 (de la tête, 3). — Fig. 329.

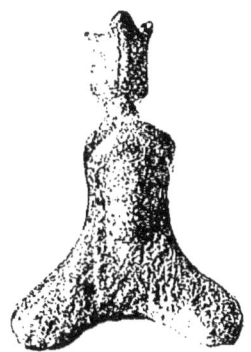

Fig. 329 (**825**).

Semblable, très altérée.

826 (6463) [1480]. — Haut., 9·5 (de la tête, 3). — Fig. 330.

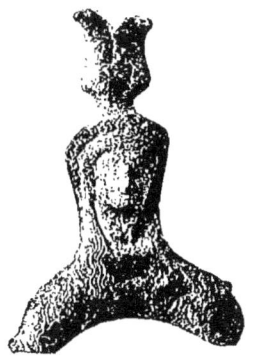

Fig. 330 (**826**).

Semblable, le bas de la figure emporté.

827 (6464) 1475. — Haut., 9 (de la tête, 2·5). — Fig. 331.

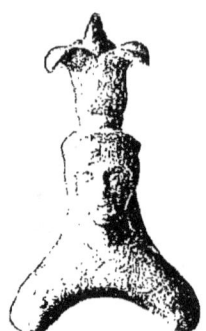

Fig. 331 (827).

Semblable, fleuronnée et diadémée, deux boucles gravées et ondulées tombant sur l'attache en forme d'arc. Les cheveux, divisés en tresses, sont partagés en haut du front; la tête, plus arrondie, est de style plus ferme. Tête semblable à l'Antiquarium de Berlin (7490). Cf. le masque en terre-cuite trouvé sur l'Acropole, *Anzeiger*, 1893, p. 144, fig. 20.

828 (6468). — Haut., 9 (de la tête, 2·5). — Le fleuron en partie cassé. — Fig. 332.

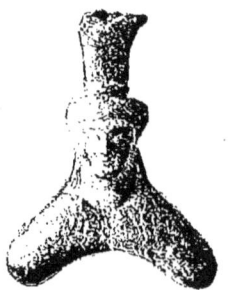

Fig. 332 (828).

Semblable, les cheveux non divisés en haut du front.

829 (6502) [1465]. — Haut., 5 (de la tête, 3·5). — Le panache et le bas de la tête cassés. — Fig. 333.

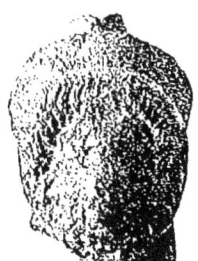

Fig. 333 (**829**).

Semblable, casquée, les cheveux frangés en haut du front. — Informe.

830 (6473). — Haut., 10·5 (de la tête, 3). — Le fleuron en partie cassé. — Fig. 334.

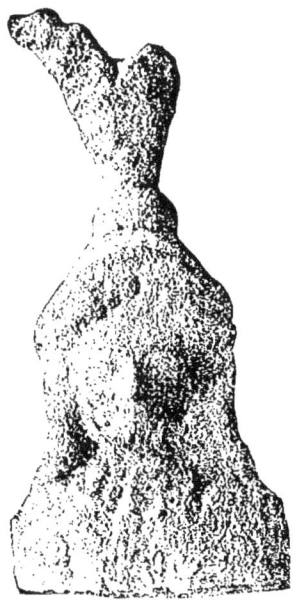

Fig. 334 (**830**).

Semblable, fleuronnée, et, semble-t-il, coiffée de même.

831 (sans n°). — Haut., 3.

Tête tordue vers la gauche. Très altérée.

832 (6470) [1474]. — Haut., 10 (de la tête, 3·2). — Fig. 335.

Tête fleuronnée, le fleuron de forme plus bulbeuse. Les cheveux sont partagés par une raie, deux tresses tombant de chaque côté sur le chiton à bord brodé. — Le nez droit, les yeux bien ouverts, le profil du visage sont du style attique récent.

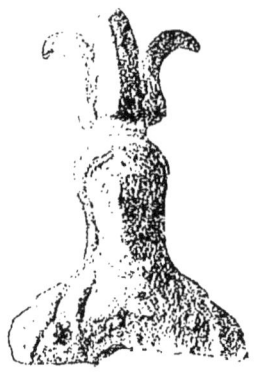
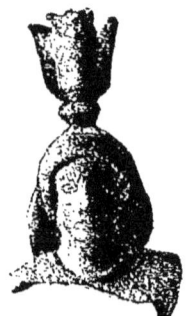

Fig. 335 (**832**).   Fig. 336 (**833**).

833 (6466) [1476]. — Haut., 9 (de la tête, 2·8). — Le fleuron et le buste en partie cassés. — Fig. 336.

Semblable, le fleuron de forme commune. Les tresses tombent en frange sur le front et en nappe sur les côtés. La tête, plus fine, semble de style individuel.

834 (6469) [1478].— Haut., 9·7 (de la tête, 2·9). — Fig. 337.

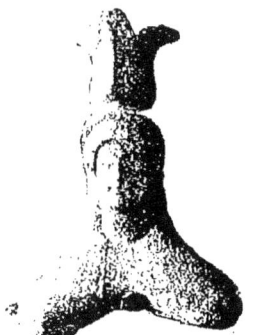

Fig. 337 **(834)**.

Semblable, de style plus banal, d'ailleurs mal conservée. Trois boucles sinueuses et gravées tombent sur chaque épaule. Un épais bandeau, non divisé, entoure le haut du front.

Cf. le masque en terre-cuite trouvé sur l'Acropole, *Anzeiger*, 1893, p. 144, fig. 21.

835 (6460). — Haut., 7·5 (de la tête, 2·7). — Le panache et le côté gauche emportés. — Fig. 338.

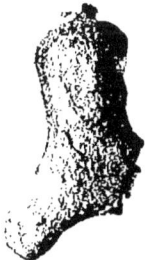

Fig. 338 **(835)**.

Semblable, casquée, très altérée.

TABLES

TABLE DES MATIÈRES [1]

Acanthe, **424**.
Acheloos, **760**.
Achille, **349**.
Acropole, **49**, **168**, **373-4**, **408**, **430**, **440-1**, **451**, **506**, **734**, **736**, **740**, **752**, **755**, **760**, **767**, **782**, **787**, **789**, **794**, **801-2**, p. 248.
Affrontés (lions), **29**, **115**, **358-360**, **369-374**, **474**; (sphinx), **350**; (motifs), p. VIII.
Aigle, **538-540**.
Aigrette, **44**, **355**.
Aile, **46**, **218**, **441**, **445-9**, **451-3**, **506**, **540**, **774**, **801**, **805**.
Ailette, **670**, **800**, **806-7**, **811**.
Ainos, **409**.
Ajax, **349-350**.
Alternées (feuilles), **412**.
Alyatte, p. 12.
Amazone, **815-7**, p. VIII, p. 327.
Amphore, **164**.
Amulette, **249**.
Amyclées, p. XIX.
Anneau, **239**, **755**, **767**.
Anses verticales, **115-151**; de situle, **134**, **150-1**; de coupe, **152**; horizontales, **153-161**; d'hydries, **165-175**; d'œnochoés, **176-7**; de bassins, **178-217**; **449**, **538**, **762**.

Antenor, **451**.
Aphrodite, p. XXI.
Apollon, **29**, **168-9**, **697**, **705**, **730-740**, **767**, **771**, **785**, p. V, XVII, XVIII, XX, p. 248, 316.
Apotropaion, **373**, **633**.
Applique, **764-6**, **819-835**.
Arbre sacré, **218**.
Arc, **40**, **43**.
Arcadie, p. VI.
Ardillon, **243**, **245**.
«Argivo-corinthiens»(reliefs),**65**, **239**, **349-368**, **451**, **735**, p. XVII.
Argivo-sicyonien(art), p. XX-XXI, XXIII.
Argos, **404**, p. XX.
Arion, **755**.
Artemis, **697**.
Aryballe, **250**, p. VII.
Aspic, **557**.
Assise (femme), **353**.
Assourbanipal, p. XI.
Assyrien (art), **219**, **465**, **698**, **701**, **815**, p. VII, XI, XII.
Atalante, p. 327.
Athena, **775**, **777-796**; Promachos, **780-3**, **788-792**, **796**; p. VII, XVIII, XXII, p. 297, 316.

---

[1]. — Les ouvrages énumérés dans la Bibliographie, p. 4, n'ont pas été en général cités de nouveau dans la Table.

Athlète, **746, 750.**
Attelage, **374.**
Attique (art), **373, 759**, p. VIII.
13.
Axe, **405.**

Bague, **241-2.**
Balawat, **429.**
Bandeau, **726, 734, 736, 738, 754, 784.**
Banquet, p. XV.
Barbe, pointillée, **30.**
Barbiche, **46.**
Barbu, **50**; (serpent). **554-5, 560-1, 565-6, 570.**
Barre reliant les volutes. **85-93, 95, 124-8, 175. 364-5. 702**; croisillée. **90-3, 95, 122, 721.**
Base, **379, 480-2, 489, 514, 517, 534, 536-7, 541, 543, 575-613, 731-3, 737-8, 772, 777-8, 780-1, 789-790, 793, 796.**
Bassin (oreilles de), **178-217.**
Bâton, **349, 429.**
Bâtonnet, **558.**
Baudrier, **40.**
Bavure, **794.**
Bélier. **525-6, 722-3**, (tête de), **116, 409, 527-8, 725.**
Bélière (double), **134, 150, 230, 427, 507, 761.**
Béotie (art de), **633**, p. IV; (dialecte de), **55.**
Berlin, **451, 454, 758, 785, 787, 803, 815,** p. XX, 2.
Biche, **149.**
Blanche (ligne), **707, 759.**
Bobèche, **402.**
Bobine, **204-5, 214-5**; (demi-). **122, 456-7.**
Bœuf, **512-523.**
Bol, **110-1.**
Bonnet, **429.**
Bord de grand vase, **55-9**; de bouclier, **263.**
Boréades, p. 316.
Bouc, **524**; (tête de), **409**; (protome de), **176.**

Boucle, **176. 431, 450, 822, 834.**
Boucle d'oreille, **240.**
Bouclier, **263ª, 264, 637, 780, 782, 791**; (bord de), **263**; du Dipylon, **265.**
Boule, **156, 240, 245, 449.**
Boulet. **510.**
Bouquetin, **511.**
Bourrelet. **528, 797.**
Bouton, **35, 73. 152-3, 182, 189-191, 194-5, 201-5, 243, 305, 350, 464, 616, 784. 814, 822.**
Branche, **430.**
Bras, **634, 653.**
Bride. **505.**
British Museum, p. 2.
Broche, **244-5.**
Brodequin, **760, 806, 811.**
Brygos. **736.**
Bucchero. **46, 429.**
Bustes, **797-8, 819-835,** p. XVIII, XXIII.

Cachette, p. II.
Caducée, **409-410.**
Cære. **250, 407, 751.**
Caisse de char, **374, 695.**
Caleçon, **696, 706.**
Calice, **403, 614.**
Calotte, **374. 617, 745, 766.**
Campanien (art), **758.**
Candélabre, **111, 403, 705, 785,** p. 316.
Canine (tête), **115.**
Cannelures, **166. 170-2, 177, 214, 287-8, 292-5, 304, 383, 403, 414, 454, 663, 776, 785.**
Canon, **506, 510.**
Capoue, p. XVI.
Cariennes (statuettes), **692,** p. V.
Carquois, **40.**
Casque, **44, 50, 252-262, 701, 744, 775, 777, 780, 792-4, 796, 815-7, 822-3, 829, 835.**
Corinthien, **40, 250, 252, 742-3,** p. VI-VIII.

Catogan, **754**, **767**.
Cavale, **480-1**.
Cavalier, **751-2**, p. XV, XVIII.
Ceinture, **40**, **706**, **776-7**, **780**, **792**, **798-9**.
Centaure, **429-430**, p. XV.
Cercles, **244-5**; concentriques, **219**; reliés par des tangentes, **3-4**, **9-28**, **41-2**, **48-9**, **63**; pointés, **5-8**, **65**; (demi-), **3-4**, **41**, **62**, **184**, **198**, **239**, **530**.
Chalcis (art de), **751**, **758**, p. XIV-XVI, XIX; (mines de), p. III, XV; (dialecte de), **55**.
Chandelier, **400-3**, p. 125.
Chapeau, **383-4**, **748**.
Char, p. 145.
Chaton, **241-2**.
Chaudron, p. 145.
Chauve (tête), **761**.
Cheval, **480-510**.
Cheval (pied de), **62**, **71-2**, **74-9**, **407**; ailé, **145-7**, **504**; (protome de), **148**, **197**, **212**, **454**; (tête de), **505**, p. 25, 172.
Chevelure, **618**.
Chevron, **25**, **36**, **45-6**, **67**, **162**, **262**, **540**, **738**, **766**, **774-5**.
Chien, **460-2**, **758**.
Chiotique (école), p. XIII.
Chiton, **42**, **350**, **662**, **670**, **741-2**, **760**, **774**, **776**, **779**, **782-4**, **786**, **789**, **793**, **796**, **798-9**, **802**, **805**, **807-9**, **812**, **816**, **818**, **821**, **832**.
Chouette, **381**, **532-4**.
Chrétiens (bronzes), **249**, **427**, **654**.
Chypre (art de), **218**, **692**, **701**, **751**, **815**, p. VII, XI, XXIII; (mines de), p. III.
Cigogne, **531**.
Cil, **632-3**.
Cimier, **255-262**.
Clavicule, **698**, **701**.
Cloche, **382**.
Clou, **55**, **109-110**, **176**, **263**, **382**, **467**, **666**; à grosse tête, **25**, **29-30**, **32**, **46**, **225**, **404**; p. 125.

Cnémide, **667**.
Cnide, p. XI.
Cœur, **173**, **212**; mycénien, **44-7**.
Coffret, p. 316.
Collier, **374**, **460**, **465**.
Combattant, **698**.
Conducteur, **695**, **753**.
Conique, **202**, **306**, **702**, **785**.
Coq, **378-9**, **535-6**.
Coquille (volute en), **149**.
Coraliforme (tige), **413**.
Corbeille, **403**.
Corinthien (casque), v. ce mot; (art), **46**, **115**, **373**, **475**, **535**, **751**, **794**, p. XV, XIX.
Corne, **512**, **518-9**, **568**, **763**.
Corneille, **541-3**.
Coroplastes, **705**.
Coupe, **152**.
Couronne, **353**; de trépied, **48-9**, **451**; de trépied bas, **60-1**; p. 25.
Courroie, **652**, **676-7**.
Coussinet, **819**.
Couteau, **336-347**.
Couvercle, **251**, **385-399**, p. 125.
Couvre-nez, **254**.
Crépide, **676-7**.
Crinière, **140-4**, **207**, **212**, **231-5**, **377**, **464-476**, **483**, **491**, **498**, **502-3**.
Crobyle, **734**.
Croc, **451**.
Crochet, **150**, **201-5**, **226**, **411**, **415**, **451**, **631**, **633**, **760**.
Croisillé, **62**, **173**, **219**, **220**, **765**.
Croisillon, **316**, **336**.
Croissant, **220**.
Croix, **242**, **427**, **765**.
Cruche, **163**.
Cuir, **743**.
Cuirasse, **639**, **741-2**.
Cuivre, rouge, **544**, **767**; (mines de), p. XV.
Cumes, p. XV, XVI.
Cyclades, p. V, X.

Cygne, **530**; (col de), **150, 166, 199-200, 229-30, 261, 411, 796**.
Cythère, p. XVIII.
Cyzique, p. 145.

Danse, **757, 787**.
Dard, **33, 68, 95, 188, 197, 375, 558, 565**.
Dauphin, **408, 755**.
Découpée (plaque), **115, 376-381**.
Deimos, p. 316.
Délos, **697**.
Delphes, **149, 633, 759**, p. V, VI, XII.
Demi-nature, **664**.
Dent, **544**.
Diadème, **30, 168, 444, 725, 734, 779, 794, 807-811, 821, 827**.
Diadumène, **703**.
Diagonale, **72, 775**.
Dionysiaques (scènes), p. XV.
Diploïdion, **772, 785, 787-8, 790**.
Dipylon, **265, 692**, p. IV-VI, 172.
Dischetto, **243, 302-3**.
Disque, **236-8, 636, 784, 819**; (demi), **166**.
Dodone, **633, 696, 701, 706, 764**, p. VI.
Doigt, **656-661**; (petit), **689**.
Doré, **374, 794, 796**.
Doriens, p. VIII, XIX.
Doublure, **296**.
Douille, **314-5, 346-7, 383-4**.
Draperie, **349, 641, 662-4**.
Dresde, **763-4, 803**.

Ecaille, **73, 376, 431-2, 436, 445, 544, 550, 565**.
Echancrure, **178-181, 185-7, 199-200**.
Echine, **69, 601**.
Ecuelle, **225**.
Egide, **380, 641, 780, 783, 788-790, 794, 796**.

Egine, **220, 262, 696, 706, 750, 759, 768**, p. XX, XXII.
Egyptien (motif), **1-2, 218, 819**; (bronzes), p. IV, V, VII, XI, XII.
Eidolon, p. 316.
Eleusis, p. 25.
Email blanchâtre, **459, 767-8**.
Encrier, **251**.
Entrelacs, **263**.
Epée, **40, 44, 316-8, 350, 353, 641**.
Eperon, **101-6, 125-8**.
Epervier, **218**.
Ephèbe, **355, 755**.
Epigastriques (inscriptions), **749**.
Epingle, **767**.
Episème, **743**.
Eretrie, p. XV.
Ergosimos, **152**.
Eris, p. 316.
Essieu, **406**.
Etain, p. III.
Etalon monétaire, p. XV.
Etrusque, **760**, p. VI, XVI.
Eubée, p. IV.
Euphronios, **736**.
Evangeliste, **249**.
Exekias, **425**, p. 327.

Fanon, **514, 517**.
Felin, **131, 478**.
Fer (tige de), **54, 62, 298**.
Feuille, **1-2, 412, 419-424**.
Fibule, **243**.
Figures noires (vases à), **376**.
Figures rouges (vases à), **374, 725, 744, 750, 759, 761, 794**, p. XXI, XXIII.
Fil, **32, 240, 523**.
Flèche, **310-5**.
Fleur, **218**.
Fleuron, **350, 416-8, 614-6, 806, 820, 824, 827, 830, 832-3**.
Floral (motif), **415**.
Flûte de Pan, **736**; (double), **760**.
Fourreau, **733, 777-8**.

François (vase), p. 328.
Frisures, **525**.

Gaîne, **50-1, 349**.
Gangue, **566, 602, 612**.
Garde, **44, 316, 641**.
Gaufrure, **722, 726**.
Géant, **744, 749**; p. XXII.
Géniastère, **250, 253, 815**.
Géométrique (art), **335, 432, 573**, p. VIII, IX, X, 7, 172.
Glaive, **353, 369-370**.
Glande lacrymale, **632**, p. XIII.
Glaukos, p. XV, 12.
Globe solaire, **218**.
Gorgone, **451-3**; (tête de), **206, 263", 264, 450, 454-9**, p. XIV, XV, p. 316.
Goujon, **507, 575-6, 589, 591-2, 598, 601, 603-4, 609-611, 779**.
Gourde, **112**.
Græchwyl (hydrie de), **169, 474**.
Grande-Grèce, **803**.
Gravée (plaque), **41, 375**, p. IX, 7.
Grenade, **114, 784**.
Grènetis, **32, 40, 64, 66-7, 69-70, 129, 171, 179-180, 184, 188, 209, 213, 216, 219-220, 239, 252, 263, 348, 354-5, 358, 366, 374, 378, 456-7, 793, 801, 805**.
Griffe, **60-1, 63-73, 80-108, 445-6, 455, 763**, p. 25.
Griffon (col de), **431-440**; marin, **355**, p. 145.
Grillagée (plaque), **248**.
Groupe, **758-760**.
Guerrier, **741-5**.
Guirlande, **731-2, 801**.

Hache, **319-332**.
Hageladas, **749**.
Halicarnasse, p. XI.
Haltère, **750**.
Hathorique (pilier), **819**.
Heptagonale (tige), **54**.
Hexagonale (tige), **447**.

Heraklès, **29, 40, 349-350, 747, 760**.
Hermès, **409, 760**.
Hérodote, **243**.
Himation, **758, 760, 779, 781-4. 786, 789, 793-4, 796, 802, 806, 808, 810, 812, 818**.
Hissarlik, p. III.
Hoplitodrome, **750**.
Horus, **756**.
Houppe, **437**.
Hydrie, **162**; (anses d'), **165-175**.
Hymette, p. XIV.

Idole, **633**.
Iles, p. XV, XVII.
Imbriquée (feuille), **221**.
Inguinaux (plis), **703, 723, 740**.
Inscription, **55, 113, 121, 178, 182-3, 185, 219, 221-3, 226, 229, 252, 264, 281-4, 287, 289-290, 298, 307-9, 405, 408, 428, 515, 527, 529, 581-2, 584-5, 587, 590-1, 595, 598, 601, 610, 613, 732, 791**.
Iole, **760**.
Ionique (ionien), **41, 46, 68-70, 72, 82-108, 156, 189, 231, 476, 512, 677, 698, 707, 772, 781, 793-4, 796, 802, 810**, p. X-XXIII.
Italie, p. VI.
Ithyphallique, **483, 493**.
Ivoire, p. V.

Jabot, **531**.
Jambe, **666-675**.
Justaucorps, **40, 43**.

Karithaios, p. 327.
Ketos, **748**.
Khorsabad, p. XI.
Knielauf, **815**.
Koujoundjik, p. XI.
Kypselos, p. XIX.

Laconie, **460**.

Laine, **529**.
Lamelle, **246-8**.
Lampe, **425-7**.
Lance (pointes de), **266-297**; (talons de), **298-309, 349, 354; 634, 692, 741, 745, 777, 780**.
Lancéolés (pétales), **219-220**.
Langue, **507**.
Lanière, **617**.
Laurier, **420**.
Leake, **250**.
Léopard, **41**.
Lete, p. XV.
Levrier, **461-2**.
Lézard, **206**.
Lièvre, **463**.
Ligourio, p. XX.
Lime, **348**.
Lit, **758**.
Lion, **32, 120, 149, 169, 177, 207-8, 213, 231-5, 250, 350, 358-360, 369-374, 377, 464-477, 743-4, 760, 797**; (tête de), **117, 165, 167, 476**; (rotule de). **477**; affronté, **29, 115, 358, 360, 369-374, 474**; v. griffes, mufle..; p. 25.
Losange, **244, 369-374**.
Lotus (fleur de), **189-191, 194-5, 218**.
Louvre (Musée du), **49, 250, 703**, p. 2.
Lutteur, **747, 759**, p. XVIII.
Lydie, p. XI.
Lygdamis, p. XVII.

Magne, p. XX.
Main, **153-4, 654-661**.
Mamelon, **117**.
Manche, de patère, **226-235, 511, 703, 705-729**; de hache, **335**.
Manchon, **52, 251, 483**.
Manteau, **43, 735, 748**.
Mantoue, **767**.
Marteau, **333-4**.
Massue, **350**.

Méandre, **335**.
Médailles, p. 297.
Melikertes, **755**.
Mende, p. XV.
Ménisque, **785**.
Mermnades, p. XI, 12.
Métaponte, **815**.
Milo (vases de), **75, 220, 695**.
Minotaure, **51, 353**.
Miroir (disque de), **236-8**; (manche de), **239**; (support de), **704, 784, 797, 462, 748**.
Moignon, **468, 695, 698, 724, 734**.
Monnaies, **794**.
Montant, **29-30, 32**.
Mors, **506**.
Mouche, **744, 768**.
Mouton, **529**.
Mufle de lion, **131-144, 226**.
Munich, **768**, p. 248.
Mycènes, p. IV.
Mycénien (art), **152, 266, 336, 692, 819**, p. III-VI, VIII, XI, XII, 172.
Myron, p. XXIII.
Mytilène, p. XI.

Naples, **168**. Cf. Raccolta cumana.
Nappe, **726, 730, 742, 773, 811**.
Naucratis, p. XI, XXI.
Naxien (art), p. XII, XIII, XIV, XVII, XXIII.
Nazal, **815**.
Nervure, **538**.
Nésiotique (école), p. XIII.
Nike, **374, 799-814**, p. XIV, XXII, XXIII, p. 315-6.
Ninive, p. XI.
Nombril, **707, 723, 759**.
Nue (femme), p. V.

Occiput, **739**.
Octapode, **574**.
(Œil), **431-2, 435-8, 440, 544, 632**.
Œillère, **505**.

TABLE DES MATIÈRES
347

Œnochoé (anse d'), **176-7**.
Oie, **46**.
Oiseau, **246-8**.
Olivier, **412**.
Olympie, **46**, **218**, **250**, **633**, **692**, **701**, **706**, **744**, p. II, VI, VII, IX, 172.
Omphalos, **219-224**, **635**.
Opaline (pierre), **242**.
Oppermann, **430**, **789**.
Orchomène, p. IV.
Orvieto, **450**, p. V.
Outre, **763**.
Oves, **29**, **32-3**, **36**, **63**, **66-9**, **73**, **95**, **110**, **151**, **162**, **165**, **179-181**, **186-8**, **197**, **209**, **213**, **216**, **251**, **349-353**, **358-360**, **362-5**, **375**, **601**, **613**, **793**, **805**.

Palæmon, **755**.
Palme, **422**.
Palmette, **25**, **30-1**, **33**, **40**, **44-7**, **63**, **81-108**, **116**, **119-130**, **149**, **156**, **162**, **169**, **171-5**, **181**, **187**, **189-196**, **211-2**, **216-7**, **218**, **227**, **230-5**, **358-9**, **361-8**, **445**, **455**, **511**, **707**, **722**, **799**, **822**; (demi-), **98-100**, **211**, **215**, **707**.
Panache, **40**, **252**, **255-262**, **744**, **790**.
Panthère, **41**.
Paragnathide, **741**.
Parienne (école), p. XIII, XX.
Patère, **218-225**, **635**, **758**; (manche de), **226-235**, **511**, **703**, **705-729**, p. 248.
Patte, **816**; d'enveloppe, **146**, **209-210**.
Paupière, **633**.
Peau, **706**.
Pegase, **454**.
Pèlerine, **794**.
Péloponnèse, **759**, p. XVIII-XXIII.
Pendeloque, **164**, **246-8**, **633**, **784**.
Penis, **691**, **695**, **707**, **724**, **802**.

Penne, **310-3**, **530**.
Pentélique, p. XIV.
Penthésilée, **816**, p. 327.
Perles, **251**, **613**; v. grènetis.
Perouse, **698**.
Perruque, **697**.
Persée, **748**.
Pétale, **40**, **151**, **219-220**, **239**, **615-6**.
Petase, **454**.
Peza, **374**.
Phalanthos, **755**.
Phallos, **665**.
« Phénicien » (art), **218**, **692**, **751**, **819**, p. VIII, XI.
Phidias, p. XXIII.
Phobos, p. 316.
« Phœnico-Chaldéennes » (idoles), p. V.
Pied (de grand trépied), **1-47**, **52-4**, **80**; (de trépied bas), **60-108**.
Pied de cheval, **62**, **71-2**, **74-9**, **508-9**.
Pied de figurine, **579**, **595-7**, **600**, **603**, **612-3**, **678-689**.
Pierre, **745**, **748-9**.
Pilos, **735**.
Pinakes, p. XV.
Pirée, **697**.
Pisistratides, p. XVII.
Pistil, **35-6**, **614**.
Plate-forme, **73**, **385**, **502-3**, **581**, **901**.
Plomb (clou de), **55**; (boule de), **291-2**, **617**, **790**; v. gangue.
Poids, **408**.
Pointillé, **1-2**, **30**, **35-6**, **41**, **43**, **73**, **512**.
Poisson, **376**.
Polledrara, **775**.
Polos, **448**.
Polyclète, **746**, p. XXI, XXIII.
Polycrate, p. XVII.
Polygonale (tige), **455**.
Pompei, **767**.
Porc, **479**.

Porcelaine égyptienne, **250**, p. VII.
Porphyrion, **749**.
Postes, **3-8, 12-28, 40-1, 48-9, 218, 374, 765-6**.
Pouce, **685-8**.
Poulain, **480-1**.
Poule, **537**.
Priam, **349**.
Primitives (statuettes), **690-700, 771-6**.
Promachos, v. Athena.
Proto-attique, **350**, p. 172.
« Proto-corinthien », **429, 432**.
Protome, **145-8, 176, 212**; cf. cheval, etc.
Psammétique, p. XI.
Ptoïon, **231**, p. XXII.
Pugiliste, **746**.
Putéal, **794**.

Raccolta cumana, **169**.
Rais de cœur, **234**.
Rapiéçure, **400, 663, 677**.
Rectangle, **72, 181, 775**.
Rêne, **355, 374, 506, 695, 753**.
Rhœkos, p. XV.
Rhodien (art), **46, 152, 250, 773**, p. VI, VII, VIII, XI, XIII, XIV.
Rictus, **451, 457-9, 765, 770**.
Rivet, **454, 794**.
Rondelle, **118, 131, 156, 165, 225, 500-1**.
Rosette, **32, 40-2, 45, 149, 160, 165, 206-7, 250-1, 459, 697**; (demi-), **73**.
Rotule, **477**.
Roue, **404-6**.
Ruban, **370**.
Rubanées (feuilles), **32, 37-8**.
Rugissant (lion), **369, 473**.

Sabot, **76-7, 506**.
Saïte (art), **756**.
Samien (art), p. XII, XV, XVII.
Sanglier, **39, 41**.

Sanhérib, p. XI.
Sardes (bronzes), **692**.
Sargon, p. XI.
Sauteur, **750**, p. XXII.
Sceptre, **54**.
Scorpion, **371-3**.
Seins, **697, 701, 707, 717, 723-4**; tombants, **798**.
Serpent, **253, 544-572**; (tête de). **118, 201-6, 209-10, 227, 262, 410, 455, 458-9, 544, 554-570, 641, 794**.
Sicile, p. XIII.
Siège, **407**.
Silène, **760-3**, p. XV, XVI.
Sinaï (mines du), p. III.
Sinciput, **739, 767**.
Siphnos, **736**.
Sirène, **445-9**, p. XIV.
Situle (anse de) **134, 150-1**.
Skyphos, **109**.
Soie, **39**.
Soulier à bout relevé, **42**.
Sparte, p. XIX, XX.
Spata, **441**.
Sphinx, **168, 218, 350, 441-4, 735, 797**, p. XIV, XXII, XXIII, p. 25, 316.
Spirales, **3, 30-1, 34, 54, 75, 253, 416**.
Stéphané, **443**, p. XIII.
Substitution (vases de), **109-114, 162-4**.
Support de miroir, **704, 784, 797**.

Talons de lances, **298-309**.
Talonnière, **760**.
Tanagra, p. 125.
Tangente (v. cercle).
Taras, **755**.
Taureau, **353, 512, 517**.
Technique, **479, 705, 794**.
Tégée, p. XX.
Ténea, **697**, p. XX.
Tenon, **113, 415, 650, 671, 682**.
Terre-cuite, **250, 454**, p. VII.

Têtes, **767-770**, p. XXII.
Thasos, **731**; (mines de), p. III.
Thèbes, p. XV.
Théodoros, p. XV.
Thera, **705**, p. III.
Thésée, **51, 353, 747**.
Theseion, **729, 747, 759**.
Thoracique (cage), **725**,
Thrace, p. VIII, XV.
Timbre, **250**.
Tirynthe, p. IV.
Torsade, **29-30, 32, 61, 66, 159, 218, 220, 349-350, 356, 359-360**.
Tortue, **573**.
Touffe, **514, 529**.
Toupet, **491**.
Trépied (pied de grand), **1-47, 52-4**; (anse de), **48-9, 451**; (pied de-bas), **60-108**; bas, **60-1, 465**, p. VIII, IX, XVI, XVII, 7, 12, 25, 145.
Tresses, **30, 40, 46, 430, 441-2, 445-7, 455. 505, 619-631, 694-5, 702, 705, 735-8, 752, 756, 767, 782**.

798-9, 804-5, 809, 815, 821-2, 827, 833.
Triangulaire (serpent à tête), **557**.
Triton, **355, 376**.
Troade, p. VIII, XI.
Trochanter, **723**.
Tubingen, **750**.
Tuf, p. XIV.

Uræus, **218, 557, 756**.

Vaisseau, **425**.
Van, **764-6**, p. VII.
Vases, de substitution, **109-114, 162-4**; à parfum, **250-1**.
Vienne, **231, 265, 722, 759, 763, 801**.
Virgule, **3-4, 251**.
Volute, **54, 149, 196, 211, 226, 445-6, 548, 799**.
Vulci, **774-5, 777-8**, p. 297.

Zigzags, **9-11, 14-24, 26-8, 34, 48-9, 64-5, 146, 184, 226, 228, 260, 502, 697, 764, 777, 801**.

TABLE DE CONCORDANCE

Nos de l'Inventaire	Nos du Catalogue	Nos de l'Inventaire	Nos du Catalogue	Nos de l'Inventaire	Nos du Catalogue	Nos de l'Inventaire	Nos du Catalogue
1526	451	6487	799	6534	487	6577	722
6445	740	6488	801	6535	495	6578	706
6446	768	6489	802	6536	488	6579	719
6447	796	6490	785	6537	483	6580	721
6448	794	6491	793	6538	494	6581	720
6449	795	6492	770	6539	490	6582	716
6450	777	6493	772	6540	496	6583	693
6451	792	6494	819	6541	501	6584	168
6452	780	6495	773	6542	489	6585	761
6453	791	6496	443	6543	485	6586	739
6454	788	6497	441	6544	491	6587	730
6455	783	6498	444	6545	486	6588	705
6456	789	6499	442	6546	480	6589	815
6457	782	6500	448	6547	481	6590	767
6458	781	6501	775	6548	499	6591	756
6459	790	6502	829	6549	503	6592	749
6460	835	6503	771	6550	484	6593	695
6461	823	6504	784	6551	492	6594	745
6462	822	6505	381	6552	493	6595	746
6463	826	6506	532	6553	497	6596	733
6464	827	6507	534	6554	500	6597	737
6465	824	6508	533	6555	482	6598	738
6466	833	6509	459	6556	252	6599	732
6467	821	6510	458	6557	729	6600	735
6468	828	6511	760	6558	712	6601	742
6469	834	6512	786	6559	704	6602	754
6470	832	6513	776	6560	707	6603	741
6471	825	6514	787	6561	710	6604	763
6472	820	6515	779	6562	717	6605	747
6473	830	6516	774	6563	727	6606	734
6474	809	6517	765	6564	708	6607	736
6475	812	6518	766	6565	713	6608	731
6476	810	6519	764	6566	725	6609	753
6477	806	6520	445	6567	709	6610	759
6478	811	6521	447	6568	724	6611	744
6479	807	6522	446	6569	728	6612	701
6480	808	6523	449	6570	714	6613	702
6481	813	6524	818	6571	711	6614	750
6482	814	6525	798	6572	726	6615	757
6483	800	6526	778	6573	723	6616	692
6484	803	6527	615	6574	718	6617	698
6485	804	6528	614	6575	715	6618	699
6486	805	6529	616	6576	703	6619	696

BRONZES DE L'ACROPOLE

Nos de l'Inventaire	Nos du Catalogue	Nos de l'Inventaire	Nos du Catalogue	Nos de l'Inventaire	Nos du Catalogue	Nos de l'Inventaire	Nos du Catalogue
6620	694	6680	430	6742	509-681	6803	565
6621	700	6681	247	6743	651	6804	550
6622	817	6682	463	6744	650	6805	549
6623	743	6683	524	6745	653	6806	554
6624	846	6684	429	6746	647	6807	557
6625	758	6685	516	6747	652	6808	566
6626	755	6686	512	6748	649	6809	558
6627	697	6687	752	6749	648	6810	551
6628	50	6688	543	6750	646	6811	547
6629	751	6689	525	6751	645	6812	548
6630	748	6690	478	6752	644	6813	553
6631	797	6691	540	6753	641	6814	559
6632	250	6692	460	6754	638	6815	546
6633	435	6693	504	6755	637	6816	545
6634	431	6694	502	6756	639	6817	555
6635	437	6696	462	6757	634	6818	568
6636	432	6697	498	6758	636	6819	552
6637	433	6698	573	6759	635	6820	569
6638	438	6699	479	6760	640	6821	556
6639	436	6700	526	6761	655	6822	570
6640	434	6701	513	6762	658	6823	561
6641	440	6702	514	6763	659	6824	563
6642	536	6703	515	6764	685	6825	564
6643	535	6704	544	6765	686	6826	562
6644	537	6705	517	6766	656	6827	560
6645	378	6706	246	6767	657	6828	259
6646	379	6707	377	6768	674	6829	258
6647	149	6708	528	6769	642	6830	261
6648	115	6709	518	6770	687	6831	255
6649	474	6710	520	6771	689	6832	262
6650	468	6711	519	6772	688	6833	256
6651	231	6712	522	6773	660	6834	260
6652	234	6713	521	6774	661	6835	257
6653	235	6714	538	6775	643	6836	254
6654	232	6715	530	6776	477	6837	264
6655	233	6716	539	6777	691	6838	263a
6656	475	6718	574	6778	662	6839	450
6657	464	6719	208	6779	663	6840	452
6658	470	6720	403	6780	664	6841	453
6659	466	6721	673	6781	169	6842	510
6660	471	6722	672	6782	632	6843	308
6661	469	6723	669	6783	769	6844	307
6662	472	6724	668	6785	505	6845	309
6663	476	6725	680	6786	621	6846	288
6664	473	6726	684	6787	627	6847	290
6665	467	6727	677	6788	626	6848	291
6666	465	6728	675	6789	630	6849	287
6667	542	6729	679	6790	628	6850	286
6668	511	6730	683	6791	619	6851	289
6669	541	6731	671	6792	625	6852	285
6670	531	6732	678	6793	629	6853	284
6671	148	6733	682	6794	623	6854	283
6672	145	6734	580	6795	622	6855	282
6673	146	6735	579	6796	620	6856	295
6674	147	6736	597	6797	631	6857	281
6675	454	6737	676	6798	624	6858	280
6676	527	6738	670	6799	665	6859	279
6677	461	6739	667	6800	572	6860	278
6678	51	6740	684	6801	571	6861	277
6679	248	6741	508	6802	567	6862	292

TABLE DE CONCORDANCE

Nos de l'Inventaire	Nos du Catalogue	Nos de l'Inventaire	Nos du Catalogue	Nos de l'Inventaire	Nos du Catalogue	Nos de l'Inventaire	Nos du Catalogue
6863	304	6923	606	6990	523	7055	90
6864	306	6924	604	6991	265	7056	91
6865	299	6925	589	6992	245	7057	82
6866	302	6926	588	6993	244	7058	92
6867	300	6927	586	6994	408	7059	93
6868	305	6928	587	6996	338	7060	83
6869	298	6929	593	6997	339	7061	84
6870	303	6930	599	6998	341	7062	85
6871	294	6931	592	6999	342	7063	81
6872	293	6932	594	7000	337	7064	99
6873	301	6933	578	7001	340	7065	100
6874	275	6934	605	7002	343	7066	105
6875	266	6935	602	7003	336	7067	103
6876	268	6936	577	7004	348	7068	107
6877	274	6937	576	7005	316	7069	102
6878	273	6938	609	7006	317	7070	96
6879	272	6939	608	7007	318	7071	94
6880	267	6940	575	7008	427	7072	104
6881	276	6941	601	7009	424	7073	70
6882	271	6942	613	7010	421	7074	101
6883	270	6943	591	7011	422	7075	98
6884	269	6944	585	7012	423	7076	95
6885	315	6945	584	7013	383	7077	97
6886	311	6946	590	7015	418	7078	108
6887	313	6947	610	7017	654	7079	106
6888	310	6948	598	7018	618	7080	455
6889	312	6949	581	7019	296	7081	66
6890	314	6950	595	7020	297	7082	67
6891	344	6951	582	7021	375	7083	69
6892	345	6952	25	7022	633	7084	68
6893	54	6953	225	7023	60	7085	80
6894	328	6954	617	7024	61	7086	64
6895	325	6955	29	7025	410	7087	65
6896	323	6957	41	7026	411	7088	63
6897	327	6958	374	7027	413	7089	74-5
6898	322	6959	376	7028	243	7090	78
6899	321	6960	369	7029	237	7091	77
6900	326	6961	370	7030	236	7092	76
6901	320	6962	349	7031	238	7093	79
6902	319	6963	40	7032	222	7094	72
6903	324	6964	358	7033	220	7095	71
6904	331	6965	350	7034	219	7097	134
6905	332	6967	371	7035	221	7098	139
6906	330	6972	263	7036	223	7099	140
6907	329	6973	263	7038	425	7100	138
6908	334	6974	55	7039	162	7101	144
6909	333	6975	428	7040	164	7102	137
6910	347	6976	384	7041	163	7103	143
6911	346	6977	249	7043	224	7104	142
6912	335	6978	419	7044	109	7105	141
6913	404	6979	424	7045	426	7106	133
6914	405	6980	420	7046	110	7107	457
6915	406	6981	412	7047	113	7108	125
6916	607	6982	414	7048	114	7109	124
6917	583	6983	382	7049	112	7110	123
6918	612	6985	251	7050	111	7111	174
6919	603	6986	415	7051	86	7112	135
6920	596	6987	73	7052	87	7113	136
6921	600	6988	52	7053	88	7114	132
6922	614	6989	407	7054	89	7115	131

Nos de l'In-ventaire	Nos du Catalogue	Nos de l'In-ventaire	Nos du Catalogue	Nos de l'In-ventaire	Nos du Catalogue	Nos de l'In-ventaire	Nos du Catalogue
7116	456	7138	151	7160	216	7182	396
7117	762	7139	119	7161	180	7183	399
7118	130	7140	166	7162	192	7184	393
7119	205	7141	150	7163	188	7185	390
7120	122	7142	176	7164	195	7186	398
7121	118	7143	177	7165	193	7187	385
7122	129	7144	170	7166	196	7188	394
7123	121	7145	230	7167	179	7189	386
7124	211	7146	409	7168	198	7190	395
7125	212	7147	155	7169	187	7191	389
7126	209	7148	156	7170	194	7192	388
7127	210	7149	157	7171	186	7193	397
7128	206	7150	158	7172	184	7194	400
7129	214	7151	189	7173	197	7195	387
7130	201	7152	190	7174	199	7196	62
7131	153	7153	191	7175	183	7197	120
7132	152	7154	215	7176	185	7198	227
7133	207	7155	217	7177	182	7199	226
7134	167	7156	203	7178	178	7200	229
7135	165	7157	202	7179	507	7241	241
7136	160	7158	154	7180	506	7260	240
7137	161	7159	116	7181	391		

TABLE DES ILLUSTRATIONS

I

PLANCHES HORS TEXTE

I. — « Apollons » et Pugiliste, de face (**737, 738, 746, 733**).
II. — « Apollons », de profil (**736, 738, 737, 734**).
III. — « Apollon », de face (**740**).
IV. — Le même, de profil.
V. — Grand groupe de trépied (**760**).
VI. — Tête demi-nature (**767**).
VII. — Support de miroir (**784**).
VIII. — « Athenas » (**780, 791**).

II

FIGURES DANS LE TEXTE

	Pages		Pages
Fig. 1 (**50**). Support d'anse.	20	Fig. 12 (**109**). Skyphos de substitution	38
Fig. 2 (**51**). Semblable.	21	Fig. 13 (**114**). Grenade semblable	40
Fig. 3 (**52**). Pied de trépied.	22	Fig. 14 (**115**). Anse découpée.	40
Fig. 4 (**54**). Semblable.	23		
Fig. 5 (**60**). Trépied bas.	26	Fig. 15 (**117**). Anse verticale	42
Fig. 6 (**62**). Pied de trépied.	27	Fig. 16 (**120**). Semblable.	43
Fig. 7 (**66**). Semblable.	28	Fig. 17 (**125**). Applique d'anse	44
Fig. 8 (**80**). Semblable.	31		
Fig. 9 (**93**). Semblable.	34		
Fig. 10 (**97**). Semblable.	35	Fig. 18 (**138**). Semblable.	47
Fig. 11 (**101**). Semblable.	36	Fig. 19 (**145**). Attache d'anse.	48

	Pages		Pages
Fig. 20 (**146**). Semblable	49	Fig. 61 (**269**). Pointe de lance	95
Fig. 21 (**147**). Semblable	49	Fig. 62 (**286**). Semblable	98
Fig. 22 (**149**). Grande anse	50	Fig. 63 (**291**). Semblable	99
Fig. 23 (**150**). Applique d'anse	51	Fig. 64 (**296**). Semblable	100
Fig. 24 (**154**). Anse	52	Fig. 65 (**298**). Talon de lance	102
Fig. 25 (**156**). Semblable	53	Fig. 66 (**299**). Semblable	102
Fig. 26 (**162**). Hydrie de Substitution	54	Fig. 67 (**304**). Semblable	102
Fig. 27 (**163**). Cruche semblable	54	Fig. 68 (**308**). Semblable	102
Fig. 28 (**164**). Amphore semblable	55	Fig. 69 (**313**). Pointe de flèche	104
Fig. 29 (**165**). Attache d'anse	55	Fig. 70 (**314**). Semblable	105
Fig. 30 (**166**). Semblable	56	Fig. 71 (**319**). Hache	107
Fig. 31-2 (**168**). Anse	57	Fig. 72 (**333**). Semblable	109
Fig. 33 (**169**). Applique d'anse	58	Fig. 73 (**335**). Manche	111
Fig. 34 (**173**). Semblable	59	Fig. 74 (**336**). Lame	111
Fig. 35 (**176**). Anse d'œnochoé	60	Fig. 75 (**338**). Semblable	111
Fig. 36 (**190**). Oreille de patère	64	Fig. 76 (**377**). Plaque découpée	124
Fig. 37 (**191**). Semblable	64	Fig. 77 (**378**). Semblable	125
Fig. 38 (**197**). Semblable	65	Fig. 78 (**379**). Semblable	125
Fig. 39 (**203**). Anse	67	Fig. 79 (**381**). Semblable	125
Fig. 40-1 (**206**). Semblable	68	Fig. 80 (**383**). Chapeau	129
Fig. 42-3 (**207**). Semblable	68	Fig. 81 (**385**). Pied	129
Fig. 44 (**208**). Semblable	69	Fig. 82 (**407**). Siège	133
Fig. 45 (**210**). Semblable	69	Fig. 83 (**409**). Caducée	135
Fig. 46 (**212**). Semblable	71	Fig. 84 (**410**). Semblable	135
Fig. 47 (**226**). Manche de patère	75	Fig. 85 (**412**). Tige	135
Fig. 48 (**227**). Semblable	75	Fig. 86 (**413**). Semblable	135
Fig. 49 (**229**). Semblable	76	Fig. 87 (**414**). Semblable	136
Fig. 50 (**230**). Semblable	77	Fig. 88 (**415**). Fleuron	137
Fig. 51 (**231**). Semblable	77	Fig. 89 (**416**). Semblable	137
Fig. 52 (**233**). Semblable	78	Fig. 90 (**417**). Semblable	138
Fig. 53 (**234**). Semblable	78	Fig. 91 (**420**). Feuille	138
Fig. 54 (**246**). Pendeloque	84	Fig. 92 (**421**). Semblable	140
Fig. 55 (**248**). Semblable	85	Fig. 93 (**423**). Semblable	140
Fig. 56-7 (**250**). Vase à parfum	86	Fig. 94 (**424**). Semblable	140
Fig. 58 (**251**). Semblable	87	Fig. 95 (**425**). Lampe	140
Fig. 59 (**261**). Panache	91	Fig. 96 (**426**). Semblable	141
Fig. 60 (**264**). Bouclier	93	Fig. 97 (**429**). Centaure	145
		Fig. 98 (**430**). Semblable	146
		Fig. 99 (**431**). Col de griffon	148
		Fig. 100 (**432**). Semblable	148
		Fig. 101 (**433**). Semblable	148
		Fig. 102 (**434**). Semblable	149

TABLE DES ILLUSTRATIONS 357

	Pages		Pages
Fig. 103 (**435**). Semblable	150	Fig. 149 (**492**). Semblable	179
Fig. 104 (**436**). Semblable	151	Fig 149bis (**493**). Semblable	179
Fig. 105 (**437**). Semblable	152	Fig. 150 (**495**). Semblable	180
Fig. 106 (**438**). Semblable	152	Fig. 151 (**498**). Semblable	182
Fig. 107 (**440**). Semblable	153	Fig. 152 (**499**). Semblable	182
Fig. 108 (**441**(. Sphinx	154	Fig. 153 (**501**). Semblable	182
Fig. 109 (**442**). Semblable	154	Fig. 154 (**502**). Semblable	183
Fig. 110 (**443**). Semblable	154	Fig. 155 (**503**). Semblable	183
Fig. 111 (**444**). Semblable	155	Fig. 156 (**504**). Semblable	184
Fig. 112 (**445**).Sirène	156	Fig. 157 (**505**). Semblable	184
Fig. 113 (**446**). Semblable	158	Fig. 158 (**511**). Bouquetin	186
Fig. 114 (**447**). Semblable	158	Fig. 159 (**512**). Bœuf	186
Fig. 115 (**448**). Semblable	158	Fig. 160 (**513**). Semblable	187
Fig. 116 (**449**). Semblable	158	Fig. 161 (**514**). Semblable	187
Fig. 117 (**450**). Gorgoneion	158	Fig. 162 (**515**). Semblable	188
Fig. 118 (**454**). Semblable	160	Fig. 163 (**517**). Semblable	188
Fig. 119 (**455**). Semblable	161	Fig. 164 (**518**). Semblable	189
Fig. 120 (**456**). Semblable	161	Fig. 165 (**519**). Semblable	189
Fig. 121 (**457**). Semblable	161	Fig. 166 (**520**). Semblable	190
Fig. 122 (**458**). Semblable	163	Fig. 167 (**521**). Semblable	190
Fig. 123 (**459**). Semblable	163	Fig. 168 (**522**). Semblable	190
Fig. 124 (**460**). Chien	165	Fig. 169 (**526**). Bélier	191
Fig. 125 (**463**). Lièvre	164	Fig. 170-1bis(**528**).Semblable	192
Fig. 126 (**464**). Lion	167	Fig. 172 (**529**). Mouton	193
Fig. 127 (**465**). Semblable	167	Fig. 173 (**532**). Chouette	195
Fig. 128 (**466**). Semblable	168	Fig. 174 (**533**). Semblable	195
Fig. 129 (**467**). Semblable	168	Fig. 175 (**534**). Semblable	196
Fig. 130 (**469**). Semblable	169	Fig. 176 (**535**). Coq	196
Fig. 131 (**470**). Semblable	169	Fig. 177 (**538**). Aigle	197
Fig. 132 (**471**). Semblable	170	Fig. 178 (**540**). Semblable	198
Fig. 133 (**472**). Semblable	170	Fig. 179 (**541**). Corneille	199
Fig. 134-5 (**473**). Semblable	171	Fig. 180 (**543**). Semblable	199
Fig. 136 (**475**). Semblable	172	Fig. 181 (**544**). Serpent	200
Fig. 137 (**478**). Félin	173	Fig. 182 (**548**). Semblable	201
Fig. 138 (**479**). Porc	173	Fig. 183 (**556**). Semblable	203
Fig. 139 (**480**). Cheval	174	Fig. 184 (**558**). Semblable	203
Fig. 140 (**481**). Semblable	175	Fig. 185 (**560**). Semblable	204
Fig. 141 (**482**). Semblable	175	Fig. 186 (**566**). Semblable	205
Fig. 142 (**483**). Semblable	176	Fig. 187 (**573**). Tortue	206
Fig. 143 (**484**). Semblable	176	Fig. 188 (**574**). Poulpe	206
Fig. 144 (**485**). Semblable	177	Fig. 189 (**580**). Base	210
Fig. 145 (**487**). Semblable	177	Fig. 190 (**595**). Semblable	214
Fig. 146 (**489**). Semblable	178	Fig. 191 (**601**). Semblable	215
Fig. 147 (**490**). Semblable	178	Fig. 192 (**603**). Semblable	216
Fig. 148 (**491**). Semblable	179	Fig. 193 (**613**). Semblable	218

Fig. 194 (**614**). Fleuron . . . 219	Fig. 237 (**724**). Semblable. . 260
Fig. 195 (**615**). Semblable. . 220	Fig. 238 (**725**). Semblable. . 260
Fig. 196 (**632**). Œil 223	Fig. 239 (**726**). Semblable. . 262
Fig. 197 (**633**). Paupière. . . 223	Fig. 240 (**727**). Semblable. . 262
Fig. 198 (**636**). Bras 226	Fig. 241 (**728**). Semblable. . 262
Fig. 199 (**641**). Semblable. . 227	Fig. 242 (**729**). Semblable. . 262
Fig. 200 (**653**). Semblable. . 229	Fig. 243 (**730**). "Apollon". 263
Fig. 201 (**654**). Main 229	Fig. 244 (**731**). Semblable. . 264
Fig. 202 (**662**). Draperie. . . 231	Fig. 245 (**732**). Semblable. . 265
Fig. 203 (**663**). Semblable. . 231	Fig. 246 (**735**). Semblable. . 266
Fig. 204 (**666**). Jambe 232	Fig. 247 (**739**). Semblable. . 268
Fig. 205 (**670**). Semblable. . 233	Fig. 248 (**741**). Guerrier . . . 269
Fig. 206 (**673**). Semblable. . 234	Fig. 249 (**742**). Semblable. . 270
Fig. 207 (**676**). Pied 235	Fig. 250 (**744**). Géant 271
Fig. 208 (**677**). Semblable. . 235	Fig. 251 (**745**). Combattant . 272
Fig. 209 (**691**). Figurine primitive. 240	Fig. 252-3 (**747**). Lutteurs . 273
	Fig. 254 (**748**). Persée (?) . . 273
Fig. 210 (**692**). Semblable. . 240	Fig. 255-6 (**749**). Géant . . 274-5
Fig. 211 (**694**). Semblable. . 242	Fig. 257-8 (**750**). Sauteur . . 276
Fig. 212 (**695**). Semblable. . 243	Fig. 259 (**751**). Cavalier . . . 277
Fig. 213 (**696**). Semblable. . 244	Fig. 260 (**752**). Semblable. . 279
Fig. 214 (**697**). Semblable. . 244	Fig. 261 (**753**). Conducteur . 279
Fig. 215 (**698**). Semblable. . 245	Fig. 262 (**754**). Personnage assis 279
Fig. 216 (**699**). Semblable. . 246	
Fig. 217 (**700**). Semblable. . 246	Fig. 263 (**755**). Arion 280
Fig. 218 (**701**). Semblable. . 247	Fig. 264 (**756**). Horus 280
Fig. 219 (**702**). Semblable. . 248	Fig. 265-6 (**757**). Homme dansant 281
Fig. 220 (**703**). Manche de patère. 249	
	Fig. 267 (**758**). Applique. . . 282
Fig. 221 (**704**). Semblable. . 250	Fig. 268 (**759**). Lutteur. . . . 283
Fig. 222 (**705**). Semblable. . 251	Fig. 269 (**760**). Groupe de trépied. 284
Fig. 223 (**706**). Semblable. . 251	
Fig. 224 (**707**). Semblable. . 252	Fig. 270 (**761**). Silène 285
Fig. 225 (**708**). Semblable. . 253	Fig. 271 (**762**). Semblable. . 286
Fig. 226 (**709**). Semblable. . 254	Fig. 272 (**763**). Semblable. . 286
Fig. 227 (**710**). Semblable. . 254	Fig. 273 (**764**). Applique. . . 287
Fig. 228 (**711**). Semblable. . 255	Fig. 274-5 (**767**). Tête 289
Fig. 229 (**712**). Semblable. . 255	Fig. 276-8 (**768**). Semblable 291
Fig. 230 (**713**). Semblable. . 256	Fig. 278 (**770**). Semblable. . 292
Fig. 231 (**714**). Semblable. . 256	Fig. 279 (**771**). Figurine primitive 294
Fig. 232 (**715**). Semblable. . 256	
Fig. 233 (**717**). Semblable. . 256	Fig. 280 (**772**) Semblable. . 294
Fig. 234 (**718**). Semblable. . 258	Fig. 281 (**773**). Semblable. . 294
Fig. 235 (**722**). Semblable. . 259	Fig. 282 (**774**). Semblable. . 295
Fig. 236 (**723**). Semblable. . 260	Fig. 283 (**775**). Semblable. . 295

	Pages		Pages
Fig. 284 (**776**). Semblable.	296	Fig. 312 (**806**). Semblable.	322
Fig. 285 (**777**). " Athena ".	297	Fig. 313 (**807**). Semblable.	322
Fig. 286 (**778**). Semblable.	298	Fig. 314 (**808**). Semblable.	323
Fig. 287 (**779**). Semblable.	299	Fig. 315 (**809**). Semblable.	324
Fig. 288 (**781**). Semblable.	300	Fig. 316 (**810**). Semblable.	324
Fig. 289 (**782**). Semblable.	301	Fig. 317 (**811**). Semblable.	325
Fig. 290 (**783**). Semblable.	302	Fig. 318 (**812**). Semblable.	326
Fig. 291 (**785**). Semblable.	303	Fig. 319 (**813**). Semblable.	326
Fig. 292 (**786**). Semblable.	304	Fig. 320 (**814**). Semblable.	327
Fig. 293 (**787**). Semblable.	305	Fig. 321 (**815**). Amazone	328
Fig. 294 (**788**). Semblable.	306	Fig. 322 (**818**). Applique	330
Fig. 295 (**789**). Semblable.	307	Fig. 323 (**819**). Tête.	330
Fig. 296 (**790**). Semblable.	307	Fig. 324 (**820**). Semblable.	331
Fig. 297 (**792**). Semblable.	308	Fig. 325 (**821**). Semblable.	332
Fig. 298 (**793**). Semblable.	309	Fig. 326 (**822**). Semblable.	332
Fig. 299-300 (**794**). Semblable	311	Fig. 327 (**823**). Semblable.	333
Fig. 301 (**795**). Semblable.	312	Fig. 328 (**824**). Semblable.	333
Fig. 302 (**796**). Semblable.	313	Fig. 329 (**825**). Semblable.	334
Fig. 303 (**797**). Buste.	314	Fig. 330 (**826**). Semblable.	334
Fig. 304 (**798**). Semblable.	315	Fig. 331 (**827**). Semblable.	335
Fig. 305 (**799**). Nike	316	Fig. 332 (**828**). Semblable.	335
Fig. 306 (**800**). Semblable.	317	Fig. 333 (**829**). Semblable.	336
Fig. 307 (**801**). Semblable.	318	Fig. 334 (**830**). Semblable.	336
Fig. 308 (**802**). Semblable.	318	Fig. 335 (**832**). Semblable.	337
Fig. 309 (**803**). Semblable.	319	Fig. 336 (**833**). Semblable.	337
Fig. 310 (**804**). Semblable.	320	Fig. 337 (**834**). Semblable.	338
Fig. 311 (**805**). Semblable.	321	Fig. 338 (**835**). Semblable.	338

TABLE GÉNÉRALE

	pages
Préface	I
Avant-propos	1
Abréviations	4

Première Partie. — Instruments (1-428) ... 5

I. Vases (1-235) ... 7

1. Grands Trépieds (1-59) ... 7
2. Trépieds bas (60-108) ... 25
3. Vases a Panse profonde (109-177) ... 38
4. Bassins plats et Patères (178-235) ... 61

II. Toilette (236-251) ... 81

1. Miroirs (236-242) ... 81
2. Fibules et Pendeloques (243-249) ... 83
3. Vases a Parfums (250-1) ... 86

III. Guerre (252-348) ... 89

1. Casques et Boucliers (252-265) ... 89
2. Lances et Épées (266-318) ... 94
3. Haches (319-348) ... 107

IV. Métiers et Divers (349-428) ... 115

1. Appliques (349-381) ... 115
2. Clous (382-403) ... 127
3. Objets divers (404-428) ... 132

	Pages
Deuxième Partie, — Animaux (**429-574**)	143

    I. Monstres et Animaux fantastiques (**429-459**) 145

    II. Animaux (**460-574**) 165

1. Quadrupèdes (**460-529**) 165
2. Oiseaux (**530-543**) 194
3. Serpents et Amphibies (**544-574**) 200

Troisième Partie. — Figurines (**575-835**)	207

    I. Fragments de statuettes (**575-689**) 209

1. Bases (**575-613**) 209
2. Fleurons et Divers (**614-633**) 219
3. Bras et Jambes (**634-689**) 225

    II. Statuettes (**690-835**) 239

1. Figurines viriles (**690-770**) 239
2. Figurines féminines (**771-835**) 293

    Tables 339

        Table des matières 341
        Table de concordance 351
        Table des illustrations 355
        Table générale 361

PARIS. — IMP. A. GAUTHERIN, 131, RUE DE VAUGIRARD

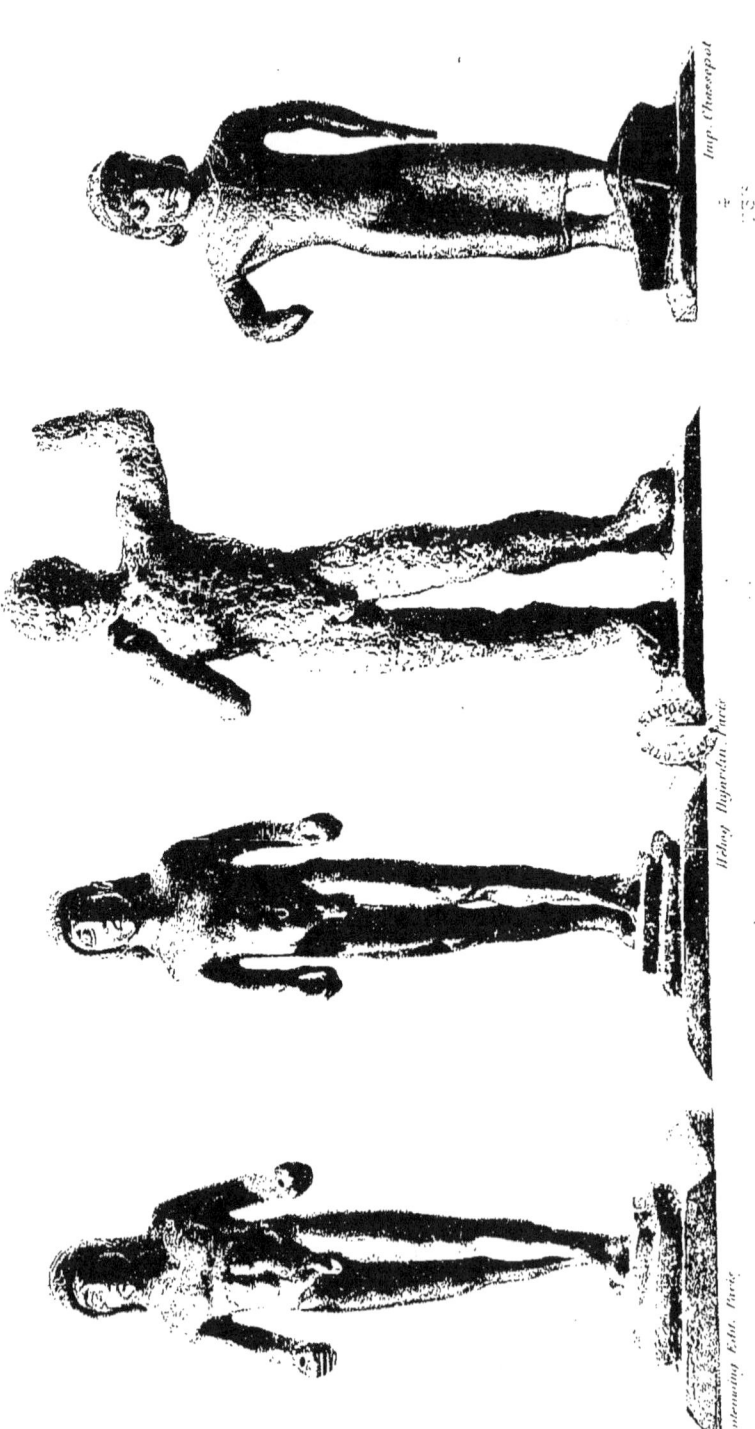

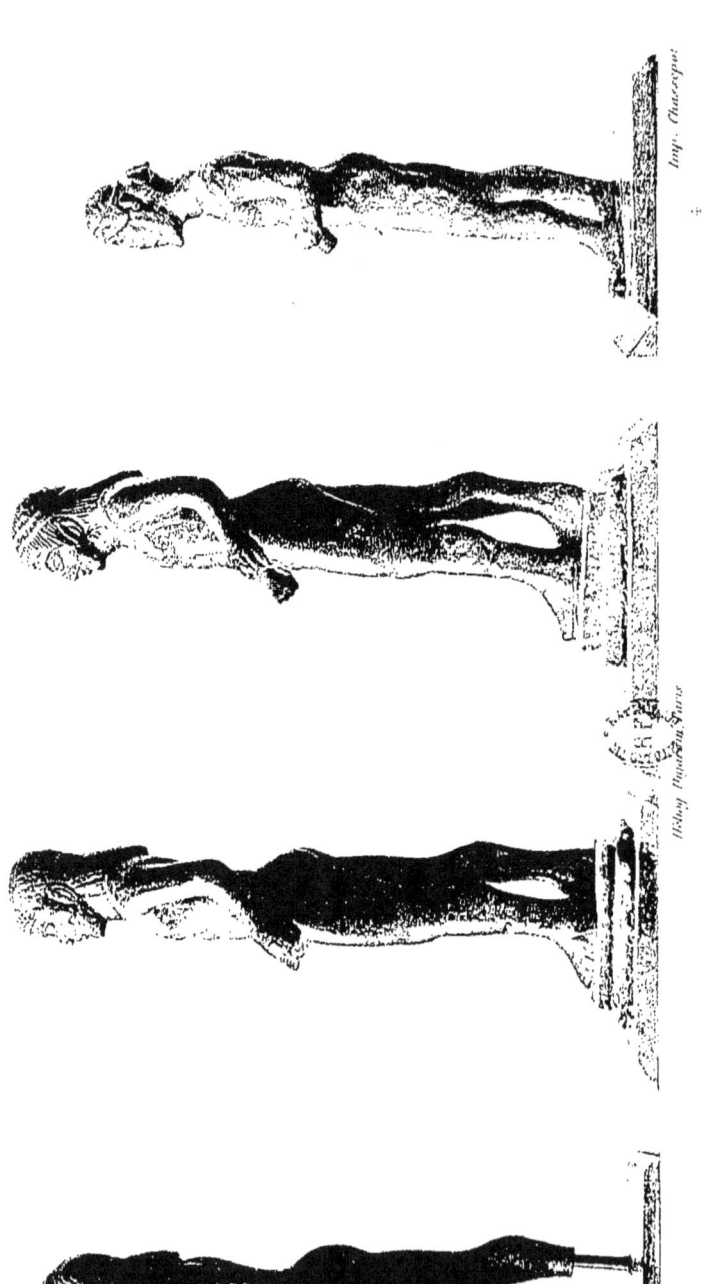

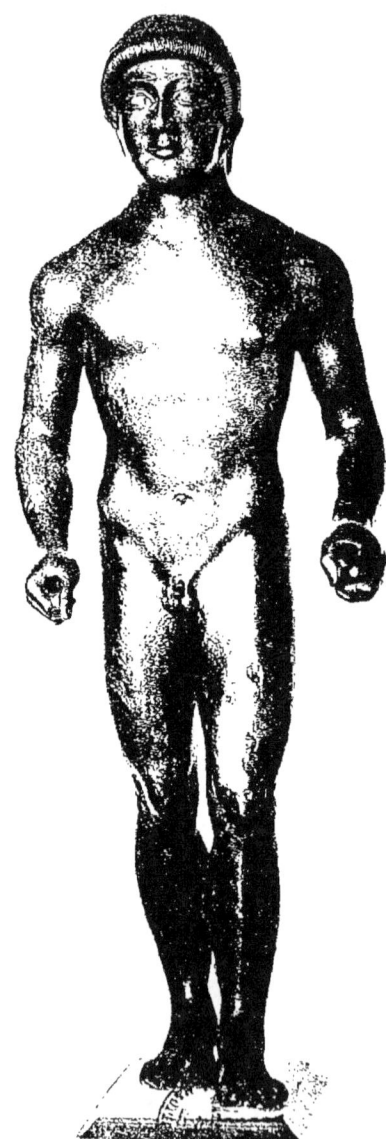

Fantemoing Édit. Paris.   Héliog. Dujardin Paris.   Imp. Chassepot

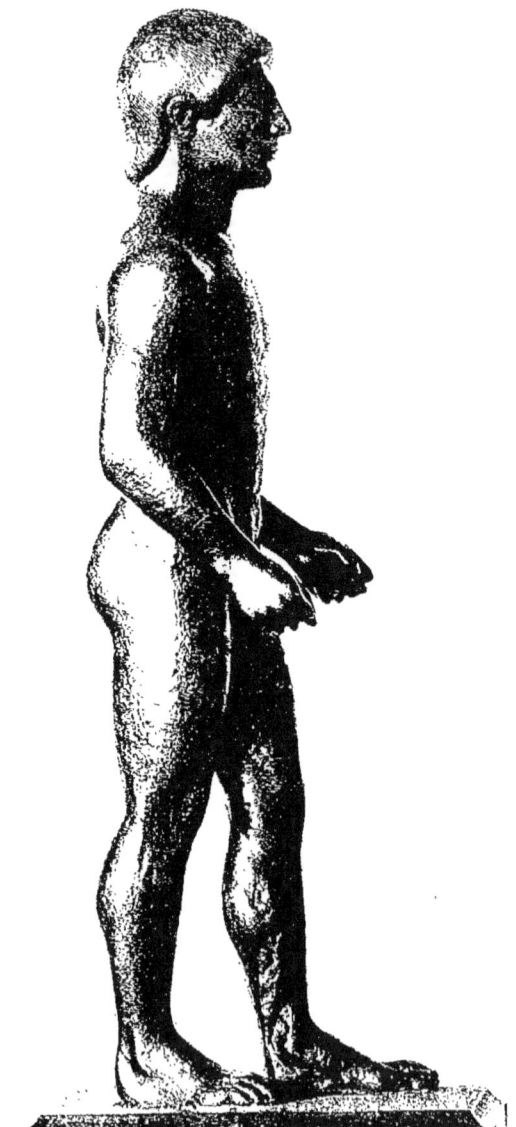

Fontemoing Edit Paris.   Reliog Dujardin Paris.   Imp. Chassepot

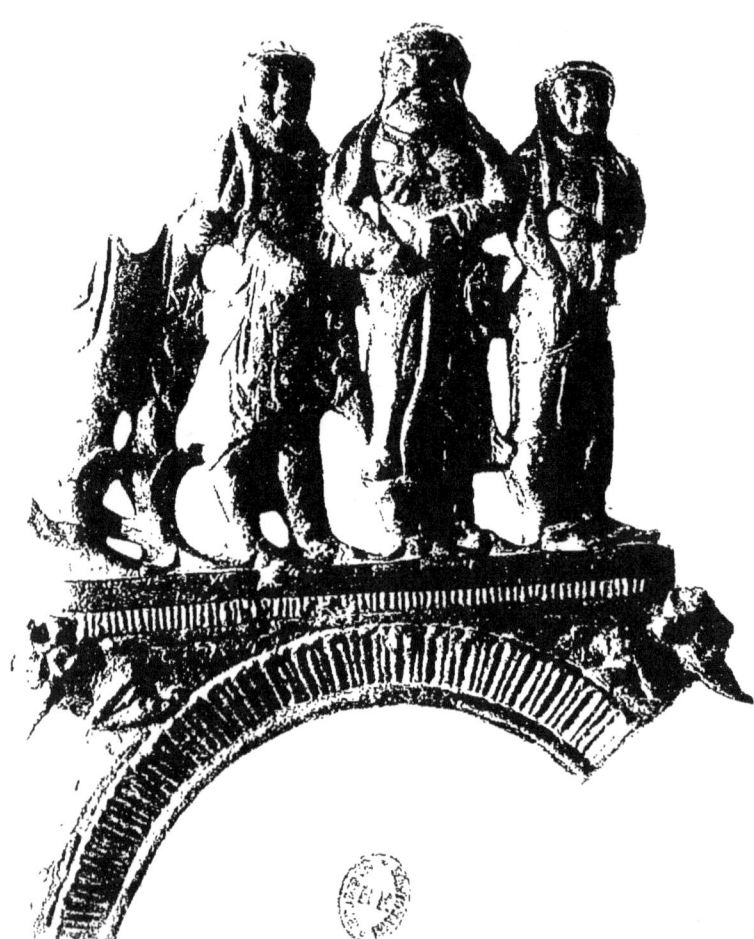

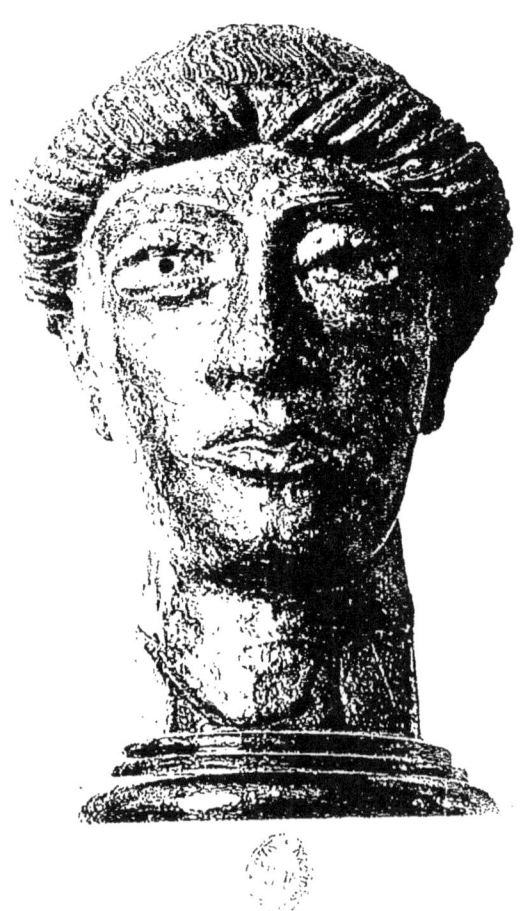

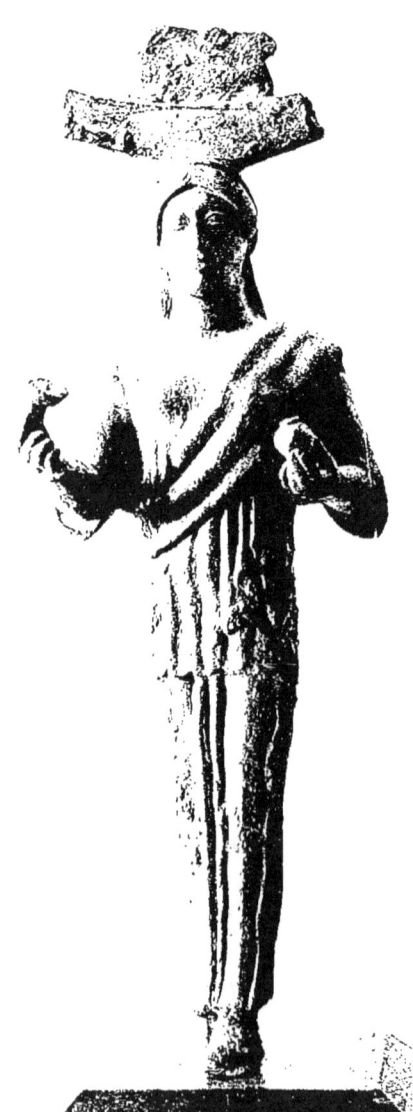
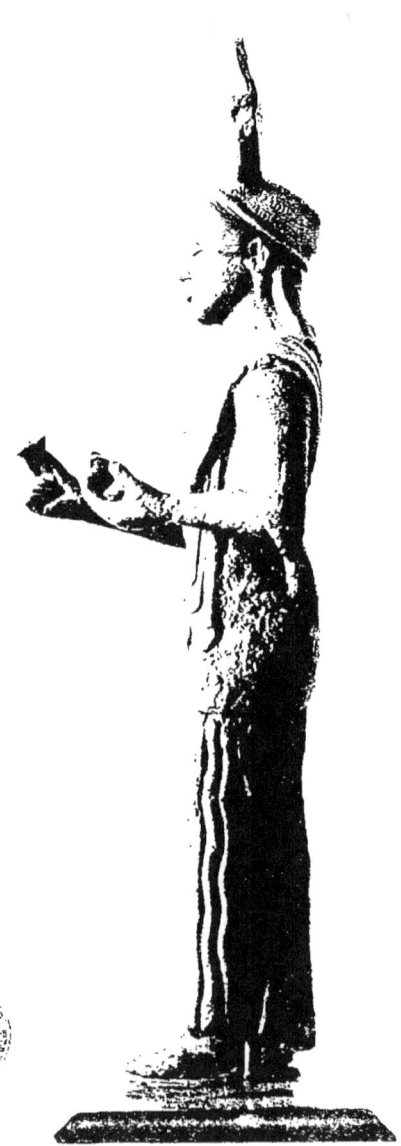

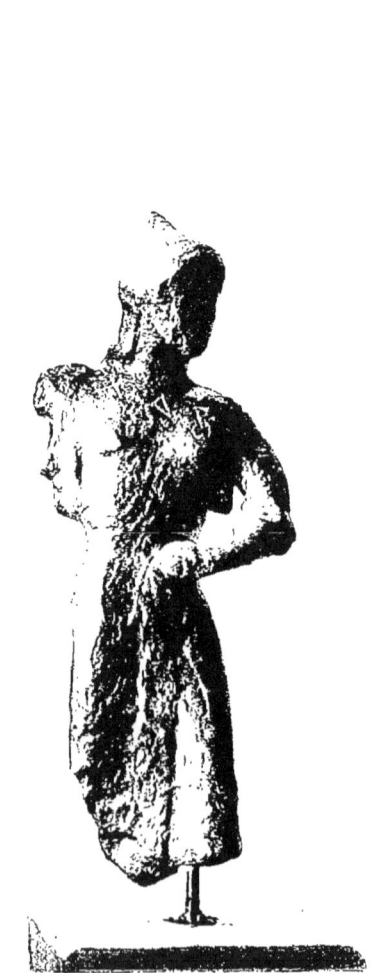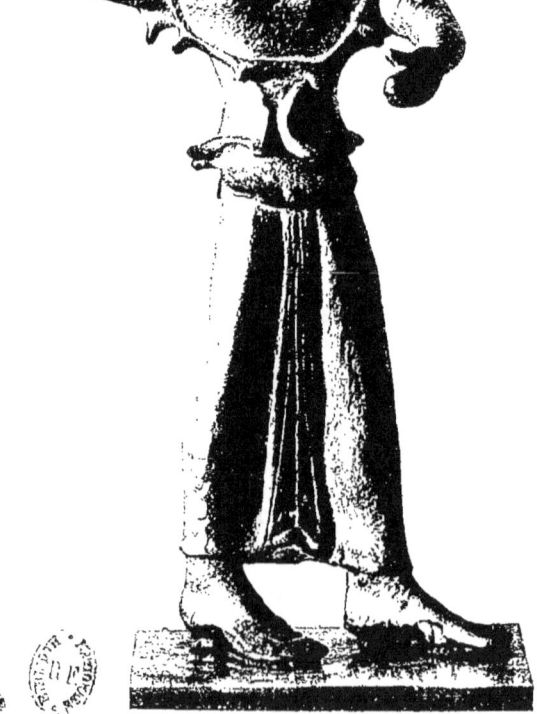

XXXI. Le culte de Castor et Pollux en Italie, par M. Maurice Albert (avec trois planches). . . . . 5 fr. 50
XXXII. Les Archives de la Bibliothèque et le Trésor de l'Ordre de Saint-Jean de Jérusalem a Malte, par M. Delaville le Roulx. . . . . 8 fr.
XXXIII. Histoire du culte des Divinités d'Alexandrie, par M. Georges Lafaye (avec 5 planches). . . . . 10 fr.
XXXIV. Terracine. Essai d'histoire locale, par M. R. de La Blanchère (avec deux eaux-fortes et cinq planches dessinées par l'auteur). . . . . 10 fr.
XXXV. Francesco da Barberino et la littérature provençale en Italie au moyen age, par M. Antoine Thomas. . . . . 5 fr.
XXXVI. Étude du dialecte chypriote moderne et médiéval, par M. Mondry Beaudouin. 5 fr.
XXXVII. Les transformations politiques de l'Italie sous les empereurs romains (43 av. J.-C.-330 apr. J.-C.), par M. C. Jullian. . . . . 4 fr. 50
XXXVIII. La vie municipale en Attique, par M. B. Haussoullier. . . . . 5 fr.
XXXIX. Les figures criophores dans l'art grec, l'art gréco-romain et l'art chrétien, par M. A. Veyries. . . . . 2 fr. 25
XL. Les ligues étolienne et achéenne, par M. Marcel Dubois, (avec deux pl.). . 7 fr.
XLI. Les stratèges athéniens, par Am. Hauvette-Besnault. . . . . 5 fr.
XLII. Étude sur l'histoire des sarcophages chrétiens, par M. René Grousset. 3 fr. 50
XLIII. La librairie des papes d'Avignon. Sa formation, sa composition, ses catalogues (1316-1420), d'après les registres de comptes et d'inventaires des archives vaticanes, par M. Maurice Faucon. Voir fasc. L. Tome I . . . . 8 fr. 50
XLIV-XLV. La France en Orient au quatorzième siècle. Expédition du maréchal Boucicaut, par M. Delaville le Roulx. 2 beaux volumes. . . . . 25 fr.
XLVI. Les Archives angevines de Naples. Etude sur les registres du roi Charles Ier (1265-1285), par M. Paul Durrieu. Voir fasc. LI. Tome I . . . . 8 fr. 50
XLVII. Les Cavaliers athéniens, par M. Albert Martin. 1 très fort volume. . . . 18 fr.
XLVIII. La bibliothèque du Vatican au quinzième siècle. Contributions pour servir à l'histoire de l'humanisme, par MM. Eugène Müntz et Paul Fabre. . . . . . 12 fr.
XLIX. Les Archives de l'intendance sacrée a Délos (315-166 avant J.-C.), par M. Théophile Homolle, membre de l'Institut (avec un plan en héliograv.). . . . . . 5 fr. 50
L. La librairie des papes d'Avignon. Sa formation, sa composition, ses catalogues (1316-1420), par M. Maurice Faucon. Voir fasc. XLIII. Tome II. . . . . . . 7 fr.
LI. Les Archives angevines de Naples. Etude sur les registres du roi Charles Ier (1265-1285), par M. Paul Durrieu. Tome II et dernier (avec cinq planches en héliograv.) 14 fr.
LII. Le Sénat romain, depuis Dioclétien, a Rome et a Constantinople, par M. Ch. Lécrivain. . . . . 6 fr.
LIII. Études sur l'administration byzantine dans l'exarchat de Ravenne (568-751), par Ch. Diehl, ancien membre des Ecoles de Rome et d'Athènes (*épuisé*). . Net. 15 fr.
LIV. Lettres inédites de Michel Apostolis, publiées par M. Noiret, ancien membre de l'Ecole de Rome (*avec une gr. planche en héliogravure*). . . . . 7 fr.
LV. Études d'archéologie byzantine. L'Église et les mosaïques du couvent de Saint-Luc, en Phocide, par Ch. Diehl, ancien membre des Ecoles françaises de Rome et d'Athènes (*avec sept bois intercalés dans le texte, et une planche hors texte*). . 3 fr. 50
LVI. Les manuscrits de Dante et de ses commentateurs, traducteurs, biographes, etc., conservés dans les bibliothèques de France. Essai d'un catalogue raisonné, par L. Auvray (*avec deux planches en héliogravure*). . . . . 6 fr.
LVII. L'orateur Lycurgue. Etude historique et littéraire, par M. Dürrbach, ancien membre de l'Ecole française d'Athènes. 4 fr.
LVIII. Origines et sources du roman de la rose, par M. E. Langlois, ancien membre de l'Ecole française de Rome. . . . . 5 fr.
LIX. Essai sur l'administration du royaume de Sicile sous Charles Ier et Charles II d'Anjou, par Léon Cadier, ancien membre de l'Ecole française de Rome. . . 8 fr.
LX. Élatée. — La ville. Le temple d'Athéna Cranaia, par Pierre Paris, ancien membre de l'Ecole française d'Athènes (*avec nombreuses figures dans le texte et quinze planches hors texte*). . . . . 14 fr.
LXI. Documents inédits pour servir a l'histoire de la domination vénitienne en Crète de 1380 a 1499, tirés des archives de Venise, publiés et analysés par H. Noiret, ancien membre de l'Ecole de Rome (*avec une carte en couleur de l'île de Crète*). . . . 15 fr.
LXII. Étude sur le Liber Censuum de l'Eglise romaine, par M. Paul Fabre, ancien membre de l'Ecole française de Rome. 7 fr.
LXIII. La Lydie et le monde grec au temps des Mermnades (687-546), par M. Georges Radet, ancien membre de l'Ecole française d'Athènes (*avec une grande carte en couleur hors texte*). . . . . 12 fr.
LXIV. Les Métèques athéniens. Etude sur la condition légale et la situation morale, le rôle social et économique des étrangers domiciliés à Athènes, par M. Michel Clerc, ancien membre de l'Ecole française d'Athènes. . . . . 14 fr.

A suivre.

LXV. Essai sur le règne de l'empereur Domitien, par M. Stéphane Gsell, ancien membre de l'Ecole française de Rome. . . . . 12 fr.
LXVI. Origines françaises de l'architecture gothique en Italie, par M. C. Enlart, ancien membre de l'Ecole française de Rome (avec 131 *figures dans le texte et 34 planches hors texte*). . . . . 20 fr.
    Ouvrage couronné par l'Académie française (prix Fould).
LXVII. Origine des cultes arcadiens, par M. Bérard, ancien membre de l'Ecole française d'Athènes (avec 17 *figures*). . . . . 12 fr. 50
    Ouvrage couronné par l'Institut (prix Saintour).
LXVIII. Les Divinités de la Victoire en Grèce et en Italie d'après les textes et les monuments figurés, par M. André Baudrillart, ancien membre de l'Ecole française de Rome. . . . . 3 fr. 50
LXIX. Catalogue des Bronzes de la Société archéologique d'Athènes, par M. A. de Ridder, ancien membre de l'Ecole française d'Athènes (avec 5 *planches en héliogravure et* 13 *bois*). . . . . 8 fr.
LXX. Histoire de Blanche de Castille, par M. Elie Berger, ancien membre de l'Ecole française de Rome . . . . 12 fr.
    Ouvrage couronné par l'Académie des Inscriptions et Belles-Lettres (Premier grand prix Gobert), 1895.
LXXI. Les Origines du théâtre lyrique moderne. Histoire de l'opéra en Europe avant Lully et Scarlatti, par M. Romain Rolland, ancien membre de l'Ecole française de Rome (avec 15 *planches de musique*). . . . . 10 fr.
    Ouvrage couronné par l'Institut (prix Katsner-Boursault).
LXXII. Les Cités romaines de la Tunisie, par M. J. Toutain, ancien membre de l'Ecole française de Rome (avec *deux cartes en couleurs*). . . . . 12 fr. 50
LXXIII. L'Etat pontifical après le grand schisme. Etude de géographie politique, par M. J. Guiraud, ancien membre de l'Ecole française de Rome (avec *trois cartes en couleurs*). . . . . 14 fr.
LXXIV. Catalogue des bronzes trouvés sur l'Acropole d'Athènes, par M. A. de Ridder, ancien membre de l'Ecole française d'Athènes, maître de conférences à la Faculté d'Aix (avec trois cent quarante *figures intercalées dans le texte et huit héliogravures hors texte*). Un beau volume sur papier de luxe. . . . . 25 fr.
LXXV et LXXVI. Louis XII et Ludovic Sforza, par M. L. Pélissier, ancien membre de l'Ecole française de Rome, professeur à la Faculté des lettres de Montpellier. Deux beaux volumes. . . . . 25 fr.

BIBLIOTHÈQUE DES ÉCOLES FRANÇAISES D'ATHÈNES ET DE ROME

DEUXIÈME SÉRIE (Format grand in-4° raisin).
OUVRAGES EN COURS DE PUBLICATION

1° LES REGISTRES D'INNOCENT IV (1242-1254), publiés ou analysés d'après les manuscrits originaux du Vatican et de la Bibliothèque nationale de Paris, par M. Elie Berger. Grand in-4° sur deux colonnes. — N. B. Ce grand ouvrage paraît par fascicules de dix à quinze feuilles environ. Il se composera de 270 à 300 feuilles, devant former quatre beaux volumes. — Le prix de la souscription est établi à raison de *cinquante centimes* par feuille. Les dix premiers fascicules composant les deux premiers volumes et le commencement du troisième ont paru. Prix de ces dix fascicules : 99 fr. 75. — Le 11° fascicule est sous presse.
    Ouvrage auquel l'Académie des inscriptions et belles-lettres a décerné le **1er prix Gobert**.

2° LE REGISTRE DE BENOIT XI (1303-1304), Recueil des bulles de ce pape, publiées ou analysées d'après les manuscrits originaux des archives du Vatican, par M. Charles Grandjean. — Cet ouvrage formera un beau volume grand in-4° raisin, à deux colonnes. Il est publié en fascicules de 15 à 20 feuilles environ, de 8 pages chacune, avec couverture imprimée. Le prix est fixé à *soixante centimes* par chaque feuille, et à *un franc* par planche de fac-similé. Aucun fascicule n'est vendu séparément. L'ouvrage complet se composera de 80 à 100 feuilles. — Les quatre premiers fascicules sont en vente. Prix : 43 fr. 80 c. — Le 5° et dernier fascicule est sous presse.

4° LES REGISTRES DE BONIFACE VIII (1293-1303), Recueil des bulles de ce pape, publiées ou analysées par MM. Georges Digard, Maurice Faucon et Antoine Thomas. — Cet ouvrage formera trois volumes grand in-4° à deux colonnes, et sera publié en 260 feuilles environ. — Le prix de chaque feuille est fixé à *soixante centimes*. — Aucun fascicule n'est vendu séparément. — Les trois premiers fascicules, le 5° et le 6° sont en vente. Prix : 54 fr.

5° LES REGISTRES DE NICOLAS IV (1288-1292), Recueil des bulles de ce pape, publiées ou analysées par M. Ernest Langlois. — *N. B.* Cet ouvrage formera environ 150 feuilles. Le prix de la souscription est établi à raison de *soixante centimes* la feuille. Les neuf premiers fascicules sont en vente. Prix : 97 fr. 80. Le 10ᵉ et dernier fascicule devant contenir l'introduction, l'errata et le titre est sous presse.

6° LE LIBER CENSUUM DE L'ÉGLISE ROMAINE, texte, introduction et notes par M. Paul Fabre. — *N. B.* Cet ouvrage formera environ 130 à 150 feuilles, divisées en deux volumes. Le prix de la souscription est établi à raison de *soixante centimes* par feuille. Les planches qui pourront être publiées seront vendues *un franc* chacune. — Le premier fascicule est en vente. Prix : 10 fr. 80. — Second fascicule sous presse.

9° LES REGISTRES DE GRÉGOIRE IX (1227-1241), publiés ou analysés d'après les manuscrits originaux du Vatican, par M. L. Auvray. — Cet ouvrage paraît par fascicules de 15 à 20 feuilles grand in-4°, sur deux colonnes. Le tout formera 3 volumes de 80 feuilles environ chacun. — Le prix est établi à raison de *soixante centimes* la feuille. — Les cinq premiers fascicules formant le tome I complet ont paru. Prix : 48 fr. 60.

11° LES REGISTRES DE CLÉMENT IV (1265-1268), Recueil des bulles de ce pape, publiées ou analysées d'après les manuscrits originaux des archives du Vatican, avec appendice et introduction, par M. Édouard Jordan, membre de l'École française de Rome. — Cet ouvrage formera un volume in-4° raisin imprimé sur deux colonnes, et sera publié par fascicules de 15 à 20 feuilles environ, à raison de *soixante centimes* par feuille. L'ouvrage complet formera 70 feuilles environ. — Les trois premiers fascicules ont paru. Prix : 25 fr. 80.

12° LES REGISTRES DE GRÉGOIRE X ET DE JEAN XXI (1271-1277), Recueil des bulles de ces deux papes, publiées ou analysées d'après les manuscrits originaux des archives du Vatican, par MM. J. Guiraud et L. Cadier, membres de l'École française de Rome. — Les Registres de *Grégoire X* et de *Jean XXI* (réunis en une seule publication) formeront un beau volume in-4° raisin, imprimé sur deux colonnes. Ils seront publiés par fascicules de 15 à 20 feuilles environ. Le prix en est fixé à raison de *soixante centimes* par feuille. — L'ouvrage entier se composera de 60 feuilles environ. — Les deux premiers fascicules ont paru. Prix : 16 fr. 20. — Le troisième fascicule est sous presse.

13° LES REGISTRES D'URBAIN IV (1261-1264), Recueil des bulles de ce pape, publiées ou analysées d'après les manuscrits originaux des archives du Vatican, par MM. L. Dorez et J. Guiraud, membres de l'École française de Rome. — Cet ouvrage formera quatre volumes grand in-4° raisin, dont un sera occupé par le Registre caméral. Il sera publié par fascicules de 15 feuilles environ chacun. L'ouvrage complet formera environ 180 feuilles. Aucun fascicule ne sera vendu séparément. — Le premier fascicule est en vente. Prix : 8 fr. 40.

14° LES REGISTRES DE NICOLAS III (1277-1280), Recueil des bulles de ce pape, publiées ou analysées d'après les manuscrits originaux des archives du Vatican, par M. Jules Gay, ancien membre de l'École française de Rome. — Cet ouvrage formera un vol. grand in-4° raisin et paraîtra en 4 fascicules. Il paraîtra environ 80 feuilles comprenant, avec les bulles, une introduction, un appendice et les tables. Aucun fascicule ne sera vendu séparément. — Le premier fascicule est sous presse.

15° LES REGISTRES D'ALEXANDRE IV, Recueil des bulles de ce pape, publiées ou analysées d'après les manuscrits originaux des archives du Vatican, par MM. B. de la Roncière, de Loye et Coulon, anciens membres de l'École française de Rome. — Les Registres d'*Alexandre IV* formeront deux volumes in-4° raisin, imprimés sur deux colonnes. Ils seront publiés par fascicules de 15 à 20 feuilles environ. — L'ouvrage entier se composera de 250 feuilles environ. Les trois premiers fascicules ont paru. Prix : 26 fr. 40. — Le quatrième fascicule est sous presse.

16° LES REGISTRES DE MARTIN IV, Recueil des bulles de ce pape, publiées ou analysées d'après les manuscrits originaux des archives du Vatican, par M. Sœhnée, ancien membre de l'École française de Rome. — Les Registres de *Martin IV* formeront un volume grand in-4° raisin, imprimé sur deux colonnes, et paraîtront en 4 fascicules. — L'ouvrage formera environ 80 feuilles. Le premier fascicule est sous presse.

A suivre.

OUVRAGES TERMINÉS

3° LE LIBER PONTIFICALIS, texte, introduction et commentaires par M. l'abbé L. Duchesne, membre de l'Institut, directeur de l'Ecole française de Rome. Deux beaux volumes in-4° raisin, *avec un plan de l'ancienne Basilique de Saint-Pierre et sept planches en héliogravure (Epuisé)*. 200 fr.

7° LES REGISTRES D'HONORIUS IV (1285-1287), Recueil des bulles de ce pape, publiées ou analysées d'après les manuscrits originaux des archives du Vatican, par M. Maurice Prou. Un beau volume grand in-4° raisin.. . . . . 45 fr.

8° LA NÉCROPOLE DE MYRINA, Fouilles exécutées au nom de l'Ecole française d'Athènes, de 1880 à 1882, par MM. E. Pottier, Salomon Reinach et A. Veyries. Texte et notices par Edm. Pottier et S. Reinach. — Ce magnifique ouvrage forme deux beaux volumes grand in-4°, dont un de texte, et un de 52 planches en héliogravure, tirées sur papier de chine . . . . 120 fr.
Ouvrage couronné par l'Institut **(Prix Delalande-Guérineau).**

10° FOUILLES DANS LA NÉCROPOLE DE VULCI, par M. Stéphane Gsell, ancien membre de l'Ecole française de Rome. Un beau volume grand in-4° de 568 pages, avec 101 vignettes dans le texte, une carte et 23 planches. . . . . 40 fr.

N. B. — Les numéros placés en tête des ouvrages ci-dessus énoncés indiquent l'ordre dans lequel ces ouvrages sont publiés dans la collection.

Ouvrages couronnés par l'Institut national de France (Année 1896)

ACADÉMIE FRANÇAISE

Prix KATSNER-BOURSAULT

HISTOIRE
DE
L'OPÉRA EN EUROPE
AVANT LULLY ET SCARLATTI
Par Romain ROLLAND
Ancien élève de l'Ecole normale supérieure et de l'Ecole française de Rome
Docteur ès lettres

Un fort vol. in-8°, accompagné de 15 planches de musique. . **10 fr.**

Prix JULES JANIN

LES ÉLÉGIAQUES LATINS

LES
ÉLÉGIES DE TIBULLE
LYGDAMUS ET SULPICIA
Texte revu d'après les travaux de la Philologie avec une traduction littérale en vers et un commentaire critique et explicatif
Par Ph. MARTINON
Professeur au lycée de Brest

Un fort volume in-8°, sur papier de cuve. . . . . **10 fr.**

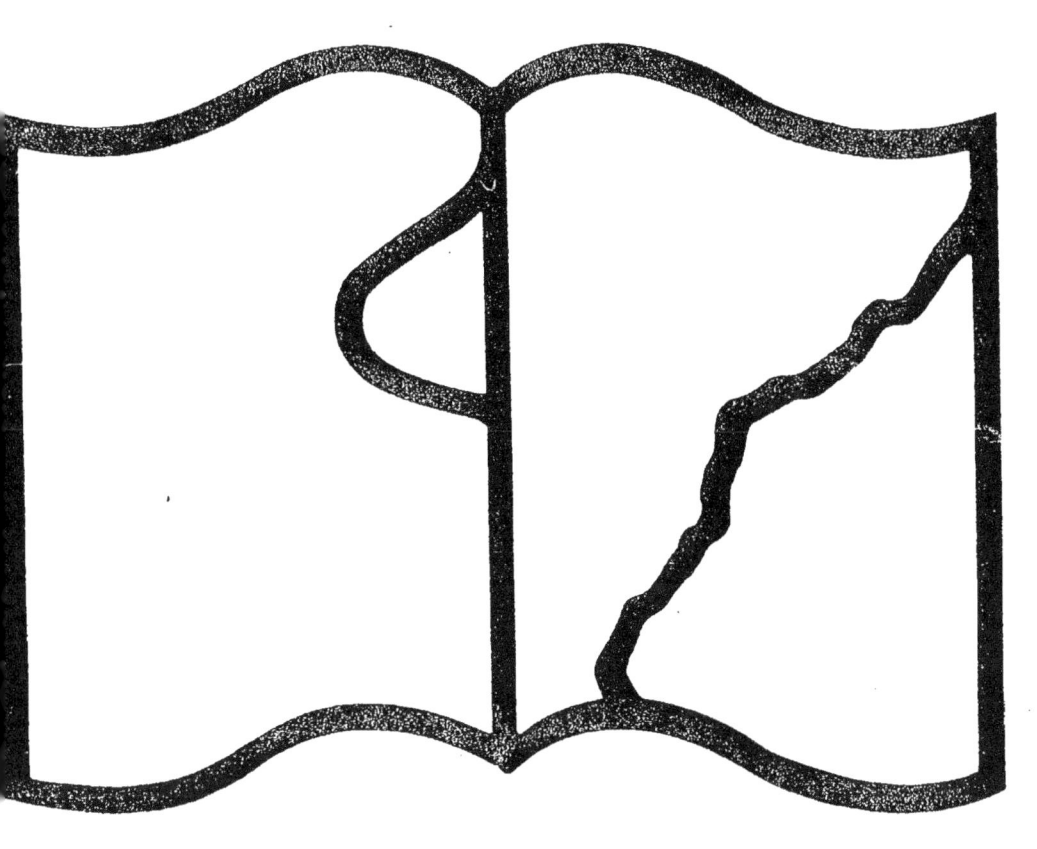

Texte détérioré — reliure défectueuse

NF Z 43-120-11

Reliure serrée

www.ingramcontent.com/pod-product-compliance
Lightning Source LLC
Chambersburg PA
CBHW052234220526
45471CB00001B/39